TOEIC® LISTENING AND READING TEST
990点突破ガイド

植田一三 編著

上田敏子／田岡千明 著

THE GUIDE TO GET A SCORE
OF 990 POINTS
IN THE TOEIC® LISTENING
AND READING TEST

明日香出版社

TOEIC and TOEFL iBT are registered trademarks of Educational
Testing Service(ETS). This publication is not endorsed or approved by ETS.

プロローグ

　皆さんお元気ですか。Ichay Uedaです。私は33年間の指導歴において、英検1級合格者を1860人以上、資格3冠対策突破者（英検1級・通訳案内士・TOEIC980点突破）を16年で300名以上育て、TOEFL対策を22年、工業英検1級対策を16年、国連英検特A対策を8年以上指導してきましたが、あらゆる英語の資格検定試験の中で、短期間で最もスコアを伸ばすことができるのはTOEICです。実際、企業向けの4ヶ月TOEIC集中講座で、390点の人を790点に、500点の人を845点に、690点の人を940点にUPさせたことがありますが、ことTOEICに関しては数ヶ月の特訓でスコアを200～300点上げるのは不可能なことではありません。

　また、スコアが830点であった人が、数ヶ月勉強したにもかかわらず、695点に下がり意気消沈していても、しばらくすると945点となったり、945点の人が満点を目指して2ヶ月勉強したけれど895点に下がり落ち込んでいると、しばらくして990点満点が取れて有頂天、といったように、受験者を一喜一憂させる「ギャンブル的・ゲーム的要素」を含んだ出来事もよく起こっています。それだけTOEICは英語のスキル以外のファクターが重要だということです。

　TOEICのスコアをUPさせる要素として、英語のスキル以外に、「TOEIC問題対応力」「国語力」「注意力・集中力」「タイムマネージメント力」「運と努力」などが重要です。つまり英語の語彙・表現を覚えるだけでは不十分で、TOEIC難問パターンを熟知し、国語力・注意力・集中力などを同時に鍛え、さらに高得点が取れるまで受け続ける根性が要るということです。そして、ETS制作のTOEICの公式問題集をはじめとする市販の問題集は、大体スコア600点ぐらいの人を対象にしているので、860点や900点以上の高得点を狙う人には、問題レベルも攻略法も物足りないものとなっています。そこで、高得点ゲットのための、いわゆる「TOEIC検定1級」対策をする必要があります。

　またTOEIC試験は、ご存知のように、リスニングセクションは5、6問まちがっても満点の時と、点数が非常に辛く3問以内のまちがいでないと満点にならないときがあり、リーディングセクションも、2問まちがっても満点のときと、パーフェクトでないと満点にならない厳しい採点のときがあります。また、上述のスコアマイナスの許容範囲で、誰もがまちがうような難問はまちがっても減点されず、きわめて簡単な問題をケアレス

ミスすると 10 点以上の減点になることがよくあります。そこで、そういったことをすべてふまえて、自分があらゆる意味で「マックス」の状態になるまで根気よく受け続ける desire & dedication（姿勢）が必要です。

　こういった現状に基づいて、前述の「英語力」「TOEIC 問題対応力」UP を中心に、最も効率よく満点（高得点）突破できるように書かれた本書の特長は次のとおりです。

1．スコア別に概ね 800 点以上の難問にチャレンジし、その評価を受けることによって、自分の弱点と高得点取得に必要なスキルを習得することができる。
2．難問パターンを項目別にまとめてあるので、それを知ることによって難問攻略力が UP する。
3．新形式問題の満点が取れるようにその特訓問題練習を行う。
4．独学による高得点取得を最短距離で達成できるように、各セクションに満点突破のための攻略法や格言が満載されている。
5．スコアが低い人でも満点が取れる Part 1 対策は、SW でも満点がとれるようにトレーニングを行う。
6．特に Part 5, 6, 7 対策として、英語学習者の苦手な重要派生語、多義語、前置詞などを 6 章や別冊で記し、フレーズで覚えやすいように配慮している。

　最後に本書の制作にあたり、問題作成全般に渡って多大な努力をしてくれたスタッフの田岡千明氏（第 6 章・第 7 章）、上田敏子氏（第 1 章・第 5 章）、岩間琢磨氏（第 3 章・第 4 章）、小室葉子氏（第 2 章）、柏本左智氏（第 5 章）、今田理恵子氏（翻訳・校正協力）、中坂明子氏（校正協力）、Michy 里中氏（校正協力）、矢島宏紀氏（校正協力）、寺岡寛曜氏（校正協力）および編集をして下さった明日香出版社の生内志穂氏には心から感謝の意を表します。それから何よりも、いつも私たちの努力の結晶である著書を愛読してくださる読者の皆さんには心からお礼を申し上げます。それでは、明日に向かって英悟の道を

Let's enjoy the process!（陽は必ず昇る！）

植田一三（Ichay Ueda）

Contents

プロローグ 2

TOEIC スコア UP の極意と実用英語力とは？ 6

第1章 Part 1
写真描写問題　満点突破攻略法＆トレーニング
- Part 1　満点攻略法　12
- Part 1　難問大特訓　15
- 写真描写　必須表現はこれだ！　24

第2章 Part 2
応答問題　満点突破攻略法＆トレーニング
- Part 2　満点攻略法　36
- Part 2　難問大特訓　1～2　42

第3章 Part 3
会話問題　満点突破攻略法＆トレーニング
- Part 3　満点攻略法　56
- Part 3　難問大特訓　1～17　62

第4章 Part 4
説明文問題　満点突破攻略法＆トレーニング
- Part 4　満点攻略法　124
- Part 4　難問大特訓　1～22　129

第5章 Part 5　短文穴埋め問題　満点突破攻略法＆トレーニング

- Part 5　満点攻略法　　　　　　　　　　　　　　200
- Part 5　文法問題大特訓 1～3　　　　　　　　　201
- Part 5　一般語彙問題大特訓 1～3　　　　　　　228
- Part 5　派生語問題大特訓 1～3　　　　　　　　246

第6章 Part 6　長文穴埋め問題　満点突破攻略法＆トレーニング

- Part 6　満点攻略法　　　　　　　　　　　　　　266
- Part 6　難問大特訓 1～6　　　　　　　　　　　272

第7章 Part 7　読解問題　満点突破攻略法＆トレーニング

- Part 7　満点攻略法　　　　　　　　　　　　　　302
- Part 7　難問大特訓 1～7　　　　　　　　　　　309

★ 990点をとるための 英文法大特訓
　名詞… 205　　準動詞… 212　　副詞… 219　　前置詞①… 225
　品詞の活用… 238　　前置詞②… 244

★ TOEIC 満点突破 一般語彙力診断… 232

★ TOEIC 必須派生語 TOP60 はこれだ！
　Part 1 … 249　　Part 2 … 255　　Part 3 … 261

★パラフレーズ問題大特訓
　1 … 316　　2 … 324　　3 … 333　　4 … 343　　5 … 352　　6 … 366

別冊　990点をGET! 最重要 語彙集
　フレーズで最重要一般語彙を一気にマスター！…1
　前置詞のコンセプトと必須表現完全マスター！…11

カバーデザイン　西垂水敦・坂川朱音（krran）

TOEIC スコア UP の極意と実用英語力とは？

　2016年5月にスタートした新形式 TOEIC は難易度が高くなったと思われましたが、スコアが伸びた人も多く、英語の中上級者にとってはさほどの違いはなかったようです。しかし、新形式の問題のレベルは比較的低いとはいえ、発言の意図を汲み取ったり、英語を聞きながらグラフをチェックしたり、英文の流れを読み取る問題が加わることによって、今までとは違ったスキルを身につける必要性が起こってきたことも事実です。

　ところで、プロローグではあらゆる英語の資格試験の中で、TOEIC はもっとも短期間にスコアを伸ばすことができると述べましたが、右の表からもわかるように、仮に対策勉強をしないで受験すれば、平均的な英検準2級の人は TOEIC でいえば 225 点、英検2級は 500 点、準1級は 760 点、1級は 920 点となり、通常は英語力の伸びとともに、段階的に TOEIC のスコアがアップしていきます。

　しかし、「TOEIC 問題対応力」「注意力・集中力」「タイムマネージメント力」UP トレーニングをすることにより、他の検定試験よりも、TOEIC のスコアだけを速く、より高く UP させることが可能です。

　まず、TOEIC500 ～ 600 点くらいの人は、独学でも市販の問題集を 30 回分くらい勉強すると、730 ～ 800 点ぐらいのスコアであれば、達成できます。しかし、TOEIC900 点以上の高得点をゲットする場合は「TOEIC 問題対応力」「注意力・集中力」「タイムマネージメント力」が必要になってきます。そして、満点を取ろうとすると、それに加えて「高度な語彙・文法力」「国語力」「運と努力」のすべてがそろう必要があります。

　まず「TOEIC 問題対応力」では、リスニング問題や読解問題のパラフレーズを瞬時に見抜いたり、トリックにはまらないように出題パターンを熟知したり、すぐに答えの箇所を発見できるように問題パターンを知ったり、スキミング力をつけたりする必要があります。

　「注意力・集中力」では、うっかりと聞き逃す、勘違いをするなどのミスで絶対に点を落とさないように、2時間集中できる力が必要です。ここで重要なのは、日本語であれ英語であれ、人の話を一度でキャッチできる能力を、日常生活、特に職場での生活を通して身につけていくことです。つまり TOEIC は事務能力のテストでもあるのです。

　「高度な語彙・文法力」では、950 点以上の高得点を目指す場合は、拙著『990 点レベル TOEIC® TEST スーパーボキャブラリービルディング』

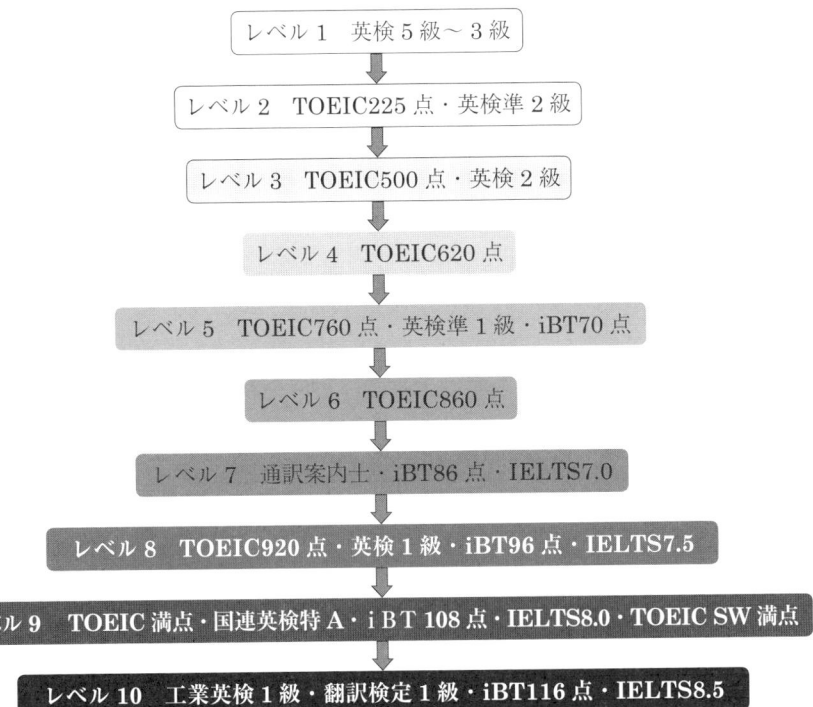

資格検定試験別英語力10段階UPへの道

- レベル1　英検5級〜3級
- レベル2　TOEIC225点・英検準2級
- レベル3　TOEIC500点・英検2級
- レベル4　TOEIC620点
- レベル5　TOEIC760点・英検準1級・iBT70点
- レベル6　TOEIC860点
- レベル7　通訳案内士・iBT86点・IELTS7.0
- レベル8　TOEIC920点・英検1級・iBT96点・IELTS7.5
- レベル9　TOEIC満点・国連英検特A・iBT108点・IELTS8.0・TOEIC SW満点
- レベル10　工業英検1級・翻訳検定1級・iBT116点・IELTS8.5

（ベレ出版）で示したように、写真描写表現、頻出応答表現、派生語、分野別語彙（特にビジネスと生活語彙）、基本動詞・基本形容詞を含む必須動詞・形容詞、そして前置詞、複合名詞、基本英文法項目などの知識が不可欠です。この点で、900点と950点と990点レベルの違いが顕著になってきます。

　次に「実用英語力」特に「英悟のコミュニケーション力」の見地から見てみると、TOEICは英語の「発信力」を評価しない不完全なものと叩かれがちで、事実、「受信型」の記号式問題なので、ダイレクトに英語の発信力とは関係しないかもしれませんが、英語のコミュニケーション力の素養をつけるのに役立ちます。問題の効果的な活用法が重要で、それによって発信力をかなり鍛えることができます。

　ところで、実用英語力の大きな要素である「スピーキング力」は大きく、**「描写力」「対話力」「論理的意見陳述力」**の3つに分かれます。（次ページの表参照）

　「描写力」の初級はTOEICの写真描写のようなものですが、上級者

でも知らない表現が出てくるので油断はできません。中級はIETLS、TOEFL iBT、英検準1級や、かつての英検1級の2次試験のパーソナルのトピックに見られるように、人物、建築、アート、趣味、本、場所、国など何でも描写できるレベルで、これもハードルは高いです。上級はさらに禅（幽玄）であれ、蒔絵であれ、わび・さびであれ、外国人に馴染みの少ない日本文化を無駄のない英語で外国人にわかりやすく説明できるレベルです。

「対話力」の初級はNHKの番組にあるような状況別英会話や、上智大学などの大学入試で使われているTEAPのスピーキング（生徒が試験官にインタビューする）問題のレベルであり、中級はビジネスでの販売やプレゼン後のQ&Aや交渉などで、場合によってはこれらも上級レベルに分類されますが、何といっても洋画に見られるウィットや皮肉に富んだ会話のやり取りをできるレベルが上級です。

「論理的意見陳述力」の初級は新傾向の英検2級のエッセイ問題を口頭で答えることができるレベルで、中級は英検1級の2次試験に余裕で合格できるレベルです。そして上級は、国家政策のような政策論題でも、哲学的な価値論題でも何でも斬れるディベートができるレベルです。

「スピーキング力」とは！？

種類	描写力	対話力	論理的意見陳述力
初級	TOEIC	状況別会話 TEAP	英検2級
中級	IELTS TOEFL iBT	ビジネス英語	英検1級
上級	通訳案内士	洋画の会話	ディベート

私は英語指導歴33年に渡って、英検をはじめとし、TOEIC、TOEIC SW、TOFEL、通訳案内士、IELTS、国連英検、工業英検、翻訳検定、観光英検、商業英検、ケンブリッジ英検、GRE、GMATなどあらゆる英語検定試験対策指導を行ってきましたが、松本道弘氏主宰のICEE検定（描写力、スピーチ力、交渉力、ディベート力、インタビュー力などをすべてバランスよく測る）以外は、どれも試験官の質問に答えたり、一方的に話すのみで、「対話力」を測るセクションがなく、実際にビジネス交渉などで斬れるアーギュメントをし、相手を説得できることまでつながるとは限

りません。とは言え、新形式TOEICをうまく活用すれば、スピーキング力UPにかなり役立ちます。

　かつて970点を取ってから満点になるまで12回以上TOEICを受験していた受講者がいましたが、その人に、「ほとんどすべて正解できるTOEICのような簡単な試験の受験を、何度もよく飽きないね」と聞くと、「問題が簡単すぎるので、試験をoutput力UPのために活用している」という答えが返ってきて、感動したことがありました。このことは、TOEICを用いて英語のスピーキング力をUPできるかどうかは、すべて受験者の心構え次第であることを物語っています。

　以上の点をふまえて、本書では最も効率よくTOEICのスコアをUPできるように、TOEIC問題攻略力と英語のスキルUPの2段構えでトレーニングができるようになっています。あとは「運と努力」でチャレンジを乗り越え、TOEICの目標スコアを達成していきましょう。それでは明日に向かってTOEICスコアUPの道を！

Let's enjoy the process!（陽は必ず昇る！）

第1章

Part 1
写真描写問題
満点突破攻略法
&
トレーニング

Part 1 満点攻略法

　Part 1 の問題は、TOEIC スコアが 800 点以上の人にとっては非常に簡単な問題ばかりで、900 点クラスの人がまちがう難問はまれに出題される程度です。よって、TOEIC のスコア UP の見地からすると、ほとんど勉強する必要がないように思えますが、スピーキング力 UP の見地からは非常に有益なパートです。そこで、本章では、TOEIC SW のスコアを同時にアップさせるアプローチをとることで、Part 1 のトレーニングを効果的に進めていきます。実際の問題では、1 つの写真につき、1 つの正しい描写文と 3 つの誤答が流れてきますが、本章では、1 枚の写真で 4 種類の描写文を自分で作ってみるというトレーニングを行うことで、発信力を効果的に高めていきましょう。

　新形式では、Part 1 の出題数が従来の 10 問から 6 問に減ったのが目立った変更点です。では、実際のトレーニングに入る前に、Part 1 で特に注意すべき文法＆表現を見ておきましょう。

Part 1　満点突破攻略法はこれだ！

　Part 1 の満点突破 7 大攻略法は以下のとおりです。これらを知っていると、ちょっとした取りこぼしもなくなり、確実に満点が取れることまちがいなしです！

1. 想像力を絶対使わず事実だけを察知する！
　男性がコンピュータに何かを入力している場合、The man is inputting some lab data into the computer. と聞こえたら、何を入力しているかはわからないので不正解です。

2. 正解文で最も多く使われる時制ベスト 3 はこれだ！
　①現在進行形（約 7 割）　②現在完了形（約 2 割）　③現在形（約 1 割）

時制	例
現在進行形& 現在進行形の受動態	A salesperson **is holding** a stack of boxes. 以下のような現在進行形の受動態も頻出！ Folders **are being delivered** to an office. Fresh vegetables **are being chopped** on a cutting board. Merchandise **is being displayed** in a store window.
現在完了形の 受動態	A staircase **has been positioned** next to an airplane. Bowls **have been stacked** on a kitchen shelf. stack（積み上げる）は頻出語彙で、受動態の文で出題されます。
現在形	An awning **extends** over a shop entrance.

3. 絶対正解にならないのは過去形や未来形の文！

例のように過去のことや未来のことは想像力を使うことになるので不正解です。

例：The woman wearing a sweater **went** on a picnic.（×）
　　The man in the cab **will make** a foreign trip.（×）

4. 事物問題は受身形が正解になる！

例：Several cars **have been parked** in the lot.
　　A folder **is being selected** from a drawer.
　　Some plants **have been placed** in pots.

5. 具体的（specific）表現より総称（general）が正解になる！

TOEICの定番で、例えば、Some **bowls** have been left on a stove. と具体的な「bowls（ボウル）」ではなく、Some **cookware** has been left on a stove. と「cookware（調理器具）」と総称に置き換えられたものが正解になります。その他の例を見てください。

specific 具体的	general 総称〈正解〉
newspaper	reading document[material]
play tennis	play a game

a letter	a piece of paper
a table	a piece of furniture
play the violin	play some musical instruments

6. 主語の男女入れ替えトリックに惑わされるな！

例：The **man** is looking down at his keyboard.
　　→　写真では実際にキーボードを見ているのは女性。

7. 頻出表現を押さえておくこと！

　Part 1 では、特に、海外での生活経験のない人は、身の回りの生活・日常用語をさらっておく必要があります。辞書を見てもイメージがつかみにくい表現は、Google の image 検索などで画像を見ておくと定着します。

　例 1：An **awning** extends over a shop entrance.
　　　　awning（日よけ）はお店の軒先に張り出している覆いです。
　例 2：A man is using a **lawn mower** to cut the grass.
　　　　lawn mower は「芝刈り機」。
　例 3：A man is loading supplies into a **wheelbarrow**.
　　　　wheelbarrow は「手押し車、一輪車」。

　また、**lean against** a doorway（戸口にもたれかかる）や、X **is suspended over** a work area.（仕事場の上に X がぶら下がっている）、Some diners **are seated across from each other**.（向かい合わせで座って食事をしている）、A boat **is docking** at a pier.（ボートが桟橋につながれている）などの頻出動作・状況表現も後出のリストを活用して押さえておきましょう。

　では、さっそくトレーニングに移りましょう。
　写真をよく見て、選択肢なしで、状況を英語で描写する文を 4 つ作ってみて下さい。自分の言葉で瞬時に表現できるようになれば、実際の試験では楽に満点が取れるようになるはずです。

Part 1 難問大特訓
～TOEIC SW にも効果的～

No.1

Step 1　4つの英文で写真描写にチャレンジ！

　まずはノーヒントで、写真を見ながら自分で自由に英語で描写してみましょう。難しい場合は、Step 2 へ進んでください。

Step 2　英訳トレーニングにチャレンジ！

　描写する内容は以下のようなものが考えられます。これらの日本文を瞬時に英訳するトレーニングをしましょう。

(A) マントルピースが装飾物で飾られている。
(B) 雪だるまの人形の両脇にはギフトボックスがある。
(C) 長方形のテーブルの周りには、背もたれ付きの椅子数脚がある。
(D) 出窓のブラインドが半分だけ下ろされている。

Step 3　写真を描写する英文はこれだ！　　CD-1

　Step 2 の日本文を英訳すると以下のようになります。
　以下の黒い丸　　の中の数字は TOEIC におけるスコアのレベルです。即座に正確な英文で「発信」できるかどうかの目安にもご参照下さい。

(A) A mantel piece is decorated with ornaments. 860
　　（マントルピースが装飾物で飾られている。）
　　☞「マントルピース」とは暖炉を囲む枠の上部を成す棚のこと。
(B) A figure of a snowman is flanked by gift boxes. 950
　　（雪だるまの人形の両脇にはギフトボックスがある。）
　　☞ be flanked by ~（両脇に～を従えている）は重要。
(C) A rectangular table is surrounded by several backed chairs. 900
　　（長方形のテーブルの周りには、背もたれ付きの椅子数脚がある。）
　　☞ backed chair（背もたれ付き椅子）、rectangular（長方形の）も重要。
(D) The shades are pulled halfway down the bay windows. 950
　　（出窓のブラインドが半分だけ下ろされている。）
　　☞ bay windows（出窓）、shade（ブラインド）は必須！ roll-up blinds（巻き上げ式ブラインド）も覚えておこう！

　いかがでしたか？　うまく英訳できましたか？　このように、満点を目指すには、日頃から写真を見て自分で描写できる「発信力」を高めていく必要があります。それにより、TOEIC も TOEIC SW も同時にスコア UP まちがいなしです。では次の問題です。

No.2

Step 1　4つの英文で写真描写にチャレンジ！

Step 2　英訳トレーニングにチャレンジ！

(A) 飛行機の扉が上に開いている。
(B) リフトに梯子が備え付けられている。
(C) 男性が扉の近くで機械を操作しています。
(D) 男性は安全ベストを着用している。

Step 3　写真を描写する英文はこれだ！　　

(A) The door to the airplane is open upward. 900
　　（飛行機の扉が上に開いている。）
　　☞「上方に開いている」は be open upward 。
(B) A ladder is attached to the lift. 860
　　（リフトに梯子が備え付けられている。）
　　☞ lift は「昇降機」、be attached to ~ は「~に附属している」。
(C) A man is operating a machine near the door. 860
　　（男性が扉の近くで機械を操作しています。）
(D) A man is wearing a safety vest. 860
　　（男性は安全ベストを着用している。）
　　☞ A man is putting on a life jacket. は×。put on は「着用する」行為

17

で、ここでは不可。wear は「身につけている」状態を表す必須表現。life jacket は「救命胴衣」。写真の男性が身につけているのは、safety vest（安全ベスト）。

　今度はいかがでしたか？ 4 文を自分の英語で描写するのは、なかなか大変でしょうか？　少しずつ慣れていきましょう。

No.3

Step 1 4つの英文で写真描写にチャレンジ！

Step 2 英訳トレーニングにチャレンジ！

(A) カウンター上にカップが逆さまに積み上げられている。
(B) カップと受け皿が別々に積み上げられている。
(C) ティーポット2つがカップの隣にある。
(D) 丸型の装飾物が壁に飾られている。

Step 3 写真を描写する英文はこれだ！　　　CD-3

(A) Cups have been stacked upside down on the counter. 900
　　（カウンター上にカップが逆さまに積み上げられている。）
　　☞ stack（積み上げる）は受け身で頻出。「逆さまに」は upside down。

(B) Cups and saucers have been stacked separately. 900
　　（カップと受け皿が別々に積み上げられている。）
　　☞ cup and saucer は普通セットで「受け皿付カップ」。

(C) Two tea pots are next to the cups. 730
　　（ティーポット2つがカップの隣にある。）

(D) Round ornaments are displayed on the wall. 860
　　（丸型の装飾物が壁に飾られている）
　　☞ ornaments（装飾品、飾り）は必須。

No.4

Step 1　4つの英文で写真描写にチャレンジ！

Step 2　英訳トレーニングにチャレンジ！

(A) カップがコーヒーで満たされている。
(B) 受け皿とミルクピッチャーを誰かが手にしている。
(C) カウンターに受け皿付カップが置かれている。
(D) 角砂糖ひとつがスプーンの上に載っている。

Step 3　写真を描写する英文はこれだ！　　　CD-4

(A) A cup is filled with coffee. 730
　　（カップがコーヒーで満たされている。）
　　☞ be filled with ~（~で満たされた）を使うのがぴったり。
(B) Someone is holding a saucer and a milk pitcher. 730
　　（受け皿とミルクピッチャーを誰かが手にしている。）
　　☞ 試験では、hold（手にする）と fold（たたむ）の音のトリックにも注意！
(C) A cup and saucer is being placed on the counter. 860
　　（カウンターに受け皿付カップが置かれている。）
　　☞「一時的に置かれている」ので、is being placed となる。
(D) A lump of sugar is on the spoon. 860
　　（角砂糖ひとつがスプーンの上に載っている。）
　　☞「角砂糖」は a lump of sugar という。

No.5

Step 1　4つの英文で写真描写にチャレンジ！

Step 2　英訳トレーニングにチャレンジ！

(A) ボックスが男性により引っ張られている。
(B) たくさんの車がフィールドに停められている。
(C) 旗が車の後ろに立てられている。
(D) バーベキューをしている人たちがいる。

Step 3　写真を描写する英文はこれだ！　　CD-5

(A) A box is being pulled by a man. 860
　　（ボックスが男性により引っ張られている。）
　　☞「一時的に引っ張られている」ので現在進行形の受動態で表現する。

(B) Many cars have been parked on the field. 730
　　（たくさんの車がフィールドに停められている。）
　　☞ park（駐車する）や parking lot（駐車場）は最頻出！

(C) A flag has been raised behind cars. 730
　　（旗が車の後ろに立てられている。）
　　☞「旗を立てる」の raise a flag は必須基本動詞コロケーション！

(D) Some people are having a barbecue. 730
　　（バーベキューをしている人たちがいる。）
　　☞「バーベキューをする」の have a barbecue も必須基本動詞コロケー

ション！その他、**Two people are walking side by side.**（二人が並んで歩いている）なども頻出！

　自分で英文を作って発信することに少し慣れていただけたでしょうか？　次はTOEIC写真問題頻出の、車が登場します。背景に写っている群衆や建物にも注意して、描写してみましょう。

No.6

Step 1　4つの英文で写真描写にチャレンジ！

Step 2　英訳トレーニングにチャレンジ！

(A) 日よけのある建物が通りに並んでいる。
(B) 車の後ろに多くの人が群れている。
(C) 椅子が駐車場に面している。
(D) 駐車スペースに車が数台並んでいる。

Step 3　写真を描写する英文はこれだ！　　CD-6

(A) The street is lined with buildings with awnings. 990
　　（日よけのある建物が通りに並んでいる。）
　　☞ be lined with ~（~が並んでいる）、awnings（日よけ）は必須！
(B) There is a very large crowd behind the cars. 860
　　（車の後ろに多くの人が群れている。）
(C) Chairs face the parking lot. 860
　　（椅子が駐車場に面している。）
　　☞ face ~（~に面している）、the parking lot（駐車場）は必須。
(D) Several cars are lined up in the parking space. 860
　　（駐車スペースに車が数台並んでいる。）

　選択肢付の問題と違って、自分で文を作るのはチャレンジングでしょう？　それでは、Part 1 と TOEIC SW のスコアを同時にアップさせるための表現を見ていきましょう！

写真描写　必須表現はこれだ！

1. 乗り物に関する描写表現をマスター！

☐ The bicycles are **lying on the ground**.	自転車は**地面に倒れている**。
☐ The boat is **being repaired**.	その船は**修理中**である。
☐ The parking area **is covered**.	駐車場には**屋根がある**。
☐ The trucks are **lined up** along the road.	トラックが道路に**並んでいる**。
☐ The automobile is **sitting in the shade**.	車は**木陰に停めてある**。
☐ Some trucks are **unloading their cargo**.	トラックは**荷物を降ろしている**。
☐ The cargo **is piled up high** on the ship.	その船には荷物が**高く積まれている**。
☐ He's **turning a steering wheel**.	彼は**車のハンドルを回している**。
☐ They're placing the bags into the **overhead compartment**.	彼らは荷物を**頭上の荷物入れ**に入れている。
☐ Automobiles are **boarding the ferry**.	車がフェリーに**乗り込んでいる**。
☐ Neither vehicle **is occupied**.	どちらの車にも人は**乗っていない**。
☐ The houseboats **are docked** around the shore.	ハウスボートが岸辺に沿って**停泊している**。
☐ The vehicle is **pulling into** a **driveway**.	乗り物は**私道**に**入るところ**である。
☐ The vehicle is **towing** a trailer.	車がトレイラーを**引いている**。
☐ The car windows are **being rolled up**.	車の窓が**上げられている**。

☐ The **convertible** is parked at the **curb**.	オープンカーが歩道の縁石に駐車されている。
☐ The cars are parked on **different levels**.	車は別々の階に駐車されている。
☐ The man is **anchoring a boat**.	男性がボートをいかりでとめている。
☐ Drivers are **honking their horns** at the other cars.	運転手は他の車に向かってクラクションを鳴らしている。
☐ Three **cartons** are **bunched together** on the truck.	3つの箱がトラックの上に集めて置いてある。
☐ A **pick-up** is **filled to capacity**.	トラックは容量いっぱいに積み込まれている。
☐ All the bicycles are on the **right-hand side**.	すべての自転車は右側を通行している。
☐ A car has been **left unattended** by the wayside [roadside].	車が沿道に放置されている。
☐ Vehicles are parked **in parallel to each other**.	乗り物が互いに平行に停められている。
☐ The taxi is parked near a **fire hydrant**.	タクシーが消火栓の近くに駐車されている。

2. 建物に関する描写表現をマスター！

☐ The bookshelf is **across** the table.	本棚はテーブルの向かいにある。
☐ The tables **are arranged in a row**.	テーブルは一列に配置されている。
☐ The books **are arranged in piles**.	本が山になって積み重ねられている。
☐ Chairs have **been set up in a row**.	イスは一列に並べられている。
☐ The tablecloth **is folded in half**.	テーブルクロスは半分に折られている。

☐ They are **raking** the fallen leaves.	彼らは落ち葉を**かき集めて**いる。
☐ The tables **are partially shaded**.	テーブルは**部分的に影になって**いる。
☐ There is a **centerpiece** on the coffee table.	低いテーブルの**中央に装飾品**がある。
☐ Doors **are blocked** by a security rope.	ドアが安全ロープで**遮られて**いる。
☐ Paper is **sticking out** from the tray.	紙が仕切り箱から**突き出して**いる。
☐ The boxes **are stacked on top of one another**.	それらの箱は**互いに積み上げ**られている。
☐ Vegetables **are heaped in the crates**.	野菜は**木箱に積み上げ**られている。
☐ The desk **is cluttered** with many items.	机には物が**散らかって**いる。

3. 職場に関する描写表現をマスター！

☐ The cap of the **marker pen** is **off**.	サインペンのキャップが**外れて**いる。
☐ The secretarial desk is **against the wall**.	秘書の机は**壁に付いて**いる。
☐ The man is **signing his name** on the form.	男性は用紙に**署名**をしている。
☐ The man is **posting a notice**.	男性は**お知らせを貼って**いる。
☐ The computer terminal is **vacant**.	パソコンの端末機は**誰も使って**いない。
☐ The receiver is **off the hook**.	受話器は**外れて**いる。
☐ Papers have **been spread** across the desktop.	書類が机の上に**散らばって**いる。
☐ She's **pinning** some papers onto **the bulletin board**.	彼女は**掲示板**に書類を**貼って**いる。

☐ The woman is **stapling some documents** together.	女性は**書類をホチキスでとめて**いる。
☐ She's **leafing through** some papers at her desk.	女性は机で書類に**ざっと目を通し**ている。
☐ He's **dropping off** the baggage.	彼は荷物を**降ろして**いる。
☐ The man is **folding up** a ladder.	男性はハシゴを**たたんで**いる。
☐ The man is **seating** the woman.	男性は女性を**席に案内して**いる。
☐ The worker is **wheeling a cart** along the sidewalk.	作業員が歩道に沿って**カートを押して**いる。
☐ The men are engaged in **maintenance work** on the motorbike.	男性たちがバイクの**点検作業**を行っている。
☐ The man is **reaching down to pick up the book**.	男性はその本を取ろうと下の方に手を伸ばしている。
☐ The fire fighters are wearing **protective headgear.**	消防士は**ヘルメット**をかぶっている。
☐ The outdoor work area has been **roped off**.	屋外作業場は**立ち入り禁止**となっている。
☐ The printer is producing **hard copies.**	印刷機は**印刷物**を出力している。
☐ She is **jotting down** something.	彼女は何かを**書き留めて**いる。
☐ The men are **sorting through** some files.	男性たちはファイルを**仕分けし**ている。

4. 景色に関する描写表現をマスター！

☐ The freeway has many **exits** leading into a city.	その高速道路には、市に通じる多くの**出口**がある。
☐ There are **brick structures** on both sides of the alley.	**レンガの建物**が小道の両側に建っています。

☐	Both elevators are **in service**.	どちらのエレベーターも**使用中**である。
☐	The building is **two stories high**.	その建物は**2階建て**だ。
☐	The cherry blossoms **are in full bloom**.	桜の**花が満開**である。
☐	A road **winds through** the town.	道が街**の中を曲がりくねっている**。
☐	There is a **suspension bridge** over the river.	川の上に**つり橋**が架かっている。
☐	The road sign indicates **two-way traffic**.	道路標識は**両面通行**を示している。
☐	The mountain **is capped** with snow.	山の頂には雪が**積もっている**。
☐	The Dumpster has **graffiti** on it.	大型のゴミ箱は**落書き**されている。
☐	The traffic has been **detoured** off the highway.	その往来は幹線道路を**迂回して**いる。
☐	A **railing** has been placed along the street.	道に沿って**ガードレール**が設置されている。
☐	**Traffic corns** are piled on top of one another.	**円錐標識**は積み重ねられている。
☐	The expressway **forks to right**.	高速道路は**右に分岐**している。
☐	The parking lot is **clear of vehicles**.	駐車場には**車がない**。
☐	The train tracks **are parallel to one another**.	全ての線路は**互いに平行**になっている。
☐	Water is **gushing out high in the air**.	水が**激しく空中に噴き上げて**いる。
☐	The log cabin **overlooks** the beautiful town.	丸太小屋から美しい町が**見渡せ**る。
☐	People are **descending the staircases**.	人々は**階段を降りて**いる。

☐ A large balloon is **fully deflated**.	大きな気球が**完全にしぼんでい**る。
☐ A bolt of lightning is streaking **downward**.	稲妻は**下に向かって**走っている。
☐ The river is **overflowing** its banks.	川が土手に**氾濫している**。
☐ The rocky hills are **jutting out** into the sky.	岩山は空に**突き出ている**。
☐ The trees near the **barn** are mostly **bare**.	**小屋**に近い木々はほとんど**葉が**ついてない。
☐ The **trash receptacle** has **been knocked over**.	**ゴミ入れ**が倒れている。
☐ A bridge **spans** the mountain stream.	橋が山を流れる小川に**架かって**いる。
☐ The street accommodates only **single-lane traffic.**	その道は**片側一車線**である。
☐ Traffic is **backed up** now.	現在交通**渋滞**となっている。
☐ The beach is almost **deserted**.	ビーチにはほとんど**人がいな**い。
☐ The **skyscraper** in the background has a **spire.**	背後にある**高層ビル**は先端がとがっている。
☐ All the buildings along the street are **identical.**	通り沿いの建物はすべて**同じ形**である。
☐ The building is **being demolished**.	建物が**取り壊されている**ところだ。
☐ The building next door **is reflected** on the window **pane**.	隣のビルが**窓ガラスに映ってい**る。
☐ The roofs **are slanted**.	屋根は**傾いている**。
☐ **Stairs wind around** the outside of the building.	そのビルの周りにはらせん階段がある。

5. 動作・状態に関する描写表現をマスター！

☐ The woman is **weighing herself** on the scale.	女性が**体重を量**っている。
☐ She is **locking up** a drawer.	彼女は引き出しに**鍵をかけ**ている。
☐ She's **rolling down** the window.	彼女は**窓を開けている**ところです。
☐ He is sitting **with his legs crossed**.	彼は**足を組ん**で座っている。
☐ Children are sitting **in a circle**.	子供達は**輪になって**座っている。
☐ They are **forming** a long line.	彼らは長い列を**作っている**。
☐ People are **crossing [folding]** their arms.	人々は腕を**組んでいる**。
☐ They are **facing** the same directions.	彼らは同じ方向を**向いて**いる。
☐ They're **waving to** one another.	人々はお互いに**手を振って**いる。
☐ They're **walking side by side**.	彼らは**並んで**歩いている。
☐ **Pedestrians** are waiting at the traffic light.	**歩行者**が信号で待っている。
☐ They're **dancing hand in hand**.	彼らは**手をつないで**踊っている。
☐ He's **putting his hands in the air**.	彼は**両手を宙に上げ**ている。
☐ They are **reclining** on the grass.	彼らは芝生の上に**寝転ん**でいる。
☐ They're **sitting back-to-back**.	彼らは**背中合わせに**座っている。
☐ The audience is **applauding the performer**.	観客が**演奏者に拍手を送って**いる。
☐ She is watering **potted plants**.	彼女は**鉢植え**に水をやっている。

☐ He's **turning on** the water.	彼は**栓をひねって**水を出している。
☐ She's **unlocking** a metal gate.	彼女は金属の門の**鍵を開けて**いる。
☐ She is **adjusting** the microphone.	彼女はマイクを**調節**している。
☐ He's **standing on his hands**.	彼は**逆立ち**をしている。
☐ He is **reaching beneath** the sofa.	彼はソファー**の下に手を伸ばし**ている。
☐ She is **sipping** her drink.	彼女は飲物を**すすって**いる。
☐ The girl is **tying back** her hair.	少女は髪を**後ろに束ねて**いる。
☐ The man is **rolling up** his sleeves.	男性は袖を**まくりあげて**いる。
☐ He is **unbuttoning** his collar.	彼は襟元の**ボタンを外して**いる。
☐ They're walking along the **water's edge**.	彼らは**水辺**を歩いている。
☐ They're marching **in formation**.	彼らは**列を組んで**行進している。
☐ People are passing through the **doorway**.	人々は**出入り口**を通り抜けている。
☐ People are walking between the **columns**.	人々が**柱**の間を歩いている。
☐ He's **leaning over** the table.	彼はテーブルに**身を乗り出して**いる。
☐ The woman is **squatting down** in the garden.	女性は庭で**しゃがんで**いる。
☐ They're **bent over** a table.	彼らはテーブルに**前かがみに**なっている。
☐ Girls are looking at a **mural**.	少女たちは**壁画**を見ている。
☐ A boy **is on his hands and knees**.	少年が**四つん這い**になっている。

☐ They're **seated across the desk from each other**.	彼らは**机に向かい合って座って**いる。
☐ She's **leaning away** from the desk.	彼女は机と**反対方向に体を反ら**している。
☐ He's holding on to the **fishing rod**.	彼は**釣り竿**を握っている。
☐ They're **waist-deep** in the water.	彼らは**腰まで水に浸かって**いる。
☐ The man is **stooping down** to the boy's level.	男性が少年の身長に合わせて**かがんでいる**。
☐ People are spaced **evenly apart**.	人々が**等間隔に**並んでいる

6. 買い物、スポーツに関する描写表現をマスター！

☐ **Produce** has been **set out** for sale.	**農作物**が並べて売られている。
☐ Some shelves are **being stocked** with merchandise.	棚には商品が**置かれている**。
☐ They are **playing catch**.	彼らは**キャッチボールをしている**。
☐ The man up front is **in the lead** of the cycling race.	自転車レースで先頭の男性が**リードしている**。
☐ The woman is **swimming the backstroke.**	女性は**背泳ぎをしている**。
☐ She has a **striped** shirt on.	彼女は**シマ模様**のシャツを着ている。
☐ People are examining some **produce** at the **grocery store**.	人々は**食料品店**で**作物**（野菜、果物）を吟味している。
☐ One customer is **browsing through** the merchandise.	一人の客が商品を**見ている**。
☐ The girl is **unwrapping the candy**.	少女は**キャンディーの包みを開**けている。

☐ The baskets are **varied in size**.	かごの**大きさはさまざま**だ。
☐ The store **inventory** is low.	その店は**在庫**が少ない。
☐ The inventory is lying **in disorder**.	在庫品が**乱雑に**置かれている。
☐ The waiter is **stirring** their beverages.	そのウェイターは彼らの飲み物を**かきまぜている**。
☐ The players are **clapping** for their team mate.	選手たちはチームメートに**拍手を送っている**。
☐ The man is wearing **plain**.	男性は**無地の**シャツを着ている。
☐ The woman is wearing **plaid**.	女性は**格子じまの**服を着ている。
☐ They're **strolling through** the mall.	彼らは商店街を**歩いています**。
☐ There are **periodicals** on racks.	**雑誌**が棚に置かれている。
☐ The two **adjacent** containers are similar.	**隣り合った**2つの入れ物は形が似ている。
☐ The **awning** covers the **façade** of the restaurant.	**日よけ**がレストランの**正面**いっぱいに広がっている。
☐ The athletes are **sprinting** to the finishing line.	選手たちはゴールを目指して**全力疾走している**。

いかがでしたか？ これらの表現をインプットし、Part 1 のスコアを確実に得点できるようになりましょう。また TOEIC SW の高得点を目指すとともに、スピーキング力を着実に UP させていきましょう。

それでは Part 2 に張りきってまいりましょう！

第2章

Part 2
応答問題
満点突破攻略法
&
トレーニング

Part 2 満点攻略法

　新形式 TOEIC の Part 2 は、問題数が 30 問から 25 問へと減り、問題のレベルも若干下がりました。Part 2 は第 1 文に対して、もっとも自然でふさわしい応答を 3 つの選択肢から選ぶ問題ですが、新形式の問題ではこのセクションは必ず満点を狙いましょう。それが TOEIC 高得点突破の鍵になります。そのためには、問題や応答のパターン（表現）を覚えながら、絶対に問題のトリックに引っかからないようにトレーニングする必要があります。そして、そのためには次の 6 つの攻略法があります。

Part 2 満点突破攻略法はこれだ！

1. 第 1 文の文意を正確に聞き取る。
   例：We're opening a new branch in Tokyo, aren't we?
   　　It opens at nine o'clock.（誤）

2. 似たような発音の単語に注意。
   例：I'm going to work as an intern this spring.
   　　You may ask your questions about the department in turn.（誤）

3. 言い換えを見抜く。
   juice → beverage、truck → vehicle

4. 時制のトリックに陥らない。
   例：Please help me when you are free.
   　　I felt that I was available.（誤）

5. Imply 型応答パターンに慣れる。
   例：Is Jane good with numbers?
   　　She's got a degree in mathematics.（正）

6. 会話での定型表現に慣れておく。
   例：For here or to go?

Part 2 の問題では、質問文も選択肢も問題用紙に書かれていないので、自分の耳と想像力だけが頼りになります。特に、第 1 文の文意を正確に聞き取ることが非常に重要です。そのため、オーディオの最初の部分に全神経を集中しましょう。ここで、when、where、how、Do you know ～？などの言葉から、何が話題になっているのかが瞬時に判断できれば、半分は正解に近づいたことになります。

　しかし、正解となる選択肢が必ずその話題に対して教科書的にまっすぐ答えているものであるとは限りません。**遠回しに肯定・否定をしたり、質問に質問で問い直し**たりと、自然な応答の形は無限にあります。その中で、TOEIC では、生半可に聞き取った人が選びたくなるような、引っかけとなる選択肢があらかじめ用意されています。特に、第 1 文に含まれる単語と似た発音の単語が聞こえたら引っかけである可能性が大きいので要注意です。また、**第 1 文中のある言葉を、別の言葉で言い換えた単語が含まれている応答が正解**の場合もあります。その場合、それらが同じものを表していることに気が付かないと、正解を選ぶことができません。さらに厄介なのは、時制のトリックです。**一見正しく思える選択肢が、時制の点で矛盾**していることを一瞬で見抜かなくてはなりません。

　Part 2 に仕組まれた、これらの仕掛けに引っかからないようにするには、細部までしっかり聞き取るリスニング能力が必要なことは言うまでもありません。これには、Part 2 に特化したリスニングトレーニング「千本ノック」（難問を一気に千問解く）以外にも、英語のドラマや映画を通して、現実のナチュラルな会話にたくさん触れることが非常に有効です。

　また、新形式として 2016 年からリスニングの他のパートと同様に、オーディオに英・米・カナダ・オーストラリアの各国英語が含まれるようになりました。聞き取りにくいと思う発音がある場合には、日ごろから十分に慣れておく必要があるでしょう。

Part 2 のレスポンスをパターンごとにマスター！

　Part 2 のレスポンスは、ナチュラルな会話に見られるように、話者の立場や心情に応じて多彩なバリエーションが考えられます。もっともふさわしい選択肢を選ぶためには、場面を想像しながら待ち構えるようにして聞く姿勢が必要になります。その準備として、ここでは、ストレートでない変則的な応答について、いくつかのパターンに分けて考えてみましょう。

1. WHO・WHERE・WHAT・WHICH・HOW などの質問に対するレスポンスパターンはこれだ！

① 応答に余分なフレーズをくっつけてわかりにくくするパターン。
応答のコアとなる部分は、質問に対する答えになっている。
例：Who's in charge of recruiting?（新人採用の担当は誰ですか？）
→ If I'm not mistaken, Mr. Farmer is a manager of the personnel affairs section.（私の思い違いでなければ、ファーマー氏が人事課の課長です。）
例：When will the new product be launched?（新製品はいつ発売されますか？）
→ According to the homepage, it will be unveiled next Monday.（ホームページによれば、来週の月曜日に公開されます。）

② 質問にダイレクトに答えず、逆に質問を返したり、状況を説明したりするパターン。
何が話題の中心になっているのかを見極める必要がある。
例：When are you going to have the meeting?（ミーティングはいつ開かれますか？）
→ Do you mean the sales meeting held at the head office?（本社で行われる営業会議のことですか？）
→ I heard it would be canceled.（それは中止になったと聞いています。）
例：How many employees worked late last night?（昨夜は何人の人が残業したのですか？）
→ The employees are prohibited from working overtime after 6 p.m. here.（ここでは、6時以降残業することは禁じられています。）
例：What do you think about the furniture in his new house?（彼の新居の家具をどう思う？）
→ I haven't come by his house yet.（彼の家にはまだ行ったことがありません。）
→ It might be extremely cool.（さぞかしかっこいい家具なんでしょうね。）
例：Which do you like better, eating out or at home?（外食と家で

食べるのとどっちがいいですか？）
→ Whichever.（どちらでも。）
→ How about ordering pizza and saving the effort of cooking?（ピザを注文して料理の手間を省くのはいかがですか？）
→ I have no preference.（特に好みはありません。）

2. 一般質問文・勧誘・依頼・提案に対するレスポンスパターンはこれだ！

① 条件付きまたは暗喩的に Yes/No の返答をするパターン。
応答の文意は肯定または否定と受け取れる。
例：Will you get together tonight?（今晩ご一緒しませんか？）
→ If only my job finishes until then.（それまでに仕事が終われば。）
例：Can you prepare the necessary document for the interview?（面接に必要な資料を準備してくれますか？）
→ Maybe you should ask Ted instead of me.（私じゃなくてテッドに頼んで。）
例：Would you like to care about Chinese dishes?（中華料理はどうですか？）
→ As long as it isn't quite expensive.（それほど高くさえなければ。）
例：How about going out for lunch?（お昼ご飯を外で食べるのはどうですか？）
→ Some other time.（また別の機会に。）

② 肯定でも否定でもないパターン。
他の選択肢が適当でない場合、消去法で正解として残る場合が多い。
例：Could you lend me $100?（100ドル貸してくれますか？）
→ I'll think about it.（考えておきましょう。）
→ I'll see what I can do.（善処します。）

③ 否定疑問文・付加疑問文に応答するパターン。
答えは普通の疑問文と同じ形になるので難しく考える必要はないが、Who 〜?、Where 〜? タイプの疑問文と同様に、Yes/No で答えないパターンもよく見られる。
例：Isn't the tall man one of the lawyers of our case?（あの長身

の男は私たちの弁護士の一人じゃないですか？）
- → Yes, he is a lead attorney.（はい、彼が弁護団長です。）
- → No way!（まさか！）
- → I have no clue.（さっぱりわかりません。）

例：This car is fuel-efficient, isn't it?（この車は燃費がいいですよね？）
- → It gets a good mileage for its size.（大きさの割に低燃費です。）
- → It's not what it's cracked up to be.（それは評判ほどでもないです。）

3. 平叙文（独り言を含む）に対するレスポンスパターンはこれだ！

相手が返答を求めていなくても、話者の意図を察して何らかの応答をするパターン。

応答には、同意・同情・反意・激励など無限の可能性が考えられる。想像力を機敏に働かせて、状況に合ったものを選ばなくてはいけない。

例：I should've left the office 30 minutes earlier.（もう30分早く会社を出ればよかった。）
- → I guess you will make it in time by taking a limited express.（特急に乗れば間に合うと思います。）
- → It can't be helped.（仕方ないです。）

例：I don't think I can win an award.（私に賞なんて取れっこないと思う。）
- → How can you tell unless you try?（やってみないでどうしてわかるの？）
- → Then, who do you think will win?（じゃあ、誰が勝つと思う？）

例：The new sales director is a shrewd woman.（新しい営業部長は抜け目がない人だ。）
- → You can say that again.（その通りです。）
- → Quite contrary to her appearance, she is really kind.（見かけとは違って、彼女はやさしい人です。）

例：I heard that Mr. Suzuki was promoted to a manager.（鈴木氏が部長に昇進したんだって。）
- → It is not impossible.（ありえないことではないですね。）
- → Your turn will come up soon.（君の番ももうすぐだよ。）

→ I accept my defeat gracefully. （負けを認めるよ。）

　さて、いかがでしたでしょうか。このPart 2の問題は、皆さんと英語との「親和力」がどれぐらいものなのかを見極めるための問題だということがわかりますね。教科書的な英語では太刀打ちできません。Part 2で高得点をゲットするためには、日ごろから、practicalな英語にできるだけ多く触れ、実際に使われている表現のパターンを蓄えていくことが非常に有効です。それによって、TOEICのスコアだけでなく、皆さんの普段の英会話力も数段UPできるはずです。

　それでは問題練習を行ってみましょう。TOEICのディストラクター（誤答）に引っかからないよう、細心の注意を払ってオーディオを聞いてください。

Part 2 難問大特訓 1

CD7-21

1. Mark your answer on your answer sheet.
2. Mark your answer on your answer sheet.
3. Mark your answer on your answer sheet.
4. Mark your answer on your answer sheet.
5. Mark your answer on your answer sheet.
6. Mark your answer on your answer sheet.
7. Mark your answer on your answer sheet.
8. Mark your answer on your answer sheet.
9. Mark your answer on your answer sheet.
10. Mark your answer on your answer sheet.
11. Mark your answer on your answer sheet.
12. Mark your answer on your answer sheet.
13. Mark your answer on your answer sheet.
14. Mark your answer on your answer sheet.
15. Mark your answer on your answer sheet.

解答と解説

1. 🇨🇦 Would you mind turning down the volume of the radio?
   🇦🇺 (A) Is there any problem with the golden oldie?
   (B) Do you prefer another TV program?
   (C) It's just started going down.

正解 (A)

☞「ラジオの音量を下げていただけませんか？」に対して「懐メロはお気に召しませんか？」と答えた (A) が正解。 **860**

〈語彙〉golden oldie：懐メロ

2. 🇺🇸 Your watch seems really expensive.
   🇬🇧 (A) This is a keepsake from my father.
   (B) I watched the movie yesterday.
   (C) I wanted to cut down on the expenses.

正解 (A)

☞「あなたの時計は高そうですね。」に対して「これは父の形見なんです。」と答えた (A) が正解。他の選択肢は distractors（誤答）。**860**

〈語彙〉keepsake：形見　cut down on：〜を削減する

3. 🇺🇸 Can you manage to meet the deadline?
   🇦🇺 (A) Let me drop a line.
   (B) I'm afraid I can't make it.
   (C) I'm arranging them in a line.

正解 (B)

☞「締め切りに間に合いますか？」に対して「間に合わないと思います。」と答えた (B) が正解。drop a line（一筆手紙を書く）の音声トリックにひっかからないように注意。**730**

4. 🇺🇸 Have you already been to the exhibition everyone is talking about?
   🇬🇧 (A) No, it is closed today.
   (B) Yes, but it's worth seeing again.

43

(C) I've been charged twice.

正解 (B)

☞「うわさの展覧会を見に行きましたか？」に対して「はい、でももう一度見る価値があります。」と答えた (B) が正解。時制のトリックを用いた (A) は紛らわしいが、今日のことではなく「経験」を聞いているので誤り。 **860**

5. Do you know where I can find a good beauty salon?
    (A) I'm not sure when the shop opens.
    (B) This magazine features London's best hairdressers.
    (C) Have you tried this beauty product yet?

正解 (B)

☞「どうやっていい美容院を探せばいいでしょうか？」に対して「この雑誌がロンドンでベストの美容師特集をしています。」と答えた (B) が正解。 **900**

〈語彙〉hairdresser：美容師

6. She is the new president's secretary, isn't she?
    (A) Do you mean the woman in a blue dress?
    (B) I don't think she was working for him.
    (C) She drove herself to the office.

正解 (A)

☞「彼女が新しい社長秘書ですよね。」に対して「青い服を着た女の人のことですか？」と答えた (A) が正解。(B) の時制のトリックに引っかからないように！ was が is なら正解となる。 **730**

7. On which floors is High Tech Industries located?
    (A) The high tech market is expanding.
    (B) They relocated to a new building last month.
    (C) The building is under renovation.

正解 (B)

☞「ハイテク・インダストリー社は何階にありますか？」に対して「彼らは先月、新しいビルに移転しました。」と答えた (B) が正解。 **860**

〈語彙〉relocate：移転する　under renovation：改装中

8. Do you think we should increase the number of elective subjects?
   (A) We are going to hold an election for a mayor.
   (B) Good thinking, considering the lack of options now.
   (C) We had to discuss the important subjects.

正解 (B)

☞「選択教科の数を増やすべきだと思いますか？」に対して「今は選択の幅が少ないのでいい考えです。」と答えた (B) が正解。elective から election を連想させた (A) は引っかけなので誤り。(C) は had to の時制が合っていない。 **860**

〈語彙〉elective subject：選択教科

9. I'd like to speak to someone in charge of technical support.
   (A) I'm afraid he was not available.
   (B) I'll put you through right away.
   (C) He was charged with evading child support responsibility.

正解 (B)

☞「テクニカルサポート係の人と話したいのですが。」に対して「ただいまおつなぎします。」と答えた (B) が正解。(A) は he が誰のことかわからず、時制も合わない。 **900**

〈語彙〉put someone through：電話を（人）につなぐ　evade：逃れる

10. Perhaps you can show me how to hook up this new projector?
    (A) I'll have to report on the new project soon.
    (B) I gave a lecture using a projector.
    (C) I'm not familiar with the equipment.

正解 (C)

☞「この新しいプロジェクターのつなぎ方を教えてくれますよね？」に対して「私はその器材をよく知りません。」と答えた (C) が正解。 **800**

〈語彙〉hook up：接続する

11. Who's got the minutes of the last meeting?
    (A) After it was announced last week.
    (B) It was texted to every attendee yesterday.

(C) We have 10 minutes to make a presentation.

正解 (B)

☞「誰が前回の会議の議事録を持っているのですか？」に対して「それは昨日、出席者それぞれにメールで送られました。」と答えた (B) が正解。(C) の minutes は音声の引っかけなので注意しよう。 900

〈語彙〉 minutes：議事録　attendee：出席者

12. Why did Mark leave earlier than usual?
    (A) He doesn't live in the downtown area.
    (B) He left a long time ago.
    (C) He was a bit under the weather.

正解 (C)

☞「なぜマークはいつもより早く帰ったのですか？」に対して「彼はちょっと体の具合が悪かったんです。」と答えた (C) が正解。 900

〈語彙〉 under the weather：体の調子が悪い

13. Why did you change the carrier?
    (A) I'm going in for a job interview.
    (B) There was a good one on Fifth Street.
    (C) They have a better reputation for reliability.

正解 (C)

☞「なぜ運送会社を変えたのですか？」に対して「より信頼できると評判だからです。」と答えた (C) が正解。carrier から job interview を連想させる (A) は引っかけなので注意。「五番街にいいのがありました。」と答えた (B) は質問の答えになっていないので誤り。 860

〈語彙〉 carrier：運送会社　reputation：評判　reliability：信頼性

14. If you take this turnoff, we'll get there much faster.
    (A) But I need to drop by the post office.
    (B) Would you turn off the computer before leaving?
    (C) I arrived a little earlier at the office.

正解 (A)

☞「このわき道を通れば、もっと早く着きますよ。」に対して「でも郵便局に

寄らなくてはいけません。」と答えた(A)が正解。(B)のturn offは音声の引っかけ。(C)は「私は少し早く事務所に着きました。」で第1文とかみ合わないので誤り。900

〈語彙〉turnoff：わき道

15. Do you remember the name of the product John invented?
    (A) No, I can't identify the product.
    (B) You mean the one that is still under development?
    (C) I don't know if it's still in the storehouse.

正解 (B)

☞「ジョンが発明した製品の名前を覚えていますか？」に対して「まだ開発中の製品のことですか？」と答えた(B)が正解。(A)は「私はその製品を特定できません。」(C)は「それがまだ倉庫にあるかどうかわかりません。」で誤り。860

〈語彙〉storehouse：倉庫

いかがでしたか。楽勝でしたか。少しでも気を抜くとディストラクターに引っかかってしまうでしょう。文意が取りにくい人は、オーディオの最初の部分に全神経を集中してくださいね。それでは、もう1ラウンド、難問トレーニングにチャレンジしていただきましょう。

Part 2 難問大特訓 2

[CD22-36]

1. Mark your answer on your answer sheet.
2. Mark your answer on your answer sheet.
3. Mark your answer on your answer sheet.
4. Mark your answer on your answer sheet.
5. Mark your answer on your answer sheet.
6. Mark your answer on your answer sheet.
7. Mark your answer on your answer sheet.
8. Mark your answer on your answer sheet.
9. Mark your answer on your answer sheet.
10. Mark your answer on your answer sheet.
11. Mark your answer on your answer sheet.
12. Mark your answer on your answer sheet.
13. Mark your answer on your answer sheet.
14. Mark your answer on your answer sheet.
15. Mark your answer on your answer sheet.

解答と解説

1. Do I need to attach these graphics to the report?
   (A) Do as you are told by the manager.
   (B) You have to touch on the next subject.
   (C) You should hire a graphic designer.

正解 (A)

☞「これらの図を報告書に添付する必要がありますか？」に対して「主任に言われた通りにやりなさい。」と答えた (A) が正解。 900

〈語彙〉graphic：図　　touch on：（話題）に触れる

2. The circulation of this monthly has been decreasing.
   (A) The younger generation tend to read it.
   (B) The circulation is too soon.
   (C) How about restoring a coupon advertisement?

正解 (C)

☞「この月刊誌の発行部数は減っています。」に対して「クーポン広告を復活させるのはどうですか？」と答えた (C) が正解。(A) は「若い世代がそれを読む傾向があります。」と、かみ合っていないので誤り。 860

〈語彙〉circulation：発行部数、循環　　monthly：月刊誌
　　　　restore：復活させる

3. Where are you going to order the office supplies from?
   (A) I ordered them by telephone.
   (B) I'm checking some catalogues now.
   (C) Jack will be ordered to go to the station.

正解 (B)

☞「どこから事務用品を注文するつもりですか？」に対して「今、いくつかのカタログをチェックしているところです。」と答えた (B) が正解。(A) は時制のトリックによる誤答。(C) は order を使った引っかけで、誤り。 860

4. Why was the monthly meeting canceled yesterday?
   (A) Frank will be in charge of the meeting.

(B) I heard an internal inspection was suddenly conducted.

(C) They canceled the hotel reservation.

正解 (B)

☞「どうして昨日、月例会議がキャンセルされたのですか？」に対して「突然、内部監査があったからだと聞いています。」と答えた (B) が正解。「彼らはホテルの予約をキャンセルしました。」と答えた (C) は、月例会議との関係が不明なので誤り。 900

〈語彙〉internal inspection：内部監査

5. Why don't you try acupuncture for your backache?

(A) Been there, done that.

(B) I'll introduce you to her tomorrow.

(C) He should be more punctual from now on.

正解 (A)

☞「背中の痛みに鍼治療を試してみたら？」に対して、「もうとっくに試してみたよ。」と答えた (A) が正解。(C) の punctual は引っかけなので、似たような音に惑わされないように注意しよう。 900

〈語彙〉acupuncture：鍼治療　punctual：時間に正確な

6. Does everyone need to attend the ceremony?

(A) Only the employees associated with the award.

(B) The ceremony will start at 7:00 p.m.

(C) All of the members should wear the company uniform.

正解 (A)

☞「全員が式典に出席しなければいけませんか？」に対して「賞に関係がある従業員だけです。」と答えた (A) が正解。「全員・一部・〜だけ・〜以外」などの範囲に関する応答は頻出なので、慣れておこう。 800

〈語彙〉be associated with 〜：〜と関係がある

7. Do you know who rewrote the proposal?

(A) The director assigned Jeff to the task.

(B) There is another plan to discuss.

(C) Yes, I recommend the person in charge of the project.

正解 (A)

☞「誰がその企画書を書き直したか知っていますか？」に対して「部長がジェフにその仕事を指示しました。」と答えた (A) が正解。Do you ～？の問いに安易に Yes の答えを選ばないように注意しよう。 860

8. How is the reaction to the new model?
   (A) We expect the prices to decline.
   (B) It's already been launched by the company.
   (C) Customer feedback on the product is on the positive side.

正解 (C)

☞「新製品に対する反応はどうですか？」に対して「その製品に対する顧客のフィードバックは上々です。」と答えた (C) が正解。 800

〈語彙〉launch：発売する　positive：肯定的な

9. How can I get reimbursed for these purchases?
   (A) She is out of town on a business trip.
   (B) You should purchase the items on the shelf.
   (C) Jane will tell you how to fill in the forms.

正解 (C)

☞「これらの購入品の代金はどうやったら払い戻してもらえますか？」に対して「ジェーンがあなたに書類の記入の仕方を教えてくれますよ。」と答えた (C) が正解。 860

〈語彙〉get reimbursed：払い戻しを受ける

10. Do you know anything about the merger with ABC Corporation?
    (A) I didn't see anything in the office.
    (B) Only what I've read in the newsletter.
    (C) It's about time you joined the corporation.

正解 (B)

☞「ABC 会社との合併について何か知っていますか？」に対して「社内報で読んだことだけです。」と答えた (B) が正解。(A) は、「私は社内で何も見ませんでした。」という意味で、答えになっていないので誤り。 800

〈語彙〉merger：合併　　newsletter：社内報

51

11. 🇬🇧We are planning a big farewell party for Tim.
　　🇨🇦(A) It was a great opportunity for him.
　　　(B) His team found it expensive.
　　　(C) I'm ready to chip in.

正解 (C)

☞「ティムの大送別会をする予定です。」に対して (A) は「それは彼にとってすばらしい機会だった。」と答えていて、時制が合わない。「いつでもカンパしますよ。」と答えた (C) が正解。(B) の team は音声の引っかけ。 950

〈語彙〉farewell party：送別会　　chip in：カンパする

12. 🇺🇸Why didn't David accept the transfer to the New York branch?
　　🇨🇦(A) I think he'll be delighted to accept your invitation.
　　　(B) He is obliged to take care of his parents.
　　　(C) His wife didn't want to move to the countryside.

正解 (B)

☞「どうしてデイビッドはニューヨーク支店への転勤を受け入れなかったのですか？」に対して「両親の世話をする必要があるからです。」と答えた (B) が正解。(C) は紛らわしいが、New York は田舎ではないので誤り。 950

〈語彙〉branch：支店　be obliged to ~：~する義務がある

13. 🇺🇸Shouldn't you have completed this report first?
　　🇦🇺(A) I thought I could make it on time.
　　　(B) My boss ordered me to do it first.
　　　(C) I have no choice but to complete it.

正解 (A)

☞「この報告書を先に仕上げるべきだったのではないですか？」に対して「その時には間に合うと思ったんです。」と答えた (A) が正解。(B) の「私の上司がそれを先にやるように指示したんです。」は紛らわしいが、状況と矛盾する。(C) は「それを仕上げるしかない。」で時制が合わない。 950

14. 🇬🇧Do you know whether Mary already left the office?
　　🇺🇸(A) I just saw her car in the parking lot a few minutes ago.
　　　(B) She has an appointment with the dentist.

52

(C) She was talking with the manager during the lunch break.

正解 (A)

☞「メアリーがもう帰ったかどうか知っていますか？」に対して「ついさっき彼女の車が駐車場にあるのを見ました。」と答えた (A) が正解。(B) の「彼女は歯医者の予約をしています。」は、Mary がすでに帰ったかどうかに直接関係がないので誤り。 950

〈語彙〉parking lot：駐車場

15. ■ What do you say to going to a concert tomorrow?
    ■ (A) Can I take a rain check?
    (B) We already bought a ticket to a concert.
    (C) That was a wonderful performance.

正解 (A)

☞「明日一緒にコンサートに行きませんか？」に対して「またの機会にしてもらえますか？」と答えた (A) が正解。(B) は、チケットを持っていることはわかるが、どこのコンサートかわからない。 900

〈語彙〉rain check：またの機会

　さて今度はいかがでしたか。950 点レベルの数問はなかなか手強く、チャレンジ度が高まったでしょう。文字で読めば簡単な問題でも、音声だけが頼りとなると、瞬時に正確に文意を認識することが格段に難しくなります。ここで間違った問題は、なぜ間違ったのかをきっちりと見直し、二度と同じ間違いをしないよう心に留めておきましょう。

　これで Part 2 の満点突破トレーニングは終了です。次のページのスコア予測表で自分のレベルを確認して、Part 3 の満点突破トレーニングに進みましょう。

| TOEIC セクション別スコア予測 |

Part 2

本章の全 30 問で		
27 問以上取れる人	→	何回受けても Part 2 で満点が取れる実力の持ち主です！
24 問取れる人	→	Part 2 で満点が取れる可能性のある実力の持ち主です！
21 問取れる人	→	Part 2 で 9 割が取れる実力の持ち主です！
18 問取れる人	→	Part 2 で 8 割が取れる実力の持ち主です！
14 問以下の人	→	まだ大きな伸びしろがあります！ Part 2 の特訓に励みましょう！

第3章

Part 3
会話問題
満点突破攻略法
&
トレーニング

Part 3 満点攻略法

　新形式TOEICのPart 3は、今までの30問（10ダイアローグ×3問）から **39問（13ダイアローグ×3問）に増え**、ほとんどの受験者にとって精神的な負担がかなり増大したパートでしょう。

　会話文の変更点として、①短いセリフが数多く繰り返される点、②Elision（going toがgonnaになるなど）、Fragments（May I? / Yes, in a moment.など）が加わった点、③言いよどみ（Well…/ Ah…など）が加わった点により、実際の会話に近くなったことが挙げられます。さらに、設問の変更点として、①**話者の意図を答える問題**（Why does the man/woman say, "～"?）、②**3人による会話問題**、③**図表を参照して答える問題**が新たに追加され、これらが全体の2～3割を占めるようになりました。この3つの設問パターンは、今までにはなかっただけでなく難問が多いため、TOEIC高得点取得者であっても難しいと感じる問題が多いと思います。ダイアローグを聞き、図を見て、瞬時に「主題」を見つける必要があります。

　受験テクニックとしては、**先読みが最も重要で、Directionsの間に先読みをし、ダイアローグが終わると共に素早く解答をして、次の問題を先読みするというリズムを崩さない**ことです。また、先読みをするに当たって、①話の「全体」を問う設問か、「部分」を問う設問かを見分け、**最初の1、2文を絶対に聞き逃さないようにする。②先読み中には、疑問詞、主語、動詞に注目し、チェックをする。**特に、**most likely～, do next**などに注目し、何か問題が起こりそう、男の人が女の人に何かを頼む、次に何かをする、などの大まかな流れを先読みし、必要な情報に焦点を絞って集中して聞くことが大切です。

　まずは、これらの傾向と攻略ポイントを確認し、演習を通じて得点力をUPさせていきましょう。

頻出シチュエーション10

1	オフィス	6	空港・機内
2	電話	7	病院・歯医者
3	ショッピング	8	レストラン
4	ホテル	9	図書館
5	研修・セミナー	10	日常会話

Part 3

満点突破攻略法はこれだ！

１．言い換え表現に注意する。

　対話で流れた表現は、選択肢では必ず言い換えられていると思いましょう。以下の例を見てください。

☐ vice president（副社長）　→　company executive（重役）
☐ rental car（レンタカー）　→　transportation（移動手段）
☐ water（水）、gas（ガス）　→　utilities（公共サービス）
☐ activity　→　event
☐ staff　→　employee

２．トラブルを示す表現に注意する。

　次のようなトラブルを示す表現が出てきたら、解答箇所になる可能性が大です。注目して聞きましょう。

☐ problem（問題）　☐ concerned / worried（心配した）
☐ unhappy / unsatisfied（満足してない）　☐ disappointed（落胆した）
☐ can't（できない）　☐ broken（壊れた）
☐ sold out / ran out（売り切れた）
☐ see only（～しか見当たらない）

３．次にとる行動を問う問題を先読みでチェックする。

　will, next, be going to ～などが質問文にあるときは、ダイアローグの最後に解答があるので、最後まで集中して聞きましょう。

４．人名、社名、特定の日時や時間に注意する。

　これらは重要な情報なので、決して聞き逃さないようにしましょう。

５．図表を使う問題では、難しい問題（計算が必要など）はないので、あせらない。

６．難しい問題があっても、気持ちを切り替えて次の問題の先読みをする。

　これは、Part 3 と Part 4 に共通して言えることですが、気持ちの切り替えは非常に重要です！　次のダイアローグやパッセージが始まる前に、

先読みをするリズムを決して崩さないように、気持ちを切り替えましょう。

7. 対話式リスニングの3大正解パターンである①「行間読み型」②「一般化・サマリー型」③「類語言い換え型」をマスターする。

　この3つの型で、TOEICの解答の大半のパターンをカバーしています。それぞれの型の説明と例は本章の58、83、98ページをご覧ください。

正解パターン①「行間読み型」はこれだ！

　「行間読み型」は「対話式リスニング問題の核」と言えるもので、このパターンが苦手な人は、練習問題を通じて裏返しパターンや行間読みトレーニングをすることが必要です。以下に具体例を挙げますので、放送を聞きながら、瞬時にして行間が読めるように、パターンに精通しておきましょう。

(中級レベル)

☐ Have they looked at 〜

　正答はこうなる → Explore 〜　(look at は「探す」の意味)

☐ Has the fax machine in the office been repaired yet?

　正答はこうなる → a broken fax machine (話題)

☐ the sales department is looking for a new sales representative (新しいセールス担当)

　正答はこうなる → a job opening (話題)

(上級レベル)

☐ We just play baseball to socialize and have some fun. (仲良くなり楽しむ)

　正答はこうなる → It is a relaxed and noncompetitive team. (特徴)

「行間読み型」の例

☐ Man: That company's going to let your lease expire?
　Woman: Right.

　正答はこうなる → Her lease is not being renewed.
　(典型的な行間裏返し型 [中級レベル])

☐ Your doctor suggested it, so you might be able to get insurance to cover at least part of the cost.

正答はこうなる → She may not have to pay entirely for the medical treatment.（典型的な行間型［中級レベル］）

☐ Right. She's got my support for now, at least. Unless I see something to change my mind.

正答はこうなる → She should be given a chance to prove herself.（行間型［中級レベル］）

☐ But we might lose some of our adjunct professors. That'd be tough. I don't think I can take on any more courses.

正答はこうなる → Their workload's increasing.
（典型的な行間型［中級レベル］）

☐ Woman: I'm here until 10 p.m. every night.
Man: But it's people like you who'll get promoted.
Woman: Yeah, at the expense of my health.

正答はこうなる → She feels she is under too much pressure.
（やや高度な行間読み型［上級］）

☐ I think you're going to have to chalk this one up to experience.

正答はこうなる → The man should give up hope of getting his money back.
（行間読みとイディオム（chalk it up to experience「肝に銘じる」）の言い換えの複合型［上級レベル］）

☞「この失敗を肝に銘じておけ」という部分の「行間」を読んで「あきらめろ」（give up hope of 〜）となる。

☐ That's what happens when you put it off until the last minute!

正答はこうなる → The woman should have done it sooner.
（行間を読んでサマリーする複合型［上級レベル］）

☐ It's about time X started helping his ordinary constituents, not just his rich friends in business.

正答はこうなる → X uses his position to do favors for certain people.（高度な行間読み型［上級レベル］）

☞ not just his rich friends in business を裏返している。

☐ Without evidence of this other driver, I imagine your insurance company will end up *footing the bill.

正答はこうなる → The man will probably be held responsible.
(行間読みにイディオムが混じった高度な問題 [上級レベル])

＊ foot the bill「(他人の行為の) 責任を取る」

新形式問題パターン①
話者の意図暗示問題の攻略法はこれだ！

　この問題形式は、**Why does the man/woman say, "〜〜〜〜〜"?** という定型表現が問題文に書かれているので、**先読みをすればすぐに気付くことができます**。発言内容があらかじめわかるので、待ち伏せして聞くことが可能ですが、正解の根拠となるのはその前後にあるため、会話の一部を聞き取って正解を導くのではなく、全体的に理解できていなければ得点することができない、上級レベルの問題が多いと言えるでしょう。

　つまり、**問題文に書かれているセリフが流れたときには既に答えとなる箇所を言い終わっている**という場合があり、**放送される内容を全体的に記憶しておくリテンション力**も要求されます。そのためには、海外ドラマや、3人以上の話者が登場するリスニング問題集を多聴・精聴してリスニング力を鍛えることが有効です。

　それでは「話者の意図暗示問題」の例題を見てみましょう。

例題

Question 1 refers to the following message.

M: I've got a contract with Dixon Corp. They hope to start from September 1.
W: Congratulations, Mark! Really?
M: Yeah, the manager was also surprised. Dixon rejected BBX Inc.'s offer just last year.

1. Why does the woman say, "Congratulations, Mark! Really"?
   (A) She thought BBX Inc. would secure the contract.
   (B) She didn't expect Mark's offer would be accepted.
   (C) She heard Dixon will start the contract in October.
   (D) She expected the contract would start earlier.

正解（B）　彼女はマークの提案が受け入れられるとは期待していなかった。

☞ 発言の前の「Dixon Corp. と契約が取れた」と後ろの「Dixon は昨年 BBX Inc. の提案を断った」から、現在の状況が非常に重要であると強調していることがわかる。よって、(B) が正解。

満点突破攻略法
会話全体の流れをつかみ、プラス（肯定）的かマイナス（否定）的かを考えよ。

Part 3 難問大特訓 1

「スケジュール管理」リスニング問題トレーニング

(CD-37)

1. Why can David not attend the meeting?

    (A) Because of his illness
    (B) Because of the airplane delay
    (C) Because of the traffic congestion
    (D) Because of his family emergency

2. What does the woman mean when she says, "maybe we could ask Jake to make a presentation"?

    (A) She doesn't want to make a presentation.
    (B) She expects Jake to make a presentation.
    (C) She thinks Jake is preparing for a presentation.
    (D) She needs to reschedule the presentation.

3. What will the woman do next?

    (A) Meet Jake in person
    (B) Take a day off
    (C) Make a presentation
    (D) Check the room availability

解答と解説

Questions 1 through 3 refer to the following conversation.

M: Hi, Mary. Did you hear David can't make it to the meeting today?

W: Tom already told me about it. The flight is behind schedule due to bad weather, so he has been waiting in the airport since this morning.

M: That's too bad. Probably we need to put off his presentation. Can you reschedule the meeting for tomorrow, just before lunch?

W: OK, but maybe we could ask Jake to make a presentation. He works with David all the time.

M: But unfortunately, he is taking a day off today.

W: I see. Then I'll check and see if there's a room we can use at 11 a.m. tomorrow.

＜訳＞

(男性) やあ、メアリー。デイビッドが今日の会議に間に合わないって聞いたかい。

(女性) トムから聞いたわよ。悪天候のせいで飛行機が遅れているから今朝からずっと空港で待っているのよ。

(男性) それは気の毒だね。彼のプレゼンテーションは延期した方がいいね。会議の予定を明日、お昼前に変更できるかい。

(女性) いいわよ。でも、多分ジェイクにプレゼンテーションを頼めるかもよ。彼はいつもデイビッドと一緒に働いているもの。

(男性) でも、残念ながら彼は今日休みを取っているよ。

(女性) わかったわ。じゃあ、明日の午前11時に空き部屋があるかどうか確認するわ。

1. **正解 （B）** 飛行機の遅れのため

☞ 女性の最初のセリフに「悪天候のため飛行機が遅れている。」とある。 **730**

2. **正解 （B）** 彼女はジェイクがプレゼンテーションを行うことを期待している。

☞ 女性の2回目のセリフに「多分、ジェイクにプレゼンテーションを頼めるわよ。」とある。 **730**

63

3. **正解** （D）部屋の空きを確認する

☞ 女性の最後のセリフに「それでは、明日の午前 11 時に空いている部屋があるか確認します。」とある。 860

＜リスニング力 UP 語彙＞

make it：時間に間に合う　　behind schedule：予定より遅れて
all the time：四六時中　　take a day off：休暇を取る

満点突破攻略法
次に何をするかは、最後のセリフに解答部分がある！

Part 3 難問大特訓 2

「セミナー」リスニング問題トレーニング

[CD-38]

1. What did the woman forget to do?

    (A) Book a conference room
    (B) Arrange a meeting
    (C) Find a parking space
    (D) Find the way to the conference center

2. What does the woman mean when she says, "But isn't that beyond our budget"?

    (A) She is afraid that the parking fee is extremely high.
    (B) She doubts that the parking fee is reasonable.
    (C) She is nervous about the unreasonable room charge.
    (D) She complains that travel expenses will run over the budget.

3. What does the woman offer to do?

    (A) Search for another parking place
    (B) Pay the parking fee
    (C) Update the online site
    (D) Make a call to the Conference Center

解答と解説

> Questions 1 through 3 refer to the following conversation.
>
> 🇺🇸 M: Have you found a parking space for us to park our cars near the Conference Center?
>
> 🇬🇧 W: Oh, it's completely slipped my mind!
>
> 🇺🇸 M: That's OK. I know there's one on the main street. It's spacious enough, so maybe we can use it anytime.
>
> 🇬🇧 W: But isn't that beyond our budget? We're given a maximum of $15 a day per car, so we have to pay the difference out of our own pocket if it is more than that.
>
> 🇺🇸 M: No problem. Anyone who uses the Conference Center can park their car free of charge. We need to get the permit at the Center, though.
>
> 🇬🇧 W: That's great. Should I look for another just in case?
>
> 🇺🇸 M: Thanks. But remember, we need to leave in thirty minutes.

<訳>
（男性）カンファレンスセンターの近くに車をとめる駐車場を見つけたかい。
（女性）ああ、完全に忘れていたわ。
（男性）大丈夫だよ。大通り沿いに一つ知っているんだ。十分な広さがあるから、多分いつでも使えるよ。
（女性）でも、予算を超えるんじゃないの。最大で1台につき一日15ドルまでだから、それ以上だと差額は自己負担になるわよ。
（男性）問題ないよ。カンファレンスセンターを使う人は誰でも無料になるからね。でも、証明書をもらわなければならないんだ。
（女性）それはいいわね。念のため、別の駐車場も調べておきましょうか。
（男性）ありがとう。でも、あと30分で出発しなければならないよ。

1. 正解 (C) 駐車場を見つけること
☞ 男性の1回目のセリフに「カンファレンスセンターの近くに車をとめる駐車場を見つけたかい。」とあり、女性が「ああ、完全に忘れていたわ。」と答えている。 860

2. 正解 (B) 彼女は駐車料金が妥当ではなさそうだと思っている。
☞ 女性の2回目のセリフに「でも、(駐車料金が)予算を超えるんじゃないの。」とあるため (B) が正解。doubt (〜ではなさそうだと思う) の使い方に慣れておくこと。「極めて (extremely)」高いとは述べられていないため (A)

66

は不可。950

3. 正解 (A) 別の駐車場を見つけること
☞ 女性の3回目のセリフに「念のため、別の駐車場も調べておきましょうか。」とある。730

＜リスニング力UP 語彙＞
slip one's mind：忘れる　　spacious：広々とした
beyond budget：予算を超えた　　at one's own expense：自己負担で

満点突破攻略法
解答箇所に頻出の doubt（〜ではなさそうだと思う）の使い方をマスターせよ！

Part 3 難問大特訓 3

「発注手続」リスニング問題トレーニング

[CD-39]

1. What is the problem?

    (A) Some of the stationeries are broken.
    (B) The color of the product is wrong.
    (C) Office supplies haven't arrived.
    (D) The volume of the order was wrong.

2. What does the woman mean when she says "That's odd"?

    (A) The man forgot to order the product.
    (B) The woman needs the products immediately.
    (C) The man ordered a wrong product.
    (D) The delivery is unexpectedly delayed.

3. When will the man probably contact the supplier?

    (A) Soon after this conversation
    (B) Sometime before the meeting
    (C) Around 4 p.m.
    (D) Tomorrow morning

解答と解説

> Questions 1 through 3 refer to the following conversation.
>
> W: Have you received the stationery sets?
>
> M: Not yet. I think they should have arrived by now, since I ordered them last Tuesday.
>
> W: That's odd... Can you ask them when they will arrive?
>
> M: Sure. I'll email the supplier soon after the monthly meeting.
>
> W: When will it be held? You can't contact him after five o'clock.
>
> M: There won't be any problem. The meeting starts at 3 p.m. and usually takes only about an hour.
>
> W: OK. Remember to tell the order number to the supplier. It makes the tracking easier.

＜訳＞

（女性）文房具セットは届きましたか。

（男性）まだです。先週の火曜日に注文したので、もう届いているはずなのですが。

（女性）それはおかしいですね。いつ届くか聞いてもらえますか。

（男性）わかりました。月次会議の後すぐに業者にメールを送ります。

（女性）それはいつかしら。5時以降は連絡を取れませんよ。

（男性）問題ありません。会議は午後3時に始まりますが、たいてい1時間くらいで終わります。

（女性）わかりました。注文番号を業者に伝えるのを覚えておいてください。追跡しやすくなります。

1. 正解 (C) オフィスの備品が届いていない。

☞ 女性の最初のセリフに「文房具セットは届きましたか。」とあり、男性が「まだです。」と答えている。stationery set を office supplies と言い換えた (C) が正解。 860

2. 正解 (D) 配達が予期せず遅れている。

☞ 男性の最初のセリフの後半に「先週の火曜日に注文したので、もう届いているはずなのですが。」とあり、女性が「それはおかしいですね。」と答えている。予定よりも到着が遅れていることに対する発言なので、(D) が正解。
730

3. **正解 (C)** 午後 4 時前後

☞ 男性の最後のセリフの後半で「会議は午後 3 時に始まりますが、たいてい 1 時間で終わります。」とある。(C) が正解。 860

＜リスニング力 UP 語彙＞

stationery：文房具　　weird：奇妙な

track：〜を追跡する

満点突破攻略法
語彙力を UP し、瞬時に類語言い換えを見抜く！

Part 3 難問大特訓 4

「会議準備」リスニング問題トレーニング

[CD-40]

1. What does the woman say she will do this Friday?

    (A) Attend a meeting
    (B) Leave the country
    (C) Make a presentation
    (D) Go on a business trip

2. What does the man offer to do?

    (A) Write the summary of the meeting
    (B) Prepare the presentation materials
    (C) Conduct a customer survey
    (D) Meet the client in person

3. What was the woman going to do at the meeting?

    (A) Introduce a new employee
    (B) Estimate the research funds
    (C) Brief the participants about the outcome of the study
    (D) Explain a new rule

解答と解説

> Questions 1 through 3 refer to the following conversation.
>
> 🇦🇺 M: Hi, Ellen. I heard you are taking a vacation next week.
>
> 🇨🇦 W: Actually, from this Friday. I'll be visiting my cousin living in London.
>
> 🇦🇺 M: That's great. I hope you won't suffer from jet lag. Anyway, I'll send you an e-mail about the outline of the meeting next Tuesday. And... should I explain the results of the customer survey at the meeting? I suppose you were going to do that.
>
> 🇨🇦 W: Thank you, Eric. But I've already handed the presentation materials to Jane. She'll take care of it for me.

<訳>

(男性) やあ、エレン。来週休暇を取ると聞いたよ。

(女性) 実は今週の金曜からなのよ。ロンドンに住んでいるいとこを訪れる予定なのよ。

(男性) それはいいね。時差ボケにならないといいけど。それより、来週の火曜日の会議の概要についてメールを送るよ。あと、顧客調査の結果について会議で説明した方がいいかな。君がすることになっていたよね。

(女性) ありがとう、エリック。でも、ジェーンにプレゼンテーションの資料を渡してあるのよ。彼女がやってくれるわ。

1. **正解 (B)** 国を離れる

☞ 男性の2つ目のセリフに「時差ボケにならないといいけど。」とある。ロンドンに行く場合に時差ボケになる可能性があるということは、会話が行われている場所はイギリス国外であると考えられる。よって、(B) が正解。 **950**

2. **正解 (A)** 会議の内容を要約する

☞ 男性の2つ目のセリフに「それより、来週の火曜日の会議についての抜粋についてメールを送るよ。」とある。send you an email about the outline を write the summary に言い換えた (A) が正解。 **950**

72

3. **正解 (C)** 調査の結果について話す

☞ 男性の2つ目のセリフの後半に「あと、顧客調査の結果について会議で説明した方がいいかな。君がすることになっていたよね。」とあるので（C）が正解。これは聞き逃しやすい難問。 900

＜リスニング力UP語彙＞

jet lag : 時差ボケ　　material : 資料

満点突破攻略法
何気ない一言を聞き落とさないためには、ディクテーション、シャドウイングで精聴を鍛えよ！

Part 3 難問大特訓 5
「通勤」リスニング問題トレーニング

CD-41

1. Why is the man surprised?

   (A) Rachel came home later than usual.
   (B) Rachel came to the office earlier than usual.
   (C) Rachel was late for work.
   (D) Rachel didn't take a train to work.

2. What does she imply about the recent move?

   (A) She wanted to live near the working place.
   (B) She wanted to avoid taking a crowded train.
   (C) She wanted to live in a more conveniently located town.
   (D) She wanted to live with her family.

3. Why does the man say, "I'm considering moving out in the near future"?

   (A) He doesn't have enough salary to pay the rent.
   (B) He doesn't like the town he lives in.
   (C) He feel stressed out for the long commuting.
   (D) He is tired of commuting from the suburbs.

解答と解説

> Questions 1 through 3 refer to the following conversation.
>
> M: Hi, Rachel, you came to work so early today!
>
> W: Yes. I just moved closer to the office a couple of days ago. The new place is only a 5-minute walk from the office. Now I live alone, apart from my family.
>
> M: I thought it was a great town when I visited there last year. There was a beautiful park, nice restaurants, and a huge supermarket. I thought it was so convenient to live in.
>
> W: Exactly. But the only drawback was the commuting time. It was so stressful to get up early every morning.
>
> M: I understand. In my case, it's unbearable to take trains to the city. They are always overcrowded in the morning. So, actually I'm considering moving out in the near future.

＜訳＞

(男性) やあ、レイチェル。今日は早く来たんだね。

(女性) ええ。数日前にオフィスにもっと近いところに引っ越したばかりで、新しいところは会社から歩いて5分なの。今は家族と離れて一人暮らしをしているのよ。

(男性) 昨年訪れたとき、素晴らしい町だと思ったよ。美しい公園、おしゃれなレストラン、大型スーパーがあったよね。住むにはとても便利だと思ったよ。

(女性) その通りね。でも唯一の欠点は通勤時間だったわ。毎朝早起きをするのはとてもストレスだったのよ。

(男性) わかるよ。僕の場合、都市部への電車通勤が耐えられないな。朝はいつもものすごく混んでいるんだ。だから実を言うと、近い将来引っ越しを考えているんだ。

1. 正解 (B) レイチェルがいつもより早く職場に来た。

☞ 男性の最初のセリフに「やあ、レイチェル。今日は早く来たんだね。」とある。(B) が正解。 730

2. 正解 (A) 彼女は職場の近くに住みたいと思っていた。

☞ 女性の2つ目のセリフに「でも唯一の欠点は通勤時間だったわ。」とある。通勤時間が長いということを、職場の近くに住みたかったと言い換えた (A)

75

が正解。ちなみに、(B) のように満員電車を避けたがっているのは男性であり、女性が満員電車に乗っているかどうかはこの会話からは分からない。
860

3. **正解** (D) 彼は郊外からの通勤にうんざりしている。
☞ 男性の最後のセリフに「僕の場合、都市部への電車通勤が耐えられないな。朝はいつもものすごく混んでいるんだ。」とある。(D) が正解。**860**

＜リスニング力 UP 語彙＞
apart from：〜から離れて　　drawback：欠点
commuting time：通勤時間　　unbearable：耐えられない
move out：引っ越す

満点突破攻略法
男性のセリフと女性のセリフをはっきりと聞き分けよ！

Part 3 難問大特訓 6

「トラブル・シューティング」リスニング問題トレーニング

CD-42

1. What is the topic of this conversation?

    (A) Complaining about a mistake
    (B) Documents for the meeting
    (C) A malfunctioning machine
    (D) Ordering office supplies

2. Why does the man say "Again"?

    (A) He had the same problem yesterday.
    (B) A similar problem happened recently.
    (C) The woman made the same mistake.
    (D) The repairman was often late for an appointment.

3. What is the man's problem?

    (A) He needs to use the machine by tomorrow.
    (B) He can't find the repairman's phone number.
    (C) The repairman is taking a day off.
    (D) The traffic is jammed today.

解答と解説

> Questions 1 through 3 refer to the following conversation.
>
> M: Oh, Jane. Is there any problem?
>
> W: Yes, the copier is jammed.
>
> M: Again? Looks like it's about time to call the repair shop.
>
> W: I agree. It's the second time this month. Do you happen to know the phone number?
>
> M: No, but Tony emailed the repair service last time. You know, it was when a black line was printed every time you printed out.
>
> W: I'll meet him at the meeting today, so I'll ask him how to contact the shop.
>
> M: That's a relief! I'll have to print some documents for the meeting tomorrow morning.

<訳>

(男性) おや、ジェーン。何か問題があるのかい。

(女性) ええ、コピー機が詰まっているのよ。

(男性) またかい。そろそろ修理店に電話しないといけないようだね。

(女性) そうね。今月で2度目よ。電話番号を知っているかしら。

(男性) いや、でもトニーが前回修理サービスにメールを送ったよ。ほら、印刷する度に黒い線が入っていた時だよ。

(女性) 彼には今日会議で会うから、修理店への連絡の仕方を聞いてみるわ。

(男性) ほっとしたよ！明日の午前中の会議のためにいくつか文書を印刷しなければならないんだ。

1. **正解 (C)** 壊れた機械

☞ 女性の最初のセリフに「ええ、コピー機が詰まっているのよ。」とある。(C) が正解。 730

2. **正解 (B)** 似た問題が最近起こった。

☞ 男性の2つ目のセリフに「またかい。そろそろ修理店に電話しないといけないようだね。」とあり、女性が「そうね。今月で2度目よ。」と答えている。(B) が正解。 730

3. **正解 (A)** 彼は明日までに機械を使う必要がある。

☞ 男性の最後のセリフに「明日の午前中の会議のためにいくつか文書を印刷

しなければならないんだ。」とある。(A) が正解。860

<リスニング力 UP 語彙>
be jammed：詰まった　　it's about time：そろそろ〜する頃だ

満点突破攻略法
トラブルが起こった原因と結果は必ず押さえる！

Part 3 難問大特訓 7

「病院」リスニング問題トレーニング

CD-43

1. What is one of the woman's problems?

    (A) Insomnia
    (B) Injury at the workplace
    (C) Stress from her boss
    (D) Traffic accident

2. Why does the woman say "Is that all"?

    (A) She wants the doctor to listen to her story more.
    (B) She does not understand what the doctor says.
    (C) She doesn't think the amount of medication is enough.
    (D) She expected to receive medication.

3. What is the woman advised to do?

    (A) Prepare for the workup
    (B) Prescribe some medications
    (C) Wait and see for some time
    (D) Take a lunch break

解答と解説

> Questions 1 through 3 refer to the following conversation.
>
> M: Hello, Ms. Smith. What seems to be the problem?
>
> W: Well, I feel dizzy and my stomach is upset these days. Also, I can't sleep well at night.
>
> M: Hmm, are you under stress?
>
> W: Probably. I started a new job last week and haven't got used to it.
>
> M: I think that's the cause of the problem, because there is no serious physical problem. So, I recommend you take a rest and if you don't feel better by next week, please come again.
>
> W: I see. Is that all?
>
> M: Yes. If you need medication, I can prescribe a tranquilizer. But I don't think you need it for now.

<訳>

(男性) こんにちは、スミスさん。どうしましたか。

(女性) ええと、最近めまいがして、胃腸の具合が良くありません。あと、夜あまり寝られません。

(男性) うーん、ストレスは感じていますか。

(女性) おそらく。先週、新しい仕事を始めて、まだ慣れていないのです。

(男性) それが原因だと思います。深刻な身体的問題はないようですから。よく休んで、もし来週になっても良くならなかったら、もう一度来てください。

(女性) わかりました。以上ですか。

(男性) はい。もし薬が欲しければ精神安定剤を処方できますが、今は必要ないと思いますよ。

1. 正解 (A) 不眠症

☞ 女性の最初のセリフに「あと、夜あまり寝られません。」とある。(A) が正解。

860

2. 正解 (D) 彼女は薬をもらうことを期待していた。

☞ 男性の3つ目のセリフに「よく休んで、もし来週になっても良くならなかったら、もう一度来てください。」とあり、最後のセリフに「もし薬が欲しければ精神安定剤を処方できますが、今は必要ないと思いますよ。」とあるこ

81

とから推測する。(D) が正解。860

3. **正解 (C)** しばらく様子を見る
☞ 男性の最後から 2 つ目のセリフに「よく休んで、もし来週になっても良くならなかったら、もう一度来てください。」また、男性の最後のセリフに「今は（薬は）必要ないと思いますよ。」とある。(C) が正解。860

<リスニング力 UP 語彙>
dizzy：めまいがする　　be upset：（胃腸の調子）が不調である
get used to：〜に慣れる　　medication：医薬
prescribe：〜を処方する　　tranquilizer：精神安定剤　　workup：精密検診

満点突破攻略法
対話式リスニング問題では、「行間」を読み、メッセージを「裏返し」て解釈せよ！

いかがでしたか？　新形式問題の「3 人の対話問題」に進む前に、TOEIC をはじめ各種検定試験のリスニングのスコア UP に必須の正解パターン 2 つ目、「一般化・サマリー型」を見てみましょう。

正解パターン②「一般化・サマリー型」はこれだ！

　会話の発言内容を一般化された選択肢を選ぶ問題です。「一般化・サマリー型」の問題では、放送を聞きつつ瞬時に概念化・サマリーする力が試されます。このパターンの問題トレーニングをすることは、リスニング力をUPするだけでなく、英語で論文やエッセイを書いたり、スピーチをする際にも大変役立ちます。

「一般化・サマリー型」の例

☐ I don't have a regular shift – my hours change every week. And they can send me home when they don't need me.
　正答はこうなる → Her schedule is unpredictable.
　(典型的なサマリー型 [初級レベル])

☐ Your room is full of computer parts, and you have four broken appliances in the living room.
　正答はこうなる → The man leaves too many things unfinished.
　(典型的なサマリー型 [初級レベル])

☐ You should talk to the director. He needs to know April is unreasonable, especially given the delay in testing.
　正答はこうなる → Request an extension of the deadline.
　(サマリーと行間読みが必要な複合型 [中級レベル])

☐ I read online that it can cause sleeplessness and irritability. I have so much trouble with insomnia that I'd rather put up with back pain than risk aggravating the problem.
　正答はこうなる → She was worried about side effects.
　(典型的なサマリー型 [中級レベル])

☐ A: I could ask about a payment plan, though.
　B: You should do that. It would really help if we could sort it out in installments.
　正答はこうなる → Ask X about payment options.
　(サマリーと言い換えが必要な複合型 [中級レベル])

- They're good but very demanding. /... she's such a slave driver!
  正答はこうなる → She demands a lot from her students.
  (サマリーと言い換えが必要な複合型［中級レベル］)

  * slave driver「人使いの荒い人」

- Listing requirements have become stricter lately. With the global slowdown, it's more difficult to list.
  正答はこうなる → His current project has become complicated.
  (典型的なサマリー型［中級レベル］)

- Things like gas, electricity, water, garbage, and stuff, we each pay a third.
  正答はこうなる → Split utility expenses evenly.
  (典型的なサマリー型［中級レベル］)

- When I'm swimming, there's only one thing on my mind: I want to be faster than the last time I was in the pool.
  正答はこうなる → She competes mainly for personal fulfillment.
  (見事なサマリー型［上級レベル］)

新形式問題パターン②
3人の対話問題の攻略法はこれだ！

　3人による会話が行われる問題です。「話者の意図暗示問題」と同様に、会話の細部を聞き取るというよりは、会話全体の流れが理解できているかどうかが問われる問題です。したがって、キーワードを聞き取って答えるタイプの解答がしにくく、一般化された問題もあるので、上級レベルの問題が多いのが特徴です。

　また、問題文の中に**人名が書かれていた場合は、先読みの際にチェック**しておき、会話中の誰を指しているのか、あるいは会話をしていない人なのかといったことを確認すると共に、**3人以上の会話を聞くこと自体に慣れておくこと**が重要です。

　3人以上の会話に慣れるには、**海外ドラマや洋画を活用**することができます。**字幕を利用して、口語表現を書き取る**こともできます。

　それでは「3人の対話問題」の例題を見てみましょう。

例題

Question 1 refers to the following message with three speakers.

W1: Hi, Tony. I heard the robot toy you developed is selling well.
M: Thanks, Ellen. I actually didn't expect such a success.
W2: I heard the manager's considering a special bonus for you.
M: But I have a problem to deal with.
W1: Is it the battery problem you mentioned the other day?
M: Exactly. Oh, did you report the problem to the development team, Melinda?
W2: I did it yesterday. Kim said he'd try to make one which consumes less battery.

1. What did Melinda do?
   (A) She heard the manager will give a special bonus.
   (B) She contacted the development team.
   (C) She received complaints about the battery.
   (D) She developed a battery which consumes less battery.

正解 (B) 彼女は、開発チームに連絡をした。

☞ 問題に書いてある Melinda は I did it しか言っていないので、前の話者の発言内容「問題を開発チームに報告したか、メリンダ。」が解答の根拠になる。よって、(B) が正解。

満点突破攻略法
・問題文に書かれた人物のセリフの前後が正解の根拠となる！
・複数登場する人物の発言を聞き分けよ！

Part 3 難問大特訓 8

「トラブル・シューティング」リスニング問題トレーニング

CD-44

1. What seems to be the problem?

    (A) The woman has trouble preparing for the meeting.
    (B) The computer often freezes.
    (C) The meeting has been postponed.
    (D) The software is broken.

2. What is most likely the cause of the problem?

    (A) The computer has been overused.
    (B) The woman made a mistake in installing new software.
    (C) The printer has a malfunction.
    (D) The woman changed the software version.

3. How did Steve solve his problem?

    (A) He asked a technician for help.
    (B) He used another computer.
    (C) He uninstalled the software.
    (D) He switched off the server.

解答と解説

> Questions 1 through 3 refer to the following conversation with three speakers.
>
> W: Rob, can you come over here and take a look at my computer?
>
> M1: Sure. What's up?
>
> W: I can't open the file. Ever since I upgraded the software, I've often had problems like this.
>
> M1: Oh, really? That's too bad. You'll have a meeting at 3 o'clock, won't you?
>
> W: That's right. I have to prepare 10 sets of copies within 30 minutes.
>
> M2: Hey, it looks like you're in trouble. I actually had the same problem last week and I uploaded the file on the server and printed out the document with another PC.
>
> W: I see. Thank you for your advice, Steve. I'll try it.

<訳>

(女性) ロブ、ちょっとこちらに来て私のコンピュータを見てもらえないかしら。

(男性1) もちろん、どうしたんだい。

(女性) ファイルを開けないのよ。ソフトウェアのバージョンを上げて以来、頻繁にこんな問題が発生するのよ。

(男性1) 本当かい？それは大変だ。3時から会議があるんだよね？

(女性) そうよ。30分以内にコピーを10部用意しなければならないのよ。

(男性2) やあ、お困りのようだね。先週僕にも同じ問題が起こって、ファイルをサーバーにアップロードしてから別のパソコンで書類を印刷したよ。

(女性) なるほど。アドバイスをありがとう、スティーブ。そうしてみるわ。

1. 正解 (A) 女性は会議の準備に苦労している。
☞ 女性の最初のセリフに「ロブ、私のコンピュータを見て」とあり、また男性1の「3時から会議があるんだよね？」と女性の「30分以内にコピーを用意する必要がある」という発言より (A) が正解。 960

2. 正解 (D) 女性はソフトウェアのバージョンを変えた。
☞ 女性の2つ目のセリフに「ソフトウェアのバージョンを上げて以来、頻繁にこんな問題が発生するのよ。」とある。upgraded the software を changed the software version と言い換えた (D) が正解。 800

3. **正解 (B)** 彼は別のコンピュータを使った。

☞ 2人目の男性のセリフの最後に「先週僕にも同じ問題が起こって、サーバーにアップロードしてから別のパソコンで書類を印刷したよ。」とある。(B)が正解。 860

＜リスニング力 UP 語彙＞

take a look at：〜を見る　　malfunction：故障

upgrade：〜のバージョンを上げる　　uninstall：ソフトを解除する

満点突破攻略法
手順の説明は簡単に言い換えたものが正解である！

Part 3 難問大特訓 9

「旅行・出張」リスニング問題トレーニング

CD-45

1. What is the topic of the conversation?

    (A) The tickets for the business trip
    (B) The customer survey of the airline
    (C) The conference agenda next week
    (D) The selection of the travel agent

2. What does Chris offer to do?

    (A) Contact the travel agent
    (B) Go on a business trip for Gina
    (C) Apologize to the client for the mistake
    (D) Change his vacation plan for Gina

3. When will the conference most likely be held?

    (A) On 5th
    (B) On 7th
    (C) On 9th
    (D) On 10th

解答と解説

> Questions 1 through 3 refer to the following conversation with three speakers.
>
> 🇦🇺 M1: Hi, Gina. Are these the tickets for our business trip to New York next week?
>
> 🇨🇦 W: Yes, but there's one problem. The tickets have the wrong date. So, I need to call the travel agency.
>
> 🇺🇸 M2: Oh, really? I have to talk with the travel agent about another business trip to London. I will tell them about the problem you have if you like.
>
> 🇦🇺 M1: Thank you, Chris. Gina, the ticket date should be January 6th, right?
>
> 🇨🇦 W: Exactly. We'll have to be there the day before the conference. And we're coming back on 9th. I appreciate it if you can help arrange the tickets for us today, Chris.
>
> 🇺🇸 M2: Sure. You bet I will.

<訳>

(男性1) やあ、ジーナ。これは僕たちの来週のニューヨークへの出張のチケットかい。

(女性) ええ、でも1つ問題があるのよ。チケットの日付が間違っているから旅行代理店に電話する必要があるわ。

(男性2) おや、本当かい。ロンドンへの別の出張で旅行代理店の人と話さなければならないから、もし良かったらその件について話しておくことができるよ。

(男性1) ありがとう、クリス。ジーナ、チケットの日付は1月6日で良いんだよね。

(女性) そうよ。会議の前日に到着していないといけなくて、9日に戻ることになっているのよ。クリス、今日チケットの手配を助けてもらえると助かるわ。

(男性2) 了解。任せて。

1. 正解 (A) 出張のチケット
☞ 1人目の男性の1つ目のセリフに「これは僕たちの来週のニューヨークへの出張のチケットかい。」とある。(A) が正解。 730

2. 正解 (A) 旅行代理店に連絡をする
☞ 2人目の男性の1つ目のセリフに「ロンドンへの出張で旅行代理店の人と話さなければならないから、もし良かったらその件について話しておくことができるよ。」とある。tell them about 〜 を contact the travel agent とパラフレーズした (A) が正解。 860

3. 正解 (B) 7日
☞ 1人目の男性の最後のセリフに「ジーナ、チケットの日付は1月6日で良いんだよね。」とあり、女性の「そうよ。会議の前日に到着しておく必要がある」というセリフから、6日が会議の前日に当たると考えられるので、(B) が正解。 950

＜リスニング力 UP 語彙＞

travel agency : 旅行代理店　　the day before 〜 : 〜の前日に
You bet I will. : 任せて下さい。

満点突破攻略法
設問に日付が出てきたら、全神経を集中させて関連した日付を聴き取る！

Part 3 難問大特訓 10

「探し物」リスニング問題トレーニング

CD-46

1. Where is the conversation most likely taking place?

   (A) In the office
   (B) In the storage room
   (C) In the planning meeting
   (D) In the café

2. What is the problem?

   (A) Kate lost the key.
   (B) Mary can't take a lunch break.
   (C) Mary doesn't know where the storage is.
   (D) They can't find the key.

3. What will the man do next?

   (A) Go to the storage room
   (B) Stay in the office
   (C) Go to the café
   (D) Have a lunch break

解答と解説

Questions 1 through 3 refer to the following conversation with three speakers.

🇺🇸 M: Have you found the key to the storage room yet, Mary? I need it in the afternoon.

🇬🇧 W1: Unfortunately not. Do you know where it is, Kate?

🇨🇦 W2: I think it's in the cabinet box. Isn't it there?

🇬🇧 W1: No, it isn't. Somebody might have taken it...

🇨🇦 W2: Oh, that reminds me. I saw Ellen in the Planning Department take it.

🇺🇸 M: Maybe she forgot to bring it back. Do you know where she is?

🇨🇦 W2: I don't know. But it's twelve ten. She might have gone to the café on the main street. She often eats sandwiches there.

🇺🇸 M: Thanks. I'll wait for her here to come back. You, ladies, please go out to lunch.

＜訳＞

(男性) 倉庫の鍵はもう見つけたかい、メアリー。午後に必要なんだが。

(女性1) 残念ながら、まだ見つかっていません。どこにあるか知らないかしら、ケイト。

(女性2) キャビネットボックスの中にあると思うけど。ないの？

(女性1) ないわ。誰かが持って行ったのかも。

(女性2) ああ、それで思い出した。企画課のエレンが持って行くのを見たわ。

(男性) 多分、彼女が戻すのを忘れたんだろう。彼女がどこにいるのか知っているかい。

(女性2) わからないわ。でも、12時10分だから大通りのカフェに行ったかも。彼女はよくそこでサンドウィッチを食べているわ。

(男性) ありがとう。彼女が戻ってくるまでここで待っているよ。君たちは昼食休憩を取ってください。

1. 正解 (A) オフィスの中

☞ 女性2の2つ目のセリフに「企画課のエレンが持っていくのを見た」とあり、また全体の会話の流れから、オフィス内の倉庫の鍵を探していることが読み取れる。(A) が正解。 860

2. **正解 (D)** 彼らは鍵を見つけることができない。

☞ 男性の1つ目のセリフに「倉庫の鍵はもう見つけたかい、メアリー。」とあり、女性が「残念ながら、まだ見つかっていません。」と答えている。(D) が正解。鍵をなくしたのはケイトでなくメアリー。セリフの中の呼びかけは非常に重要で、誰に向かっての発言かを記憶しておく必要がある。 860

3. **正解 (B)** オフィスに残る

☞ 男性の最後のセリフに「彼女が戻ってくるまでここで待っているよ。」とある。(B) が正解。 730

＜リスニング力 UP 語彙＞

storage room：倉庫

満点突破攻略法
セリフの中の呼びかけは要注意！誰から誰への発言か記憶する習慣をつけよ！

Part 3 難問大特訓 11

「ビジネス状況」リスニング問題トレーニング

CD-47

1. What is the problem with SSE Corporation?
   (A) Several employees have been dismissed.
   (B) A major cutback has been made.
   (C) It has been faced with a lot of competitors.
   (D) It has gone bankrupt.

2. What does the woman think is the cause of this problem?
   (A) The management has misled the company.
   (B) The economic situation has been bad.
   (C) Powerful competitors have appeared.
   (D) A lot of employees have left the company.

3. What does the man mean when he says, "Why don't you look on the bright side of it"?
   (A) He expects the economy to pick up.
   (B) He expects them to overcome the current situation.
   (C) He expects them to be optimistic about the bad situation.
   (D) He expects him to get fired.

解答と解説

Questions 1 through 3 refer to the following conversation with three speakers.

🇦🇺 M: Did you hear the news that our big account, SSE Corporation, went under? I was really shocked to hear that.

🇨🇦 W1: Yeah, I just heard that. The company had been in the red for the last three quarters. I guess it is due to its sloppy management.

🇦🇺 M: Oh, really? Their bankruptcy will have a tremendous impact on our company.

🇬🇧 W2: Well, I think that as the global economy is stagnant, it's difficult to keep competitive in this industry. We might be next.

🇨🇦 W1: I'm worried that the management may announce further personnel cutbacks in our department.

🇦🇺 M: Why don't you look on the bright side of it? Let's think positive and try our best.

<訳>

(男性) うちの得意先のSSEコーポレーションが倒産したっていうニュースを聞いたかい？とてもショックを受けたよ。

(女性1) ええ、ちょうど聞いたところよ。あそこは過去3四半期にわたって赤字だったのよ。ずさんな管理が原因だと思うわ。

(男性) 本当かい？倒産はうちの会社にもすごい影響を及ぼすだろうね。

(女性2) そうね、世界経済が停滞しているので、この業界で競争力を保つのは難しいと思います。他人事ではありませんよ。

(女性1) 経営陣がうちの部に更なる人員削減を宣言するのではないかと心配です。

(男性) 明るく考えたらどうだろう？前向きに考えて、ベストを尽くしましょう。

1. **正解 (D)** 倒産した。
☞ 男性の1つ目のセリフに「SSE コーポレーションが倒産したっていうニュースを聞いたかい。」とある。go under の意味を知っておく必要がある。(D) が正解。 860

2. **正解 (A)** 経営陣が会社を誤った方向に導いた。
☞ 女性1の「ずさんな管理が原因だと思う」というセリフから (A) が正解。「経済が停滞している（stagnant）という発言は、女性2のため、(B) は誤答。発言内容の性別に要注意 !! 860

3. **正解 (C)** 彼は悪い状況でも楽観的になることを期待している。
☞ 女性1の最後のセリフ「経営陣がうちの部に更なる人員削減を宣言するのではないかと心配」に対して、男性が「明るく、前向きに」と答えているので、(C) が正解。 860

＜リスニング力 UP 語彙＞
go under : 倒産する　　in the red : 赤字で
sloppy management : ずさんな管理
cutback : 削減　　look on the bright side of 〜 : 〜について楽観する

満点突破攻略法
口語表現は、前後の発話から意味を推測せよ！

　3人の対話問題はいかがでしたか？次の図表問題に行く前に、知っていると非常にためになる正解パターンの3つ目、「類語言い換え型」を見てみましょう。

正解パターン③「類語言い換え型」はこれだ!

　「類語言い換え型」の問題は、放送内容と選択肢の言い換えに気づく力が試されます。このパターンの問題トレーニングをすることによって、リスニング力だけでなく、Part 7 の問題を解く際にも役立つほか、エッセイライティングにも活かすことができます。

(初級レベル)
- please connect me to Y → ask to speak to X
- stay with my mother-in-law → stay with a relative
- not much of an athlete(良い運動選手でない)→ not a good player

(中級レベル)
- clear the dirty dishes from the tables → remove the dirty dishes
- understaffed(人員不足)→ there are not enough employees
- can't get these cutting machines to work → is having difficulty using some machinery

「類語言い換え型」の例

- I guess it's inevitable.(避けられないと思う。)
  正答はこうなる → It cannot be helped.(仕方がない。)
  (簡単な言い換え型[初級レベル])

- I'm sorry, but we can't reimburse you for that, sir.(申しわけございませんが、返金はいたしかねます。)
  正答はこうなる → He will not be able to receive a refund.(彼は返金してもらえないだろう。)
  (典型的な言い換え型[初級レベル])

- He's actually doing better than I thought he would.(予想以上に彼はよくやってくれている。)
  正答はこうなる → He is more capable than she expected.(彼女の予想以上に彼は有能だ。)
  (典型的な言い換え型[初級レベル])

- I'll need you to assist with finding a suitable replacement.(適切な交代要員を探すのを手伝って下さい。)

正答はこうなる → Help him find a substitute for her.
　（2個言い換え型［初級レベル］）

　　☞ assist を help に、replacement を substitute に言い換えている。

☐ But the way she wrapped it up didn't make any sense to me.
　　正答はこうなる → The ending was not appealing.
　（2個言い換え型［上級レベル］）

　　☞ wrap up（終える）を ending に、not make any sense（納得がいかない）を not appealing に言い換えている。

☐ Sales are strong, but I'm up to my eyeballs in debt.
　　正答はこうなる → She has borrowed a lot of money.
　（高度なイディオムの言い換え型［上級レベル］）

　　☞ up to one's eyeballs in ～（= be very deeply involved in ～）「（好ましくない状態）～でひどく困って」

新形式問題パターン③

図表問題の攻略法はこれだ！

　この問題は図表を先読みすることによって劇的に解きやすくなるので、そこまでの問題で躓いて先読みをする余裕が無いという状況を作らないことが重要です。図表の先読みはリーディングにも通じるところがあり、要点を素早く、的確につかむのがポイントです。具体的には、**どのような種類の図表なのか（地図、お知らせ、料金表、スケジュールなど）をイメージする、数字が書かれているかどうかを確認する、書かれていた場合は、特に一番上と下の値に注目**しましょう。

　リスニングの図表問題も Part 7 の図表問題と似ているため、Part 7 を利用しながら実力を UP できます。返り読み、二度読みをせずに解く練習を繰り返すことによって、Part 3 や 4 の図表問題は楽に解けるようになります。**Part 7 の復習の際に音読をして録音し、それを聞きながら問題を解いてみる**という練習も効果があります。また、**動画やニュースサイトでは、図表を使いながら説明**しているものが多くあるので、それらを活用して、図表を見ながらリスニングをすることに慣れていくと良いでしょう。

　それでは「図表問題」の例題を2つ見ていただきましょう。

例題 1

Question 1 refers to the following message and graphic.

Price List	
1 Day	$20
3 Days	$12
5 Days	$10
7 Days	$8

W: I'd like to get these shirts washed by next week.
M: Today is Monday, so if you want to pick up this weekend, 5-day service is quite reasonable.
W: I can't pick them up this weekend, but I'm free on Thursday.

1. Look at the *graphic. How much does the woman most likely to pay?
   (A) $20
   (B) $12
   (C) $10
   (D) $8

正解 (B) 12 ドル
☞ 今日が月曜日で、木曜日に取りに行くと言っていることから、3 Days を選択すると考えられる。表を見て $12 とわかる。よって、(B) が正解。表を放送前に見ておくことが大切。

満点突破攻略法
図表は必ず、放送より前に見て ready になっておくべし！

---

*graphic とは（図解・説明用の）「グラフ、図、絵」などを指します。ETS の公式問題集では、一貫してこの表現が採用されていますが、本書の練習問題では、「数値リスト」の場合は "list" という表現を採用しています。また、「図表、グラフ」などを指す "chart" も採用しています。

例題 2

Question 1 refers to the following message and graphic.

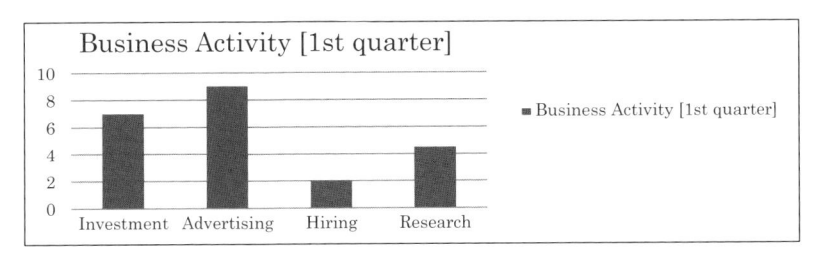

Business Activity [1st quarter]

Investment	Advertising	Hiring	Research
7	9	2	5

M: Hello, Cathy. What do you think about the repeat on the business activity last quarter?

W: I think concentrating the resources on investment and advertising was a good idea, considering the increase in online sales volume.

M: You can say that again, but how about the hiring? I think they should allocate more money for it.

W: Yeah, actually, I met Melissa in the HR department the other day. She said because of the labor shortage, they cannot recruit as many workers as they want.

1. Look at the graphic. What is the man's opinion about the allocation of the resources?
   (A) He is totally against the decision.
   (B) He thinks the weakest point should be reinforced.
   (C) He thinks the investment money should be reduced.
   (D) He doesn't know if the allocation was correct.

正解 (B) 彼は弱点を強化するべきだと考えている。

☞ グラフを見ると、Hiring が一番低いので、弱点に該当することがわかる。会話中では、allocate more money「もっと資金を割り当てる」と言っている点が、選択肢では reinforce「強化する」と言い換えられている。よって、(B) が正解。

満点突破攻略法
図表は、一番上と一番下の値が狙われる！

Part 3 難問大特訓 12

「郵便・配送」リスニング問題トレーニング

[CD-48]

Plan	Time (to Miami)	Charge (to Miami)
Gold Express	1 Day	$17.50
Silver	3 Days	$12.00
Standard	7 Days	$9.99

1. Where does this conversation most likely take place?

    (A) At the man's office
    (B) At the shipping company
    (C) At the station
    (D) At the bank

2. What is the man concerned about?

    (A) The delivery price
    (B) The arrival date
    (C) The complexity of a map
    (D) An instruction manual

3. Look at the list. On what day will the shipment most likely arrive?

    (A) On Thursday
    (B) On Friday
    (C) On Saturday
    (D) On Monday

解答と解説

> Questions 1 through 3 refer to the following conversation and list.
>
> M: Excuse me. I'd like to send this package to Miami. The place is... here, around this area on this map.
>
> W: Sure. Which plan do you have in mind? There are Standard, Silver, and Gold Express.
>
> M: Could you show me the list of the plans?
>
> W: Sure, here it is. Gold Express and Silver cost extra.
>
> M: Does this arrive on Saturday if I take the Silver plan?
>
> W: I'm afraid not. It's Wednesday today, but the delivery service does not work on Saturdays and Sundays. So, it will arrive next Monday.
>
> M: Well, it has to arrive by the end of this week, so maybe I have no other choice.

<訳>

(男性) すみません。この荷物をマイアミまで送りたいのですが。場所はこの地図で言うと、このあたりです。

(女性) かしこまりました。どちらのプランをお考えですか。スタンダード、シルバー、ゴールドエクスプレスがあります。

(男性) 料金表を見せていただけますか。

(女性) こちらをどうぞ。ゴールドエクスプレスとシルバーは追加料金がかかります。

(男性) シルバーにしたら、土曜日に届きますか。

(女性) 残念ながら、届きません。今日は水曜日ですが、配達サービスは土曜日と日曜日は稼働しておりません。なので、来週の月曜日に到着します。

(男性) そうですね、今週末までに届かなければならないから、他の選択肢はなさそうですね。

1. **正解 (B)** 配送会社で

☞ 男性の1つ目のセリフに「この荷物をマイアミまで送りたいのですが。」とある。(B) が正解。 **730**

2. **正解 (B)** 到着日

☞ 男性の3つ目のセリフに「シルバーにしたら、土曜日に届きますか。」とあり、最後のセリフに「そうですね、今週末までに届かなければならないから、

他の選択肢はなさそうですね。」とある。到着日を気にしていることが読み取れるので、(B) が正解。 860

3. 正解 (A) 木曜日
☞ 女性の最後のセリフに「(シルバーでは) 残念ながら、届きません。今日は水曜日ですが、配達サービスは土曜日と日曜日は稼働しておりません。なので、来週の月曜日に到着します。」とあり、男性が「今週末までに届かなければならないから、他の選択肢はなさそうですね。」と答えているため、ゴールドエクスプレスを選択することがわかる。料金表からゴールドエクスプレスは翌日に届くため、(A) が正解。 950

＜リスニング力UP語彙＞

package：荷物　　have ~ in mind：~を考えている
cost extra：追加で費用がかかる

満点突破攻略法
表を見て即座の判断ができるようにトレーニングせよ！

Part 3 難問大特訓 13

「会議準備」リスニング問題トレーニング

[CD-49]

Hotel name	Price	Parking	Sports gym
Chicago Inn	$65	×	○
Central Hotel	$115	○	×
Grand Lake Inn	$80	○	○

1. What is the main topic of this conversation?

    (A) Deciding on the hotel recommendation
    (B) Choosing the venue for the convention
    (C) Changing the accommodation facility
    (D) Planning the company trip

2. Why has the man NOT made his decision?

    (A) He cannot see which one is the best.
    (B) He couldn't get permission from his boss.
    (C) He has a lot of tasks to do.
    (D) He has forgotten to make a decision.

3. Look at the list. Which location will they most likely choose?

    (A) Chicago Inn
    (B) Central Hotel
    (C) Grand Lake Inn
    (D) Something else

解答と解説

Questions 1 through 3 refer to the following conversation and list.

W: Tim, I'm just wondering if the annual conference location has been decided.

M: There are several candidate locations, but I haven't yet decided on it.

W: Oh, really? Have you been busy lately? The conference is just around the corner.

M: I know. Look, these are the candidates, but I can't narrow them down any more. As you can see, Chicago Inn is very convenient. Besides, the rate is reasonable.

W: But this one doesn't have a parking space when many customers come by car.

M: That's right. Another choice is Central Hotel. It has a large parking space and a famous restaurant that has recently won an international prize. However, it is costly and doesn't have a gym.

W: It's a little bit costly, but I think it's within a reasonable range. Besides, the participants won't have any time to do exercise because of their busy schedule.

M: Grand Lake Inn is another choice. The price is reasonable and has a rather big parking space and a restaurant. But...there is a construction work near the hotel that will continue well into the conference day.

W: I happened to pass by the hotel yesterday, but there were big road works. Won't they disturb the meeting?

M: They probably will. As the time is so limited, I want to avoid any disturbances.

<訳>

（女性）ティム、年次会議の場所は決まったかしら。

（男性）いくつか候補地がありますが、まだ決めていません。

（女性）あら、本当なの。最近忙しかったのかしら。会議はもう迫っているわよ。

（男性）わかっています。見てください、これらが候補なのですが、これ以上絞り込むことができないんです。ご覧の通り、シカゴインはとても便利です。その上、料金もかなり割安です。

（女性）でも、多くの顧客は車で来るというのに、ここは駐車場が無いのよね。

(男性) その通りです。もう1つの候補は、セントラルホテルです。広い駐車場がありますし、最近国際的な賞を取った有名なレストランもありますね。ただ、値段が高く、ジムもありません。

(女性) 少し高いけれども、妥当な範囲内でしょう。また、参加者たちは忙しいスケジュールを抱えているので、運動をする時間は無いと思います。

(男性) グランドレイクインも候補です。料金は割安で、かなり大きい駐車場とレストランがついています。でも、ホテルの近くで工事をしているんです。それも会議の日まで続くんです。

(女性) たまたま昨日、ホテルの前を通り過ぎましたが、かなり大きな道路工事でしたよ。会議の邪魔になるのではないかしら。

(男性) おそらくそうでしょうね。時間が限られているので、邪魔は避けたいですね。

1. **正解 (B)** 会議の場所を決めること
☞ 女性の1つ目のセリフに「ティム、年次会議の場所は決まったかしら。」とあり、その後会議の候補地について話し合っているので、(B) が正解。
730

2. **正解 (A)** 彼はどこが一番良い場所かわからない。
☞ 男性の2つ目のセリフに「これらが候補なのですが、これ以上絞り込むことができないんです。」とある。(A) が正解。ちなみに、(C) は女性の2つ目のセリフに「最近忙しかったのかしら。」とあるが、男性が肯定しているわけではないので誤り。950

3. **正解 (B)** セントラルホテル
☞ 女性の4つ目のセリフに「少し高いけれども、妥当な範囲内でしょう。また、顧客たちは忙しいスケジュールを抱えているので、運動をする時間は無いと思います。」とあり、セントラルホテルは肯定している。シカゴインは駐車場が無く、グランドレイクインは工事をしていることが、女性の最後のセリフ Won't they disturb the meeting?（工事が会議の邪魔にならないかしら？）に対する男性の They probably will.（おそらくそうだね。）という答えからわかる。このように、Yes などの明確な肯定表現を使っていないセリフに解答箇所がある場合が多いことを覚えておくと良い。その他の場所については言及がなく、女性の2つ目のセリフでも会議が迫っていると言っているため、初めから考え直す可能性は低い。よって、(B) が正解。950

<リスニング力UP語彙>
annual：年次の　　candidate：候補　　road works：道路工事
disturb：〜を妨げる　　disturbance：障害　　venue：開催地

満点突破攻略法
Yes、No を使わない肯定、否定表現を聴き取る！

Part 3 難問大特訓 14

「研修・プレゼンテーション」リスニング問題トレーニング

[CD-50]

Plan	Location	Time
Opening session	Main hall	10:00-10:15
Workshop1 Business Manners	Main hall	10:15-11:45
Workshop2 Office conversation	Room A Room B Room C	13:00-15:00
Workshop3 Telephone Manners	Room A Room B	15:15-16:30
Q & A session	Room C	16:30-17:00

1. Where are the workshops held?

    (A) At a university

    (B) At a conference center

    (C) At a hotel

    (D) At an office

2. How is the program different from the last year's?

    (A) A Business Manners course is added.

    (B) The attendees have more opportunities to talk.

    (C) The way to use the telephone is taught.

    (D) Time for the Q & A session is corrected.

3. Look at the list. Which plan will most likely go through a change later?

    (A) Business Manners

    (B) Office conversation

    (C) Telephone Manners

    (D) Q & A session

109

解答と解説

Questions 1 through 3 refer to the following conversation and list.

🇨🇦 W: Hi, is this the program for the instruction course for newcomers?

🇺🇸 M: Yes, it is. But I'm going to make a modification. Anyway, it will be held at City Central Hotel next Friday.

🇨🇦 W: Is there any difference from the course last year?

🇺🇸 M: Yes. We're offering a telephone manners course this year. Several new staff members said they wanted to know the proper way to make a phone call to their clients. So, we have no choice but to cut some time for the Q & A session.

🇨🇦 W: That's a good idea. But you seem to be in trouble. Is there any problem?

🇺🇸 M: Well, I was planning to divide participants into more groups for the workshops, but no more than two rooms were available for each.

🇨🇦 W: I see. Maybe we should make our plan earlier and book rooms well in advance next year.

〈訳〉

(女性) あら、これは新入社員への指導コースのプログラムかしら。

(男性) ええ。少し修正をしなければならないんだけどね。とにかく、来週の金曜日にシティーセントラルホテルで行われるよ。

(女性) 昨年と変わったところはあるの。

(男性) うん。今年は電話のマナーコースがあるんだ。何人かの新入社員が、顧客へのきちんとした電話のかけ方を知りたいと言っていたのでね。だから、質疑応答の時間を削らざるを得なくなってしまったけどね。

(女性) それは良い考えね。でも、何か困っているようね。何かあったの。

(男性) ええと、参加者をワークショップでもっと多くのグループに分けようと思っていたんだけど、各ワークショップで2部屋しか取れなかったんだ。

(女性) なるほど。来年は、もっと早く計画を立てて十分前もって部屋を予約した方が良いわね。

1. 正解 (C) ホテルで
☞ 男性の1つ目のセリフに「シティーセントラルホテルで行われる」とある。(C) が正解。 730

2. 正解 (D) 質疑応答の時間が修正される。
☞ 男性の2つ目のセリフに「質疑応答の時間を削らざるを得なくなってしまったけどね。」とある。(D) が正解。 860

3. 正解 (B) オフィスでの会話
☞ 男性の最後のセリフに「もっと多くのグループに分けようと思っていたんだけど、各ワークショップで2部屋しか取れなかったんだ。」とある。プログラムを見ると、Workshop2 Office conversation に3部屋と記載があるので、この後2部屋に変更されることが予想できる。よって、(B) が正解。このように話者が「残念」に思う内容は、アンサーパートになる可能性が大きい。 950

<リスニング力 UP 語彙>
instruction : 指導
have no choice but to : ～せざるを得ない　　in advance : 前もって
no more than ～ : ～しかない

満点突破攻略法
話者が後悔、喜びなどの感情を表している場合は解答箇所になる確率大！

Part 3 難問大特訓 15

「出張」リスニング問題トレーニング

[CD-51]

Destination	Departure Time	Flight No.
Chicago	4:20p.m.	AD121
Minneapolis	5:50p.m.	AD158
Washington D.C.	6:13p.m.	AD165
Milwaukee	7:45p.m.	AD196

1. What is the man worried about?

    (A) He cannot arrive at the airport in time.
    (B) He cannot book the hotel.
    (C) He cannot make a presentation.
    (D) He cannot attend the weekly meeting.

2. What mistake has the woman made?

    (A) The woman shouldn't have gone on a business trip.
    (B) The woman forgot about the meeting.
    (C) The woman booked the ticket to the wrong destination.
    (D) The woman booked the ticket of the wrong date.

3. Look at the list. How are they most likely to go?

    (A) By AD121
    (B) By AD158
    (C) By AD165
    (D) By AD196

解答と解説

> Questions 1 through 3 refer to the following conversation and list.
>
> M: It looks like you have already booked a flight for us for the business trip to Chicago next week.
>
> W: Yes, I booked Flight AD121 to Chicago. The departure time is 4:20 p.m.
>
> M: Do you think we can get to the airport in time? The weekly meeting will end at 3 o'clock and it will take at least an hour to get to the airport.
>
> W: Oh, no! Then, what about AD158? We can probably make it.
>
> M: In that case, we could barely get there in time. I think it's better to take the flight leaving at 7:45 p.m. From there, we can get to Chicago by train.
>
> W: Hum. That might be better. I'll make a phone call to see if there're still vacant seats left.

＜訳＞

(男性) 来週の出張の飛行機は、もう予約を取ったみたいだね。

(女性) ええ。AD121便シカゴ行きを予約しました。出発時間は午後4時20分です。

(男性) 空港まで間に合うかい。週次会議は3時に終わるけど、空港まで少なくとも1時間はかかるよ。

(女性) ああ、しまった！では、AD158便はどうでしょう。多分、間に合うと思います。

(男性) それならば、ぎりぎり間に合うね。午後7時45分に出発する便に乗った方が良いと思うんだ。そこからシカゴまでは電車で行くことができるよ。

(女性) その方が良いかもしれませんね。まだ空きがあるか電話をしてみます。

1. **正解** (A) 彼は空港への到着が間に合わない。

    ☞男性の2つ目のセリフに「空港まで間に合うかい。週次会議は3時に終わるけど、空港まで少なくとも1時間はかかるよ。」とある。(A)が正解。

    730

2. **正解** (B) 女性は会議について忘れていた。

    ☞女性の2つ目のセリフに「ああ、しまった！」とある。(B)が正解。 **730**

3. 正解 (D)AD196 便で

☞ 男性の最後のセリフに「でも、午後 7 時 45 分に出発する便に乗った方が良いと思うんだ。そこからシカゴまでは電車で行くことができるよ。」とある。表を見ると、7 時 45 分に出発するのは AD196 便なので、(D) が正解。
860

＜リスニング力 UP 語彙＞

departure time：出発時間 　　in time：間に合って　　make it：間に合って
barely：かろうじて　　vacant：空の

満点突破攻略法
予定表は変更されることをあらかじめ想定せよ！

Part 3 難問大特訓 16

「セミナー」リスニング問題トレーニング

CD-52

TIME	PLACE	PLAN
10:00 A.M.	3rd floor	Opening Ceremony Tyler Anthony[section manager] John Thompson[representative from students]
11:00 A.M.	2nd floor	Compliance Seminar, Kate Millar
1:00 P.M.	4th floor	Business Manners Seminar, Kevin Watson
2:00 P.M.	2nd floor	Software System Seminar, Jun Takai

1. Who is Kevin going to meet?
    (A) Mary
    (B) A client
    (C) Kate
    (D) A section manager

2. What does the man mention?
    (A) One room is under renovation.
    (B) The place needs to be changed.
    (C) The program has to be divided into two parts.
    (D) Some equipment is out of date.

3. Look at the list. What will most likely be held just after lunch?
    (A) Opening Ceremony
    (B) Compliance Seminar
    (C) Business Manners Seminar
    (D) Software System Seminar

115

解答と解説

> Questions 1 through 3 refer to the following conversation and list.
>
> M: Mary, everything's going all right for the seminars?
>
> W: Well, actually there is a problem. Kevin said he can't conduct the seminar. He will have to meet an important client right after lunchtime.
>
> M: Oh, really? Then why don't you switch the order of the schedule? Can't Kate make it in the afternoon?
>
> W: I suppose it's all right with her. I'll contact her to see if she can change her schedule.
>
> M: Thanks. Oh, and one more thing. I heard the OA equipment on the 4th floor is out of order. I think we should change the room.
>
> W: OK. I'll check if other rooms are available.

<訳>

(男性) メアリー、セミナーの準備は全て順調にいっているかい。

(女性) ええと、実は1つ問題があります。ケビンがセミナーを担当できないと言っていました。彼は昼食後すぐに重要な顧客と会わなければならないのです。

(男性) おや、本当かい。では、スケジュールの順序を変更してはどうだろう。ケイトは午後に都合がつかないかな。

(女性) 彼女なら大丈夫だと思います。スケジュールを変えられるかどうか彼女に尋ねてみます。

(男性) ありがとう。ああ、あともう1つ。4階のOA機器が故障中だと聞いたよ。部屋を変えた方が良いだろうね。

(女性) わかりました。他の部屋が空いているかどうか確認します。

1. 正解 (B) 顧客
☞ 女性の1つ目のセリフに彼が「重要な顧客と会わなければならない」とある。(B) が正解。 730

2. 正解 (B) 場所を変える必要がある。
☞ 男性の最後のセリフに「4階のOA機器が故障中だと聞いたよ。部屋を変えた方が良いだろうね。」とある。(B) が正解。 730

3. 正解 (B) コンプライアンスセミナー
☞ 男性の2つ目のセリフに「ケイトは午後に都合がつかないかな。」とあり、女性が「彼女なら大丈夫だと思います。」と答えている。(B) が正解。 860

＜リスニング力UP語彙＞
make it : 都合がつく　　out of order : 故障中で
available : 手に入る

満点突破攻略法
図表にさりげなく書かれている情報もチェックを怠らない！

Part 3 難問大特訓 17

「ショッピング」リスニング問題トレーニング

CD-53

G-Max USED Watch Store

Item	Price
Standard	$45
GN Max	$60
Silver Max	$103
Gold Max	$155

*10% off the above prices for store members.
*This coupon is only available on weekdays.

1. Why does the woman have the coupon?

    (A) She got it from her relative.

    (B) She picked it up on a road.

    (C) She is a store member.

    (D) She won it in a raffle.

2. What does the woman do daily?

    (A) Wear a watch for a long time

    (B) Go to a watch store

    (C) Carry a heavy load

    (D) Do a water-related task

3. Look at the list. Which of the following watches will the woman most likely buy?

    (A) Standard

    (B) GN Max

    (C) Silver Max

    (D) Gold Max

解答と解説

Questions 1 through 3 refer to the following conversation and list.

M: Hello, may I help you?

W: Yes. My uncle has signed up for store membership and he gave me this coupon last week. Can I use this?

M: I'm sorry, but you can't use it on Sunday. Any day except Saturdays and Sundays is OK.

W: I see. By the way, I'd like to know how these watches are different.

M: Well, first of all, GN Max is 10g lighter than the standard model. If you want to wear a watch for a long time, GN Max would be better. Silver Max is water-proof. It's good for those who like swimming and diving.

W: I rarely wear a watch for a long time and I'm not interested in water sports, either. Oh! Wait a minute. I do the dishes every day.

M: Then you should choose water-proof one. Gold Max is also water-proof. Besides, it's heavy-duty and even lighter than GN Max.

W: Sounds nice, but it's a little over my budget. Anyway, I'll come back tomorrow.

＜訳＞

(男性) こんにちは、何かお手伝いいたしましょうか。

(女性) ええ。私の叔父がそちらの会員になり、先週このクーポン券をくれました。使うことはできますか。

(男性) 申し訳ございませんが、日曜日はこのクーポンを使うことはできません。土曜日と日曜日以外ならいつでも使うことができます。

(女性) そうですか。ところで、これらの時計の違いを知りたいのですが。

(男性) まず、第一に違いについてですが、GN Maxはスタンダードモデルよりも10グラム軽くなっています。長時間ご使用ということでしたら、GN Maxの方がおすすめです。Silver Maxは防水になっています。スイミングやダイビングなどが好きな方には、こちらが良いでしょう。

(女性) 長時間使うことはめったにないし、ウォータースポーツにも興味がありません。あ！でも、待ってください。毎日洗い物をします。

(男性) では、防水のものを選ぶべきでしょうね。Gold Max もまた防水仕様です。そのうえ、GN Max よりも壊れにくく、軽いです。
(女性) それは良さそうですね。でも、少し予算をオーバーします。とにかく、明日また来ます。

1. **正解 (A)** 彼女はそれを親戚からもらった。
☞ 女性の1つ目のセリフに「ええ。私の叔父がそちらの会員になり、先週このクーポン券をくれました。」とある。(A) が正解。win it in a raffle は「くじでそれを当てる」。 730

2. **正解 (D)** 水に関連した仕事をする
☞ 女性の3つ目のセリフに「でも、待ってください。毎日洗い物をします。」とある。このように、前言を撤回した後の発言にアンサーパートがくることが多いことを知っておくと良い。(D) が正解。 730

3. **正解 (C)** Silver Max
☞ まず、女性の3つ目のセリフに「でも、待ってください。毎日洗い物をします。」とあり、防水仕様の Silver Max か Gold Max を買うと思われる。また、女性の最後のセリフに「でも、(Gold Max は) 予算をオーバーします」とあるため、(C) が正解。 950

＜リスニング力UP語彙＞
coupon：クーポン券　　frequently：頻繁に　　besides：その上
heavy-duty：頑丈な

満点突破攻略法
発言の撤回の後の発言は解答部分になる可能性大と思え！

いかがでしたか？　以上で Part 3 の大特訓は終了です。全51問中、何問正解できましたか？　次ページのスコア評価表で、自分の現在のレベルをチェックしましょう。では、Part 4 へ張り切ってまいりましょう。

TOEIC セクション別スコア予測

Part 3

本章の全 51 問で		
41 問以上取れる人	→	何回受けても Part 3 で満点が取れる実力の持ち主です！
36 問取れる人	→	Part 3 で満点が取れる可能性のある実力の持ち主です！
31 問取れる人	→	Part 3 で 9 割が取れる実力の持ち主です！
26 問取れる人	→	Part 3 で 8 割が取れる実力の持ち主です！
20 問以下の人	→	まだ大きな伸びしろがあります！ Part 3 の特訓に励みましょう！

第4章

Part 4
説明文問題
満点突破攻略法
&
トレーニング

Part 4 満点攻略法

　新形式 TOEIC の Part 4 の問題数は 30 問（10 アナウンス×3 問）のままで、Part 3 に比べると変更点は少ないと言えます。
　アナウンスの変更点としては、Part 3 と同様に、① Elision（going to が gonna になるなど）、Fragments（May I? / Yes, in a moment. など）が加わった点、②言いよどみ（Well... / Ah... など）が加わった点により、**より自然な発話になっている**のが大きな特徴です。また、設問の変更点に関しては、Part 3 と同様に①**話者の意図を答える問題**が出題され、**いろいろな意味に取れる表現を、前後関係から判断する必要性**が出た点、②**図表問題**が加わり、**アナウンス内容と図表を関連付けて解答する**ことが求められるようになった点が挙げられます。
　Part 4 は全般的に、冒頭で話題を述べた後、詳細に入っていきます。ピンポイントで正解となる箇所を聞き取ろうとするのではなく、①**冒頭で話の全体的な流れ、概要をつかみ、話者の意図をつかむこと**、②**話の詳細や話者の意図、図表を瞬時に照らし合わせる**といった手順で解答をしていきましょう。図表を見ながら聞き取る場合は、情報処理能力も重要になります。
　Part 4 は、Part 3 と同様に**先読みが重要**ですが、質問の内容が多彩なので、あまり内容を予測し過ぎると、予測と内容に違いがあったときに正答を選べなくなってしまいます。また選択肢から判断して、「人名」「社名」「年月日」「曜日」「数値」などの情報が重要な場合は、耳を傾けて記憶することが重要です。
　旧形式では先読みをすることによってポイントを絞り込んで聞くことが可能でしたが、新形式の問題はそのようなテクニックが使いにくくなり、真のリスニング力が求められるようになったといえるでしょう。**話者の意図を答える** What does the man/woman mean when he/she says, "～"? の質問に対しては、"～"の文を先読みし、**待ち構えて聞く必要**がありますが、Part 3 と同様に、前後を聞き取らなければ正解にたどり着かないため、**全体的な内容を理解**しなければなりません。また、図表は、音声を聞きながら照らし合わせなければならず、マルチタスク力が要求されます。今まで音声だけに集中して解いていた人には難しく感じられる問題でしょう。このように、新形式の問題は情報処理能力を高めなければなりません。

頻出シチュエーション 10			
1	社内のお知らせ	6	ホテル
2	スピーチ	7	広告・店内アナウンス
3	テレビ・ラジオ	8	会議
4	電話メッセージ	9	病院・歯医者
5	空港・機内	10	旅行・イベント

Part 4

満点突破攻略法はこれだ！

1．パラフレーズ（言い換え表現）に注意する。

パッセージ中の表現は、選択肢では必ず言い換えられていると思いましょう。

2．発言内容は常に行間を読む習慣をつける。

これは新形式で特に重要になります。What does the man/woman mean when he/she says, "〜"？や、Why does the speaker say, "〜"？など話者の意図を問う問題への readiness を高めましょう！

3．時間と場所は最重要項目だと意識する。

Where [When] is the talk most likely taking place? などの問題は頻出です。場所や時間に常に注目して聞きましょう。また、場所の場合は、そこに何があるのかを聞き逃さないようにしましょう。

4．時間や日付計算問題に慣れる。

難問では、ダイレクトに時間や日付を述べていません。例えば、天気予報などで「現在X時」と述べておき、その後の説明を追って聞いて、時間を割り出させる問題などは注意が必要です。

5. 次に起こる内容を問う問題を先読みでチェックする。

What will happen after this announcement? What will the speaker probably do next? などが質問文にあるときは、パッセージ後半に解答箇所がありますので、最後まで集中して聞きましょう。

6. 情報が羅列されるときは、設問と選択肢を見て待ち構え、答えをキャッチする。

ニュースや交通情報、天気予報などでは、情報がどんどんと流れてきます。先読みにより質問と選択肢をチェックすることで、解答箇所に最大限の注意を払いましょう。

7. 全体の流れから話し手と聞き手の関係を考慮する。

For whom is the speech probably intended? のような聞き手を予測させる問題では、全体の流れから話者と聞き手の関係に注目して聞きましょう。

8. 接続表現に注意して、話の展開をつかむ。

however, while, so, if などの接続表現には常に注目し、話の流れをつかむことは重要です。

9. 図表を使う問題では、予定の変更に注意する。

放送パッセージの中で、図表の予定からの変更点が述べられた場合、解答箇所の可能性大です。たとえば、X minutes later than schedule（予定より X 分遅れで）、X minutes later than the time shown on the signboard（掲示板に表示された時刻より X 分遅れて）などの表現は聞き逃さないようにすることが重要です。

10. グラフは一番上と一番下の値に注目する。また、グラフの順位がそのまま答えになると思わない。

図表問題のグラフでは、一番上と下の数値は最低限チェックしてから、放送を聴きましょう。ただし、グラフで示された順位がそのまま解答で問われることは、難問ではまれです。放送の中には「ひねり」があると思いましょう。

新形式問題パターン①
話者の意図暗示問題の攻略法はこれだ！

　What does the man/woman mean when he/she says, "〜"? という定型表現が問題文に記載されているので、**発言内容を先読み**することが可能です。ただし、**その部分を聞き取れても、解答の根拠は既に言い終わっている**ということがあるので、**アナウンス全体にわたって聞き取らなければなりません**。

　また、話者の意図を答える場合、英文を聞き取るだけでは不十分です。話の前後から、**なぜその発言をしたのかを考える必要があるので、ストーリー性のある海外ドラマや洋画、インタビューなどを活用して推理力をあげましょう**。

　では、新形式の「話者の意図暗示問題」の例題を見ていただきましょう。

例題

Question 1 refers to the following talk.

M: That's a summary of the customer survey conducted last month. Fortunately, customers' reactions to the new products were more positive than what we had expected. However, we have to be careful whether we can maintain the current popularity. That's the bottom line. So, we're going to keep on watching the market trend, and eventually, we'll reach the top status in our industry.

1. What does the man mean when he says, "That's the bottom line"?
    (A) Customers' reactions were unexpectedly negative.
    (B) It is important to maintain the low cost.
    (C) Customers' reactions should be highly valued.
    (D) It is important to keep trying to maintain the sales.

正解 (D) 売り上げを維持する努力を続けることが重要である。

☞ 発言の前の「しかしながら、現在の人気を維持することができるかどうか注意しなければなりません。」と後ろの「なので、我々は市場の動向を注視し続け、最終的には市場のトップに上り詰めたいと思っています。」から、現在の状況を維持することが非常に重要であると強調していることがわかる。よって、(D) が正解。ちなみに、bottom line とは、「最終損益」のことであるが、口語で「物事の核心」という意味がある。

満点突破攻略法
ビジネス英語によく使われる会話表現を覚えよ！

いかがでしたか。簡単でしたか、難しかったでしょうか？ それでは今度は本格的に、Part 4 の「話者の意図」を読み取るタイプの難問大特訓にチャレンジしましょう。

Part 4 難問大特訓 1

「病気診断」リスニング問題トレーニング

[CD54-55]

1. What symptom has the listener recovered from?

    (A) Backache

    (B) Brain injury

    (C) Nausea

    (D) Headache

2. What does the speaker recommend the listener do?

    (A) Stay in the hospital

    (B) Go to see another doctor

    (C) Get out of the hospital

    (D) Explain the accident situation

3. Why does the speaker say, "Well, I understand your feelings, but everything's going to be all right"?

    (A) She has enough skill to do the operation.

    (B) She wants to ease the patient's anxiety.

    (C) She wants to receive more consultation fees.

    (D) She thinks she can work out every problem.

解答と解説

> Questions 1 through 3 refer to the following talk.
>
> 🇨🇦 W: So Ms. Adams, although you've fortunately recovered from the traffic accident, you still have no recollection of events since you were involved in the accident. Your concussion has subsided and you have no sign of cerebral damage, and also, you said you've recovered from backache. However, I'm concerned about the possibility of lasting side effects. So, you need to be in the hospital for several days to receive further tests. If you'd like to see the primary care doctor, I'll make a document about the test results. Well, I understand your feelings, but everything's going to be all right. If there are no more problems, you can resume your daily life.

<訳>

　さて、アダムズさん。幸運にも交通事故から回復しましたが、まだ事故に巻き込まれてからの記憶が無いようですね。脳震盪の症状は和らぎ、脳の損傷の兆候も見られません。また、背中の痛みも良くなったと言っていましたね。しかし、私は副作用が持続する可能性について心配しています。そこで、あと数日間、検査のために入院する必要があります。もしかかりつけの医者の診断を受けたい場合は、検査結果について文書を作成いたします。お気持ちはわかりますが、経過は順調です。他に問題が無ければ、日常生活に戻れるでしょう。

1. **正解 (A)** 背中の痛み

☞ 2文目の後半に「背中の痛みも良くなったと言っていましたね。」とある。そのままの簡単な問題で(A)が正解。(B)は「脳の負傷」(C)は「吐き気」(D)は「頭痛」 **730**

2. **正解 (A)** 病院に残る

☞ 4文目に「そこで、あと数日間、検査のために入院する必要があります。」とある。よって(A)が正解。(B)は「別の医者に診てもらう」。5文目に「もしかかりつけの医者の診断を受けたい場合は、検査結果について文書を作成いたします。」と述べているが、別の医者に診てもらうことを薦めているわけではないので、不正解。(C)は「退院する」(D)は「事故の状況を説明する」 **730**

3. **正解** (B) 女性は患者の心配を和らげたい。

☞ 6文目に「お気持ちはわかりますが、経過は順調です。」とあり、患者の心配を和らげようとしていることが読み取れる。よって (B) が正解。(A)「手術をする技術が十分にある」(C)「もっと多くの診断料を期待している」(D)「あらゆる問題を解決できると思っている」は誤答（distractors）。 860

＜リスニング力 UP 語彙＞

recollection：記憶　　be involved in：～に巻き込まれる
concussion：脳震盪　　subside：弱まる　　cerebral：脳の
side effect：副作用　　primary care doctor：かかりつけの医者

満点突破攻略法
発言内容は常にその行間を読むようにする！

　大特訓 1 問目はいかがでしたか？　多少単語は難しくても問題自体は特に「ひねり」のあるものではなかったと思います。では次の問題にチャレンジ！

Part 4 難問大特訓 2

「プレゼンテーション」リスニング問題トレーニング

CD56-57

1. For what purpose does the speaker make the speech?

    (A) To announce his determination to develop eco-friendly technologies
    (B) To encourage employees to work harder
    (C) To improve the cost-effectivenss
    (D) To try to boost the company sales

2. What is the company trying to do?

    (A) It is trying to make more profits.
    (B) It is trying to pass a bill.
    (C) It is trying to develop a new technology.
    (D) It is trying to invest more.

3. Why does the speaker say, "I'm planning to do something beyond your imagination"?

    (A) He decided to push the limits of the company.
    (B) He is making an endeavor to develop sustainable energy.
    (C) He cannot envision the future of the economy.
    (D) He wants to make more profits through industrial development.

解答と解説

Questions 1 through 3 refer to the following speech.

🇦🇺 M: Thanks to your hard work, we have doubled our sales since last year. We've also made the largest investment in basic research in American history—an investment that will spur development in science and technology. We will soon lay down thousands of miles of power lines that can carry new energy to cities and towns across this country. This attempt will make our homes and buildings more energy-efficient so that we can save billions of dollars on our energy bills. But to truly transform our economy, to protect our security, and save our planet from the ravages of climate change, we need to ultimately make clean, renewable energy. So, even in the uncertain economic situations, I'm planning to do something beyond your imagination. I've lobbied some senators and congressmen to submit a bill that places a market-based cap on carbon pollution and drives the production of renewable energy in America.

<訳>

皆さんの懸命な仕事ぶりのおかげで、我々は昨年から売り上げを倍に伸ばすことができました。また、基礎研究においてアメリカ史上最大の投資を行ってきました。これはエネルギー部門における新たな発見だけでなく、科学技術において大発見を促進することになるでしょう。我々は間もなく新たなエネルギーを国中の都市や町に送る数千マイルにもわたる送電線を敷設することになるでしょう。そして、この試みによりアメリカの家や建物はもっとエネルギー効率の良い状態になり、数十億ドルもの光熱費を削減できるようになるでしょう。しかし、本当に我々の経済を変革し、安全性を守り、そして地球を気候変動の猛威から救うためには、我々は究極的にはクリーンで再生可能なエネルギーを作らなければなりません。そこで、このような不透明な経済情勢の真っただ中ではありますが、私は皆さんの想像の及ばないようなことを計画しています。私はすでに上院議員や下院議員に市場に基づいた二酸化炭素汚染の上限を定め、アメリカにより多くの再生可能エネルギーの生産を促す法案の提出を働き掛けました。

1. **正解 (A)** 環境にやさしいテクノロジーの開発の決意を表明するため
☞ 5文目に再生可能エネルギー開発しようとする意気込みが見られる。(A) が正解。(B) は「従業員を労働へと駆り立てるため」(C) は「費用対効果を改善するため」(D) は「会社の売り上げを伸ばそうとするため」で、すでに売り上げは伸びたため、try to としている点が誤り。950

2. **正解 (C)** 新しい技術開発しようとしている。
☞ 5文目に「しかし、本当に我々の経済を変革し、安全性を守り、そして地球を気候変動の猛威から救うためには、我々は究極的にはクリーンで再生可能なエネルギーを作らなければなりません。」とある。clean, renewable というキーワードを develop a new technology で言い換えた (C) が正解。(A) は「より多くの利益を得ようとしている」(B) は「法案を通そうとしている」(D) は「より多くの投資をしようとしている」 950

3. **正解 (B)** 彼は持続可能なエネルギーを開発する努力をしている。
☞ 6文目に「そこで、このような不透明な経済情勢の真っただ中ではありますが、私は皆さんの想像の及ばないようなことを計画しています。」とあり、次に具体例を述べているので (B) が正解。(A) は「会社の現状を打破することに決定した。」(C) は「経済の将来について想像ができない。」(D) は「産業的発展を通じて利益を得たいと思っている。」860

＜リスニング力 UP 語彙＞

spur：拍車をかける　　breakthrough：躍進　　lay down：敷設する
ravage：猛威　　senator：上院議員　　congressman：下院議員
bill：法案　　envision：心に描く

> **満点突破攻略法**
> **すでにやり終えたことと、これからしようとしていることを混同しない！**

Part 4 難問大特訓 3

「ビジネス報告」リスニング問題トレーニング

(CD58-59)

1. What is going to start next Monday?

    (A) The work routine will be changed.
    (B) New employees will join the company.
    (C) A compliance seminar will be held.
    (D) A demonstration will be shown.

2. What should someone who cannot attend the demonstration session do?

    (A) Have an expert explain how to use the software
    (B) Contact a technician to make an appointment
    (C) Ask seminar attendees how to use the software
    (D) Ask by email if something unclear comes up

3. Why does the speaker say, "I bet you'll be astonished at its spectacular performance"?

    (A) She is proud of her high work peformance.
    (B) She is eager to make a demonstration.
    (C) She is sure of higher work efficiency through the software.
    (D) She is unwilling to introduce the software.

解答と解説

Questions 1 through 3 refer to the following announcement.

🇬🇧 W: Now, let's start the monthly employee meeting. As some of you may have already known, we will introduce new software next Monday. Prior to that change, a technician will give a demonstration this Friday so that you can use the software properly. I bet you'll be astonished at its spectacular performance. After the demonstration, you are supposed to run a simulation assuming that a real order is processed with this system. Those who cannot attend the demonstration session need to get a technician to teach you how to operate the software. So please contact me either by email or in person by 5 p.m. today. Is there anyone with a question?

<訳>

　月次の従業員会議を始めましょう。もうすでに知っている人もいると思いますが、来週の月曜日に新しいソフトウェアを導入する予定です。その変更の前に、あなたたちが正しくソフトウェアを使えるように技術者が今週の金曜日に実演を行います。きっとその素晴らしい性能に驚くことでしょう。実演の後に、このシステムを使って本当の注文が処理されることを想定したシミュレーションを行うことになっています。実演の集まりに参加できない人は、技術者にソフトウェアの操作方法を教えてもらう必要があります。ですから、その場合には、メールもしくは直接今日の午後5時までに連絡してください。何か質問のある人はいますか。

1. **正解 (A)** 仕事のルーティンが変わる。
   ☞ 2文目に「もうすでに知っている人もいると思いますが、来週の月曜日に新しいソフトウェアを導入する予定です。」とある。よって、(A) が正解。
   860

2. **正解 (A)** エキスパートにソフトウェアの使い方を教えてもらう
   ☞ 6文目に「実演の集まりに参加できない人は、技術者にソフトウェアの操作方法を教えてもらう必要があります。」とある。よって、(A) が正解。
   730

3. **正解 (C)** 彼女はそのソフトによる仕事の能率 UP を確信している。
☞「その性能に驚くことでしょう。」というセリフから、今度導入されるソフトウェアの優れた性能に驚くことを予想していることがわかる。よって、(C) が正解。 860

＜リスニング力 UP 語彙＞
be supposed to : 〜することになっている　　assume : 〜を想定する

満点突破攻略法
設定のキーワードに注意してその後を選択集中的に聞け！

Part 4 難問大特訓 4
「天気予報」リスニング問題トレーニング

[CD60-61]

1. When do people hear this broadcast?

    (A) In the morning of Friday

    (B) Around noon on Saturday

    (C) In the early hours of Saturday

    (D) On Friday night

2. What will bring the snowfall?

    (A) A cold wave

    (B) Unusual weather conditions

    (C) A low pressure system

    (D) An approaching blizzard

3. Why does the speaker say, "Far from it!"?

    (A) It will not be fine for a while.

    (B) He expects an overcast sky.

    (C) Bad weather will continue until the end of this month.

    (D) Snowfall is expected to subside next week.

解答と解説

Questions 1 through 3 refer to the following broadcast.
M: This is Jack Brown with the eight o'clock Friday weather report. Are you planning to go skiing this weekend? I'm afraid it looks like road conditions will be more treacherous tomorrow. The weather bureau says a low pressure system currently located off the coast will move in the northeastern direction up to the East Coast for about twelve hours, bringing a band of snow over most of the south and central parts of the state tomorrow morning. The snow is expected to accumulate 5 to 7 inches by 7 a.m. in the area, so I advise you not to drive tomorrow. If you have to drive, be sure to drive slowly, and don't forget to equip your car with snow tires. Are you expecting the weather to be fine next week? Far from it! The snowfall is not expected to subside until the end of next week.

<訳>
　金曜8時の天気予報を担当するジャック・ブラウンです。今週末はスキーに行く予定ですか。残念ながら、道路状況は明日さらにひどくなるでしょう。気象庁の発表によりますと、低気圧は現在、沖にありますが、12時間かけて北東方向へ進み東海岸に到達し、明日の午前中には州の南部と中部の大半の地域に大量の雪をもたらすでしょう。雪は午前7時までに5インチから7インチ積もることが予想されているので、明日は運転を控えた方が良いでしょう。もし運転しなければならないのであれば、スピードを落とし、スノータイヤの装着をお忘れなく。来週は天候が回復することを期待していますか。とんでもない。降雪は来週末まで和らぐことはないでしょう。

1. 正解 (D) 金曜の夜
☞ 1文目に「金曜8時の天気予報を担当するジャック・ブラウンです。」とあり、4文目に「気象庁の発表によりますと、低気圧は現在、沖にありますが、12時間かけて北東方向へ進み東海岸に到達し、明日の午前中には州の南部と中部の大半の地域に大量の雪をもたらすでしょう。」とある。12時間後が明日の午前中なので、今は夜だということがわかる。よって、(D) が正解。

950

139

2. **正解 (C)** 低気圧

☞ 同じく4文目に「気象庁の発表によりますと、低気圧は現在、沖にありますが、12時間かけて北東方向へ進み東海岸に到達し、明日の午前中には州の南部と中部の大半の地域に大量の雪をもたらすでしょう。」とある。よって、(C) が正解。 950

3. **正解 (A)** しばらく天気が優れない。

☞ 最終文に「降雪は来週末まで和らぐことはないでしょう。」とある。よって、(A) が正解。 860

＜リスニング力UP語彙＞

treacherous：安定しない　　weather bureau：気象庁
off the coast：海岸沖　　a band of：一群の　　accumulate：積もる
subside：おさまる　　overcast sky：雲におおわれた空

満点突破攻略法
間接的に時・場所を表す表現に注意！

　いかがでしたか。この天気予報の問題は長い1文から2つの情報を引き出さねばならず大変でしたね。では次の問題に進みましょう。

Part 4 難問大特訓 5

「店内放送」リスニング問題トレーニング

[CD62-63]

1. Why is this announcement made?

   (A) To announce the construction of new facilities
   (B) To notify customers of the upcoming closure
   (C) To offer special discounts beginning the next week
   (D) To offer free meals to a certain customers

2. What will probably be done after the renovation period?

   (A) A new air-conditioning system will be installed.
   (B) Another building will be constructed.
   (C) New recipes will be developed.
   (D) The capacity will be increased.

3. Why does the speaker say, "Don't miss this one-time-only chance"?

   (A) He wants customers to enjoy shopping here for a while.
   (B) He warns customers to be careful about the schedule change.
   (C) He wants to play up the special events.
   (D) He tries to surprise customers with new confectionery.

解答と解説

Questions 1 through 3 refer to the following advertisement.

🇺🇸 M: Bob-star Bakery would like to thank you for your continuous patronage. However, we are very sorry to announce that due to renovation, we'll be closed from next Monday. We'll be open again on December 20th, just in time for Christmas, and we'll invite you to our special Christmas events starting on our re-opening day. We'll be open from 8 a.m. to 9 p.m., instead of 9 to 8, with 10% off all the bread and confectionery. Don't miss this one-time-only chance. We'll offer a broad range of recipes of various tastes, from breads, muffins, tarts, cookies to flakey, creamy pastries, all baked in our newly-installed ovens. Of course we'll offer special prices on all of them. You can eat either in our antique, family-atmospheric dining room, or on our brand-new open-air deck under the stars. As a Christmas present, we'll give kids our cinnamon-sugar cookies, which have long been loved by our patrons for their crispy edges and chewy centers. We'll be waiting for you to come back on December 20th with our even larger facilities.

<訳>

　ボブスターベーカリーは、皆様のご愛顧に感謝しております。しかしながら、大変申し訳ございませんが、改装のため、来週月曜日から閉めさせていただきます。12月20日からクリスマスに間に合うように再び開く予定となっており、再開日から始まる特別なクリスマスのイベントにご招待いたします。午前9時に開店し、午後8時に閉店するのではなく、午前8時に開店し、午後9時に閉店し、すべてのパンやお菓子類は10%引きとなります。この一度きりの機会をお見逃しなく。パン、マフィン、タルト、クッキーからさっくりしてクリーミーなペーストリーにいたるまで、全て新しく設置されたオーブンで焼き、すべての嗜好に合わせた幅広いレシピを提供いたします。もちろん、私たちは全てを特別価格で提供いたします。我々の古風で家族的雰囲気のあるダイニングルーム、または星空の下、真新しい野外デッキで食事をすることもできます。クリスマスプレゼントとして、子供たちにはシナモンシュガークッキーを差し上げます。これはカリカリとした外側と歯ごたえのある内側の食感で長い間、ご贔屓いただいてきたものです。12月20日にさらに大きな施設を持って皆さまをお待ちしております。

1. **正解 (B)** 顧客に近く行われる閉店について知らせるため
   ☞ 2文目に「しかしながら、大変申し訳ございませんが、改装のため、来週月曜日から閉めさせていただきます。」とある。よって、(B) が正解。 730

2. **正解 (D)** 収容人数が増える。
   ☞ 最終文に「12月20日にさらに大きな施設を持って皆さまをお待ちしております。」とある。よって、(D) が正解。これはうっかり聞き逃してしまいがちなので、チャレンジング！ 950

3. **正解 (C)** 彼は特別なイベントの良さを吹聴したい。
   ☞ 3文目に「12月20日からクリスマスに間に合わせて再び開く予定となっており、この再開日から始まる特別なクリスマスのイベントにご招待いたします。」とあり、その後、イベントの詳細について説明している。よって、(C) が正解。 860

＜リスニング力UP語彙＞
patronage：愛顧　　renovation：改装　　in time for：〜に間に合って
confectionery：菓子　　a broad range of：幅広い　　deck：デッキ、テラス
crispy：カリカリとした　　edge：外側　　play up：吹聴する

満点突破攻略法
細部まで聞き取り、言い換え表現を見抜く！

Part 4 難問大特訓 6
「交通情報」リスニング問題トレーニング

CD64-65

1. What is reported about traffic?

    (A) Traffic on I-5 will become smooth by noon.

    (B) Last week's accident has been affecting the traffic.

    (C) Construction works have caused a blockage on N-690.

    (D) Urgent drivers will take routes other than N-690.

2. What can be expected in the weekend?

    (A) A concert will be held in the evening.

    (B) The repair work on I-5 will be completed.

    (C) Traffic will run more smoothly on N-690.

    (D) A new route will become accessible.

3. What does the speaker mean when he says, "Believe it or not"?

    (A) He emphasizes that the traffic will flow smoothly soon.

    (B) He stresses the surprisingly early start of a jam due to an accident.

    (C) He emphasizes an early traffic jam due to a music performance.

    (D) He stresses an early traffic delay because of the construction.

解答と解説

> Questions 1 through 3 refer to the following news report.
>
> 🇺🇸 M: This is Fred Woods with the 8:15 Monday traffic report. Believe it or not, traffic on I-5 northbound is already beginning to slow down due to the Rolling Colonel live concert to be held in the Central Hall this evening. The situation won't settle down until the very time when the live performance begins. This situation is expected to continue during the three-day-concert period. Westbound commuters on N-690 should be aware of the ongoing construction due to the bursting of the water main last Saturday. Westbound traffic is limited to one lane around the site, causing major traffic delays in the entire area. It looks like the work will continue for about four more days, until Friday. Drivers without urgent business are advised to consider an alternate route between 7 and 10 a.m. and 4 and 7 p.m. We'll keep you updated every thirty minutes.

<訳>

月曜日8時15分の交通情報、フレッド・ウッズです。信じられないかもしれませんが、セントラルホールで今晩行われるローリング・コロネルのライブコンサートのために、北行きI-5の交通はすでに渋滞しつつあります。この交通状況は、ライブが始まる瞬間まで一段落つきそうにありません。3日間にわたるコンサート期間中は、この状況が続くと予想されています。N-690をご利用の西行きの通勤者は、先週土曜日に発生した水道本管の破裂に伴い継続している建設工事に注意してください。西行きの交通は現場近くでは片側1車線に制限されており、その地域全体に大規模な交通渋滞を引き起こしています。工事は金曜日までおよそ4日間にわたって継続する見通しとなっています。緊急の用事が無いドライバーは、午前7時から10時までと午後4時から7時までは別の経路を考慮に入れた方が良いでしょう。30分ごとに最新情報をお伝えしていきます。

1. 正解 (B) 先週起こった事故が交通に影響を与え続けている。
☞ 5文目に「N-690をご利用の西行きの通勤者は、先週土曜日に発生した水道本管の破裂に伴い継続している建設工事に注意してください。」とあり、続いて「西行きの交通は現場近くでは片側1車線に制限されており、その地域全体に大規模な交通渋滞を引き起こしています。」とある。よって、(B)が正解。 950

145

2. **正解 (C)** N-690で交通がよりスムーズに動く。

☞ 7文目に「工事は金曜日までおよそ4日間にわたって継続する見通しとなっています。」とあり、週末には交通状況が改善すると思われる。よって、(C)が正解。 950

3. **正解 (C)** 彼は音楽パフォーマンスが原因の、早い時間の交通渋滞を強調している。

☞ Believe it or not とは、「信じられないかも知れませんが」という意味で、相手が予想していないと思われることを述べる前に言う。2文目に「ライブコンサートのために、すでに渋滞しつつある」とあるので、(C)が正解。 730

＜リスニング力UP 語彙＞

believe it or not：信じられないかもしれないが　　settle down：解決する
the very：まさにその　　be aware of：〜に気づいて
ongoing：継続している　　burst：破裂する　　alternate：代わりの

満点突破攻略法
出来事が始まる日と、終わる日を正確に聞き取る！

Part 4 難問大特訓 7

「機内放送」リスニング問題トレーニング

CD66-67

1. What happened today?

    (A) A mechanical problem
    (B) A change of the pilot
    (C) A delay in departure time
    (D) Bad weather in London

2. What will happen after this announcement?

    (A) Instructions on using oxygen masks
    (B) Checking the emergency exit
    (C) Dropping oxygen masks
    (D) Removing the baggage from the compartment

3. What does the speaker mean when he says, "but this often happens in this season"?

    (A) To alert the passengers to air turbulence
    (B) To assure the passengers of a safe flight
    (C) To remind the passengers of air turbulence seasons
    (D) To give passengers knowledge of current weather conditions

解答と解説

> Questions 1 through 3 refer to the following announcement.
>
> 🇦🇺 M: Welcome aboard. This is ABC Airline Flight 123 to London. I am a captain commander, Alan Jefferson. Today, although we're several minutes behind schedule, the sky is clear and we will be arriving at London as scheduled. The flight could be shaky along the way because of air turbulence, but this often happens in this season. While shaking, please fasten your seatbelt, brace for impact, and wait for instructions. In an emergency, oxygen masks will drop down. Our flight attendants will tell you how to use them now. Also, please do not put your baggage on the floor but use the overhead compartment. Please switch off the mobile phones, as they can cause a negative influence on the flight. If you have any questions, please contact the nearest cabin attendant.

<訳>

　ご搭乗いただき、ありがとうございます。ABCエアライン123便ロンドン行きです。私は機長のアラン・ジェファーソンです。本日は数分間の遅れが出ておりますが、空の状態は良好でロンドンには予定通り到着する予定です。乱気流のために途中で飛行機が揺れる恐れがございますが、これは、この時期にはよくあることです。揺れている間はシートベルトをお締めになり、衝撃に備え、指示をお待ちください。緊急時には酸素マスクが下りてまいります。今から客室乗務員が使い方をご説明いたします。また、手荷物は床に置かず、頭上の荷物入れをご利用ください。飛行に悪影響を及ぼす恐れがございますので、携帯電話の電源はお切りください。ご質問がありましたら、お近くの客室乗務員までお尋ねください。

1. **正解 (C)** 出発時間の遅れ
   ☞ 4文目に「本日は数分間の遅れが出ておりますが、空の状態は良好でロンドンには予定通り到着する予定です。」とある。よって、(C) が正解。 **730**

2. **正解 (A)** 酸素マスクの使い方の説明
   ☞ 7〜8文目に「緊急時には酸素マスクが下りてまいります。今から客室乗務員が使い方をご説明いたします。」とある。よって、(A) が正解。 **860**

3. **正解 (B)** 乗客にフライトの安全性について安心させるため

☞ 5文目に「乱気流のために途中で飛行機が揺れる恐れがございます」と言ったのち、乗客を安心させるために言ったものと考えられる。よって、(B)が正解。 860

＜リスニング力UP語彙＞
behind schedule：予定より遅れて　　shaky：揺れる
air turbulence：乱気流　　fasten：～を締める
overhead compartment：頭上の荷物入れ

満点突破攻略法
次に起こる事を聞かれた時は放送文の後半を聞いて解答をキャッチ！

Part 4 難問大特訓 8

「電話メッセージ」リスニング問題トレーニング

[CD68-69]

1. What is the problem?

    (A) The man ordered wrong dishes.

    (B) The products were broken.

    (C) The delivery of orders is delayed.

    (D) The delivery slip was not included.

2. What is the date today?

    (A) July 20th

    (B) July 21st

    (C) July 22nd

    (D) July 23rd

3. What does the speaker mean when he says, "Is that a daily occurrence at your company"?

    (A) He gave up receiving the order by tomorrow.

    (B) He wants to place an order again.

    (C) He shows anger for the poor telephone manners.

    (D) He shows a frustration with undelivered items.

解答と解説

> Questions 1 through 3 refer to the following telephone message.
>
> 🇦🇺 M: Hello, I'm Mike Sanders and I ordered a dozen sets of dishes and three sets of utensils last Thursday. The order form here says the delivery date is on Monday, July 20th, but they haven't arrived yet. I need them for the party held on the afternoon of the 22nd, so if they don't arrive by noon on that day, they mean nothing. I remember the order last time was delayed as well. Is that a daily occurrence at your company? Well, anyway, I'd appreciate it if you could confirm the delivery status and let me know whether or not they will arrive by noon tomorrow. If not, I'd like to cancel the order. My number is 345-0987. Please call me back as soon as possible.

＜訳＞

　もしもし、私の名前はマイク・サンダースで、先週の木曜日に皿のセットを1ダースと台所用品を3セット購入しました。手元にある注文書によると、配達日は7月20日の月曜日ということになっていますが、まだ届いていません。22日の午後に開かれるパーティーに必要なので、もしその日の正午までに届かなければ意味が無くなります。前回注文したときも遅れたと記憶しています。このようなことはお宅の会社では日常的に起こっているのですか。まあとにかく、配達状況を確認して明日の正午までに届くかどうか知らせていただけると助かります。もし配達可能でない場合には、注文をキャンセルしたいと思います。私の電話番号は345-0987です。できるだけ早く折り返し電話をください。

1. **正解** (C) 注文品の配達が遅れている。

    ☞ 2文目に「手元にある注文書によると、配達日は7月20日の月曜日ということになっていますが、まだ届いていません。」とある。よって、(C) が正解。 **730**

2. **正解** (B) 7月21日

    ☞ 3文目に「22日の午後に開かれるパーティーに必要なので、もしその日の正午までに届かなければ意味が無くなります。」とあり、6文目に「まあとにかく、配達状況を確認して明日の正午までに届くかどうか知らせていただけると助かります。」とある。22日を明日と言い換えていることから、今日は21日ということがわかる。よって、(B) が正解。 **950**

151

3. **正解** (D) 彼は配達されていない商品についてのイライラを表している。

☞ 「このようなことはお宅の会社では日常的に起こっているのですか。」と嫌みっぽく発言することでイライラを表している、(D) が正解。 860

＜リスニング力UP語彙＞
utensil：台所用品　　occurrence：出来事
delivery status：配達状況　　if not：もしそうでなければ

満点突破攻略法
簡単な日付け計算問題に慣れよ！

Part 4 難問大特訓 9

「ツアーアナウンス」リスニング問題トレーニング

(CD70-71)

1. What can you do in the city museum?

   (A) Touch any of the exhibits
   (B) Take pictures of the exhibits
   (C) Smoke in the lounge
   (D) Have snacks in the designated area

2. What can be inferred from the announcement?

   (A) The participants can look around in the museum freely.
   (B) The museum opens at 10 a.m.
   (C) Souvenirs are sold on the 2nd floor.
   (D) Different events are held every month.

3. What will the speaker most likely do next?

   (A) Take a departing photo
   (B) Hand out a pamphlet
   (C) Go inside a museum
   (D) Move to get on a bus

解答と解説

Questions 1 through 3 refer to the following announcement.

🇬🇧 W: Thank you for joining the Nostalgic Traveling tour. My name is Elisa, and I'm your tour guide today. Now, before getting on the bus, let me confirm today's schedule in advance. First, we'll visit the city museum at 10 a.m. Although you cannot take pictures, you can touch some of the exhibits. Please do not talk too loudly or use mobile phones in the exhibit areas. Those who want to do so should go to the lounge on the 2nd floor, where you can eat and drink, but smoking is not allowed inside the museum. Lunchtime is at 12 o'clock. Please be careful not to be late for lunch at the restaurant on the 1st floor. In the afternoon, we'll visit the City Central Park, where a flower festival is being held now. There are more than 100 kinds of flowers on display and you are free to take pictures. Now are you ready to go to the museum?

<訳>

　ノスタルジック・トラベリングツアーにご参加いただきましてありがとうございます。私はエリサで、今日のツアーのガイドを務めさせていただきます。さて、バスに乗る前に今日の予定を確認させていただきます。まず、午前10時に市の博物館を訪れます。写真を撮ることはできませんが、いくつかの展示品に触れることができます。展示室では、あまり大声を出したり、携帯電話を使ったりしないでください。そうしたい方は、2階のラウンジに行ってください。そこでは飲食ができますが、喫煙は館内では禁止となっています。昼食は12時です。1階のレストランでの昼食に遅れずに来てください。午後は、シティーセントラルパークを訪れます。そこでは今、フラワーフェスティバルが行われています。100種類以上の花が展示されており、自由に写真を撮ることができます。さあ、準備ができていたら博物館へ行きましょう。

1. **正解** (D) 指定場所で軽食を食べる
　☞ 7文目に「そうしたい方は、2階のラウンジに行ってください。そこでは飲食ができますが、喫煙は館内では禁止となっています。」とある。よって、(D) が正解。 860

154

2. **正解 (A)** 参加者は館内を自由に見て回れる。

☞ 9文目に「1階のレストランでの昼食に遅れずに来てください。」とあることから、館内は自由行動をとることがわかる。よって、(A) が正解。 950

3. **正解 (D)** バスに乗る

☞ 3文目に「さて、バスに乗る前に今日の予定を確認させていただきます。」とある。アナウンスの最後で予定の確認が終わったので、次はバスに乗って博物館に向かうと考えられる。よって、(D) が正解。 950

<リスニング力UP語彙>
in advance：事前に　　exhibit：展示物　　on display：展示されて

満点突破攻略法
アナウンスの後に取る行動は最後に言われるとは限らない！

以上で part 4 の難問大特訓の前半が終了です。次は、新形式の「図表問題」にまいりましょう。

新形式問題パターン②
図表問題の攻略法はこれだ！

　Part 3と同様に、図表を読み取り、設問に答える形式です。今のところ、複雑な解釈をしなければならない問題はなく、聞きながら図表を読むというマルチタスクができれば難なく解答できるレベルの問題がほとんどです。図表を見ながら放送を聞くことができれば、音声と発言内容が結びつくので、解きやすくなります。逆に、読みながらリスニングをすると聞き取ることができないという人にとっては難しいでしょう。そのような場合は、問題文や選択肢を読みながらリスニングをする練習を繰り返して慣れていくという方法が有効です。また、無料動画サイトに英語でプレゼンテーションを行っているものが多数あるので、それらを活用するのも非常に有効な学習方法です。

　今後、図表が複雑になったり、ひっかけが多くなったりと難化していく可能性は十分にあります。そのためにも、図表を読みながら、細部まで聞き取ることができるリスニング力をつけることが重要です。

　では新形式の「図表問題」の例題を見ていただきましょう。

例題 1

Question 1 refers to the following message and list.

Time	Agenda	Speaker
10:00	research result	George
13:00	marketing strategy	Steve
15:00	introduction of new products	Thomas

However, because the sound device does not work well, the afternoon presentations are held 30 minutes later than scheduled.

1. Look at the list. What time will the introduction of new products take place?
   (A) 14:30
   (B) 15:00
   (C) 15:30
   (D) 16:00

正解 (C) 15 時 30 分

☞ 「午後のプレゼンテーションは予定よりも 30 分遅れる。」がポイント。表を見ると、「新製品の発表」は午後に行われることから、表に記載されている 15 時から 30 分遅れで行われることがわかる。よって、(C) が正解。

満点突破攻略法
表に書かれている予定の変更に注意せよ！

例題 2

Questions 1 through 2 refer to the following message and list.

Package No. 4133869		Date: Jan. 9	
Recipient	Hanna Evans	Package	Glass Set
Telephone	(222)005-009	☐ Fragile ☑ Keep refrigerated	

Hello, I'm Hanna Evans. I want to tell you something about the glass set I bought on January 9th. When I opened the set, one of them was smashed and I had really trouble disposing it. Besides, while trying to dispose it, I cut my finger and had to see a doctor. It's the pits. The telephone teller clearly said that the set would be sent safely. It looks evident that his mistake caused the problem, so I think you should compensate for it. If you need, I can send the picture of the form. Please call me back as soon as possible and let me know what you can do. Especially, I want to know if you can compensate for my medical expense. My phone number is 551-3322.

1. Look at the list. What seems to be the cause of the problem?
   (A) The woman ordered a wrong product.
   (B) The woman forgot that the product is fragile.
   (C) The product was not kept refrigerated.
   (D) The person in charge made a mistake.

正解 (D) 担当の人が間違えた。
☞ 6文目に「電話応対の人は、はっきりとグラスセットは安全に届けられると言っていました。」とあり、表を見ると、「割れ物注意」ではなく「要冷蔵」にチェックが入っていることから担当者が誤ったと考えられる。よって、(D) が正解。

2. What does the woman mean when she says, "It's the pits"?
   (A) She wants to settle this problem quickly.
   (B) She needs to replace the product.
   (C) She wants to show her anger.
   (D) She regrets having made a mistake.

正解 (C) 彼女は怒りを表現したい。

☞ 3文目に「セットを開いたら、グラスの1つが割れており、処分するのにとても手間がかかりました。」とあり、次に「その上、処分するときに指を切ってしまい、医者に行かなければなりませんでした。」とある。話し手は明らかにクレームを言っているので、(C) が正解。It's the pits. は、「もう最悪だ。」という意味。

満点突破攻略法
発言内容と表のミスマッチを見つけだせ！

いかがでしたか？ では Part 4 の「図表問題」難問大特訓スタートです。

Part 4 難問大特訓 10

「機内放送」リスニング問題トレーニング

[CD72-73]

Departure Time	Destination	Flight No.
8:50	Dallas	712
9:45	Toronto	429
10:35	New York	877

1. What caused the cancellation of the flight?

    (A) Deteriorating weather conditions

    (B) Malfunctions of the visibility measuring devices

    (C) Uncertainty about the flight safety

    (D) Problems with flight scheduling

2. What should you do if you want to stay overnight at a hotel?

    (A) Take Flight 712

    (B) Go to the service desk

    (C) Call the Graham Royal Hotel immediately

    (D) Ask the information desk staff

3. Look at the list. What should you do to go to Dallas as soon as possible?

    (A) Take Flight 429

    (B) Take Flight 712

    (C) Take Flight 877

    (D) Wait until tomorrow

解答と解説

Questions 1 through 3 refer to the following announcement and list.

W: The following announcement is for passengers on Flight 712 bound for Dallas. Because of poor visibility and strong winds caused by the severe blizzard, the departure time was expected to be delayed until 10:00 p.m. However, as weather conditions have been deteriorating, we've decided to cancel Flight 712. The next flight to Dallas is currently scheduled for tomorrow morning at 7:15. If you are in a hurry, you can go to New York and change planes to Dallas. We are very sorry for the inconvenience and we do appreciate your patience. For all the passengers affected by the cancellation, we will provide vouchers for free accommodations and breakfast at the Graham Royal Hotel, located next to the airport. Vouchers will be ready shortly, so please head to the passenger service desk to pick them up. A shuttle bus will take you to the hotel, free of charge. If you have any questions, including ones about claims for refunds, the staff at the information desk will help you. Thank you.

＜訳＞

　ダラス行きフライト712をご利用のお客様へご連絡いたします。激しい吹雪による視界の不良と強風のために、出発時間が午後10時まで遅れる予定となっていました。しかし、天候が悪化しているため、フライト712は欠航することに決定いたしました。次のダラス行きのフライトは、目下、明日の7時15分に予定されております。お急ぎでしたら、ニューヨークまで行き、ダラスへ乗り換えることができます。ご不便をおかけしたことをお詫びするとともに、ご辛抱いただきましたことを感謝いたします。欠航に伴い影響を受けたすべての乗客の皆様には、空港の隣のグラハム・ロイヤルホテルでの無料の宿泊券と朝食券を差し上げます。それら無料券はすぐにご用意いたしますので、乗客サービスデスクへ行き、お受け取りください。シャトルバスが無料でホテルへお連れいたします。返金の請求を含め、何かご質問がございましたら、インフォメーションデスクのスタッフが対応いたします。ありがとうございます。

1. **正解 (A)** 天候の悪化
☞ 3文目に「しかし、天候が悪化しているため、フライト712は欠航することに決定いたしました。」とある。よって、(A) が正解。 730

2. **正解 (B)** サービスデスクに行く
☞ 8文目に「宿泊券はすぐにご用意いたしますので、乗客サービスデスクへ行き、お受け取りください。」とある。よって、(B) が正解。 860

3. **正解 (C)** 877便に乗る
☞ 5文目に「お急ぎでしたら、ニューヨークまで行き、ダラスへ乗り換えることができます。」とある。表によると、ニューヨークに行くのは877便なので、(C) が正解。 860

＜リスニング力UP語彙＞

visibility：視界　　blizzard：吹雪　　deteriorate：悪化する
patience：辛抱　　voucher：無料券　　accommodation：宿泊施設
free of charge：無料で　　refund：返金

満点突破攻略法

- TOEIC必須表現をマスターせよ！
- 接続副詞、接続詞に注意して話の展開をつかめ！

Part 4 難問大特訓 11

「病院予約」リスニング問題トレーニング

CD74-75

	Mon.	Tue.	Wed.
9:00-11:30	Kent	Smith	Smith
13:00-16:00	Kent	Davis	Palmer
16:00-18:00	Kent	Smith	Palmer

1. What most likely is the speaker's occupation?

    (A) A researcher at a laboratory
    (B) A professional surgeon
    (C) A clerk at a hotel
    (D) A receptionist at a dental clinic

2. What does the speaker say she did?

    (A) She sent a medical history form.
    (B) She changed the schedule to Wednesday.
    (C) She issued an insurance card.
    (D) She asked Smith to change his appointment.

3. Look at the list. Which doctor will be available at the time suggested by the speaker?

    (A) Smith
    (B) Davis
    (C) Palmer
    (D) Kent

解答と解説

Questions 1 through 3 refer to the following telephone message and list.

W: Hello, Mr. Brown. This is Linda Anthony from Dr. Smith's dental office. I'm calling about your appointment for Tuesday, September 10, at 4:15. We are very sorry but Dr. Smith will have to attend the Dental Association in the afternoon. I heard you're not available on Wednesday, so could you change your appointment to 10 a.m. on September 10? Since this is your first appointment with us, please take a moment and fill out the medical history form so that the doctor can get all the necessary information to provide the best care for you. You can complete the form if you come to our clinic about 15 minutes earlier than your appointment, or you can save some time by printing out and completing the form before you come. I have just attached it to an e-mail and sent it to your e-mail address. If you have any records from your previous dentist, please bring them to the clinic. And, if you have insurance covering dental procedures, please bring your insurance card. Please call back at 555-2132 and let me know whether the schedule I mentioned is convenient or not.

<訳>

こんにちは、ブラウンさん。スミス・デンタルオフィスのリンダ・アンソニーです。9月10日火曜日4時15分のご予約に関してお電話をしています。大変申し訳ございませんが、スミス先生は午後に歯科医師会に参加しなければなりません。水曜日はご都合がつかないと伺いましたので、9月10日の午前10時に変更するのはいかがでしょうか。当院での初めてのご予約となりますので、先生が最善の処置ができるための全ての必要な情報を得られるように、少しお時間をいただき問診票にご記入ください。ご予約いただいた時間の15分前に来ていただければ、問診票を完成させることができますし、または事前に問診票をプリントアウトをして完成させることによって時間を節約することもできます。先ほどそれを添付であなたのメールアドレスに送付しておきました。以前お通いの歯科医からの記録をお持ちでしたら、お持ちください。さらに、もし歯科治療にかかる費用を補償する保険をお持ちでしたら、保険カードをお持ちください。555-2132にお電話をいただき、私が申し上げたスケジュールで問題がないかお知らせください。

1. 正解 (D) 歯科医の従業員
☞ 2文目に「スミス・デンタルオフィスのリンダ・アンソニーです。」とある。よって、(D) が正解。 730

2. 正解 (A) 彼女は問診票を送った。
☞ 7文目に「ご予約いただいた時間の15分前に来ていただき、問診票を完成させることもできますが、事前にプリントアウトをして添付の問診票を完成させることによって時間を節約することもできます。」とあり、8文目に「それをメール添付であなたのメールアドレスに送付しておきました」とあるので、(A) が正解。 730

3. 正解 (A) スミス
☞ 5文目に「水曜日はご都合がつかないと伺いましたので、9月10日の午前10時に変更するのはいかがでしょうか。」とある。3文目の「9月10日火曜日4時15分のご予約に関してお電話をしています。」から、9月10日は火曜日だということがわかる。表から火曜日の朝は、スミス先生。よって (A) が正解。 950

＜リスニング力UP語彙＞

available：都合がつく　　fill out：〜に記入する
medical history form：問診票　　attach：〜を添付する

満点突破攻略法
放送で述べられた動作のパラフレーズを見抜け！

Part 4 難問大特訓 12

「ツアー説明」リスニング問題トレーニング

[CD76-77]

1st floor	Central Gate/ Bus station
1st basement	shopping and restaurant area
2nd basement	subway ticket gate/ Landmark statue

1. What will the speaker probably do next?

    (A) Use an elevator to the platform

    (B) Take people to a park

    (C) Get on a bus

    (D) Hand out some cards

2. Why does the speaker say, "And last but not least is the third choice"?

    (A) To warn the audience of the danger of strolling

    (B) To emphasize the meeting place

    (C) To attract the audience's interest in a walking tour

    (D) To recommend another transportation

3. Look at the list. Where is the talk most likely taking place?

    (A) On the 1st floor

    (B) In the 1st basement

    (C) In the 2nd basement

    (D) Outside the station

解答と解説

Questions 1 through 3 refer to the following announcement and list.

🇬🇧 W: There are no group activities scheduled today, so please get around the downtown area on your own. You can either use the subway or the bus. But I personally recommend the subway, which connects to everywhere in Missouri and runs frequently. You don't have to worry about a long staircase or an escalator; just take the elevator you see over there. If you want to take a bus, follow the sign, go up to the 1st floor and exit the Central Gate, and you'll see the nearest bus stop just in front of the entrance. A lot of interesting spots are right on the bus route. I'll give each of you a day pass before we break up. It is good all day on all public transportation within the city. We'll meet again at 5 p.m. here under this eye-catching statue. And last but not least is the third choice. Why don't you walk around the city? Lovely river parks or amusement facilities are not so far away from the station. Also, as the weather is nice and cool, it's the perfect day for a stroll! Do you have any questions so far?

<訳>

　今日は集団活動が予定されていませんので、各自繁華街を歩き回ってください。地下鉄かバスをご利用いただけます。しかし、個人的にはミズーリのいたるところを結び、頻繁に走っている地下鉄をお薦めします。長い階段を下ったり、エスカレーターに乗ったりする必要はありません。ただあちらに見えるエレベータに乗るだけで良いのです。もしバスに乗りたいのであれば、標識に従って1階に行き、中央ゲートから出てください。そうすれば、入口の目の前に最も近いバス停が見えます。バスの経路に多くの興味深い観光地があります。解散する前に各自に一日パスをお渡しします。市内のすべての交通機関に関して一日中有効です。この目立つ像の前の、この場所で午後5時に再会しましょう。最後になりましたが重要なのが、3つ目の選択肢です。市内を歩き回るのはどうでしょうか。美しい川岸の公園や遊園地は駅からそれほど離れていません。また、天気は素晴らしく涼しいので、歩き回るには最高の日です。今のところ、何か質問はありますか。

1. **正解 (D)** カードを手渡す
   ☞ 7文目に「解散する前に各自に一日パスをお渡しします。」とある。よって (D) が正解。 950

2. **正解 (C)** ウォーキングツアーに聴衆の関心を持たせるため
   ☞ last but not least とは、「最後にはなりましたが、重要なことに」という意味。よって (C) が正解。 730

3. **正解 (C)** 地下 2 階
   ☞ 9文目に「この目立つ像の前の、この場所で午後5時に再会しましょう。」とある。表を見ると像があるのは地下2階なので、(C) が正解。 950

＜リスニング力 UP 語彙＞

on one's own：独自に	staircase：階段	break up：解散する
eye-catching：目立つ	stroll：散策する	

満点突破攻略法
時間と場所は最重要項目と心得え、集中して聞き取る！

Part 4 難問大特訓 13

「交通情報」リスニング問題トレーニング

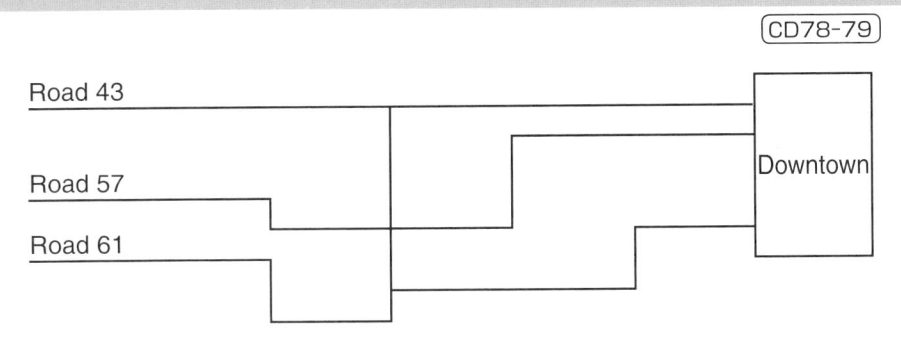

CD78-79

```
Road 43 ─────────────────────┐
                             │
                             ├──┐ ┌─────────┐
Road 57 ──────┐              │  │ │Downtown │
              │              │  │ │         │
              ├──────────────┘  │ │         │
Road 61 ──────┘                 │ │         │
              └─────────────────┘ └─────────┘
```

1. What is mentioned about the meeting?

    (A) People are interested in the meeting.

    (B) It will last from morning to evening each day.

    (C) The venue is close to the River Side Park.

    (D) It ends at the beginning of the next week.

2. What will be affected by the meeting?

    (A) Safety in the neighborhood

    (B) How people go to work

    (C) Approval rating for the government

    (D) The number of tourists

3. Look at the graphic. What does the speaker advise people who take Road 61 to do?

    (A) Change to Road 43.

    (B) Change to the Interstate highway.

    (C) Change to Road 57.

    (D) Run as slowly as possible.

解答と解説

> Questions 1 through 3 refer to the following broadcast and graphic.
>
> 🇦🇺 M: Welcome back to Sunrise Emotion. I'm George, your Saturday morning companion. The top story is about the high-profile event we'll have in this city. The ministerial meeting takes place from today for three consecutive days at the Central Convention Center. Of course, such a big event is expected to have a tremendous impact on our daily life. The government has already increased the security level. Lots of roads in the downtown area are closed from morning to evening, causing traffic congestion on State Road 43 and the Interstate highway. To avoid these roads, I suggest taking State Road 57 to drive to the downtown area. The last option is State Road 61. However, as the last intersection leading to the downtown area is always crowded, you should switch to Road 57 along the way. Anyway, it's advisable to leave home earlier than usual if you want to make sure you're on time for work. O.K..., the next topic is the outdoor live event in River Side Park tonight.

<訳>

サンライズ・エモーションにようこそ。土曜日午前中のコンパニオンのジョージです。トップストーリーは、この都市で行われる注目を集めているイベントについてです。閣僚会談が今日から3日連続で、セントラルコンベンションセンターで行われます。もちろん、このような大きなイベントにより、日常生活にかなり大きな影響が予想されています。すでに政府は警戒レベルを引き上げ、繁華街の多くの通りが朝から晩まで閉鎖されており、州道43号線と州間幹線道路では交通渋滞が起こっています。これらの通りを避けるために、州道57号線を経由して繁華街へ行くことをお薦めします。最後の選択肢は州道61号線です。しかし、繁華街に通じる最後の交差点はすでに混雑しているので、途中で州道57号線に移るべきです。いずれにしても、仕事に間に合いたいなら、いつもより家を早く出た方が良いでしょう。さあ、次の話題はリバーサイドパークで今夜行われる野外ライブイベントです。

1. **正解 (D)** それは来週の始めに終わる。
   ☞ 2文目に「土曜日午前中のコンパニオンのジョージです。」とあり、4文目に「閣僚会談が今日から3日連続で、セントラルコンベンションセンターで行われます。」とあることから、会議が終わるのは来週の月曜日だということがわかる。よって(D)が正解。 950

170

2. **正解 (B)** 仕事への行き方

☞ 5文目に「すでに政府は警戒レベルを引き上げ、繁華街の多くの通りが朝から晩まで閉鎖されており、州道43号線と州間幹線道路では交通渋滞が起こっています。」とあり、その後代替となる経路が説明されている。また、11文目に「いずれにしても、仕事に間に合いたいなら、いつもより家を早く出た方が良いでしょう。」とあり、仕事への行き方について助言していることがわかる。よって (B) が正解。 860

3. **正解 (C)** 57号線に移る。

☞ 10文目に「しかし、繁華街に通じる最後の交差点はすでに混雑しているので、途中で国道57号線に移るべきです。」とある。よって (C) が正解。 950

＜リスニング力UP語彙＞

high-profile：注目を集めている　　consecutive：連続した
traffic congestion：交通渋滞　　intersection：交差点
advisable：賢明な

満点突破攻略法
情報が羅列されるときは、設問と選択肢を見て待ち構えてキャッチせよ！

Part 4 難問大特訓 14

「店内アナウンス」リスニング問題トレーニング

[CD80-81]

Sales for clothing	
Men's sneakers	10% off
Women's sneakers	15% off
Kid's jackets	20% off

1. What can be inferred about clothing and footwear?

    (A) All items will be discounted.
    (B) They will be discounted by 10 percent.
    (C) They won't be discounted the next day.
    (D) They will be targeted at athletes.

2. What is true about this week's business operation?

    (A) A sale takes place on a different floor each day.
    (B) Special prices are offered online.
    (C) A various vouchers are provided.
    (D) The shopping hours are extended.

3. Look at the list. What tag does a kid's jacket have?

    (A) A blue tag
    (B) A yellow tag
    (C) A red tag
    (D) A yellow and red tag

解答と解説

Questions 1 through 3 refer to the following advertisement and list.

🇨🇦 W: Good evening, shoppers. Can I have your attention, please? For the next two hours we'll be having a special sale in our clothing and footwear areas. All autumn items with a blue and yellow tag have been marked down by 10 and 15% respectively. Also, the items with a red tag have an amazing 20% discount! Don't miss the chance. This is a good opportunity to get this year's autumn fashions. Come and see for yourself the widest selection of shoes and clothing to suit various tastes. This week, we are offering a special discount sale in all areas in celebration of our 10th anniversary, and there will be a two-hour special sale on different selected items every day. Tomorrow's selected items will be deli and produce followed by furniture on Saturday. For more information, visit our website or check the circular with a large selection of coupons in today's newspaper. We are usually open from 10 a.m. to 9 p.m., but during the period we are open from one hour earlier till one hour later. Thank you for helping us to celebrate our 10th anniversary. Enjoy your shopping.

＜訳＞

買い物客のみなさん、こんばんは。少し聞いていただけますか。これから2時間の間、洋服と履物のエリアで特別セールを行います。青と黄色のタグがついたすべての秋物の商品はそれぞれ10％と15％引きになります。さらに、赤いタグのついた商品は、驚きの20％引きとなります。この機会をお見逃しなく。今年の秋のファッションを手にするまたとない機会です。一度お越しになり、品揃え豊富であらゆる趣味に合う靴や洋服をご覧になってください。今週、10周年を記念してエリア全体で特別な割引を行っており、さらに異なる特定の商品について毎日2時間の特別セールを行っています。明日の選ばれた商品は調理済み食品と農産物で、翌日土曜日は家具です。さらなる情報を得るには、弊社のウェブサイトにアクセスいただくか、数多くのクーポン券がついた今日の新聞の回覧をご確認ください。弊社は通常、午前10時から午後9時まで開店しておりますが、この期間中、開店時間が1時間早まり、閉店時間が1時間遅くなります。弊社の10周年の祝賀にご助力いただき、ありがとうございます。どうぞ楽しいお買い物を。

173

1. **正解 (C)** 次の日は割引きにならない。

☞ 9文目に「さらに異なる特定の商品について毎日2時間の特別セールを行っています。」とある。今日は洋服と履物だったので明日は違うものと推測できる。よって (C) が正解。 950

2. **正解 (D)** 買い物時間が延長された。

☞ 9文目に「今週、10周年を記念してエリア全体で特別な割引を行っており、さらに異なる特定の商品について毎日2時間の特別セールを行っています。」とあり、今週末まで割引期間だということがわかる。さらに、12文目に「弊社は通常、午前10時から午後9時まで開店しておりますが、この期間中、開店時間が1時間早まり、閉店時間が1時間遅くなります。」とあり、割引期間中は開店時間と閉店時間が変わることがわかる。よって (D) が正解。 860

3. **正解 (C)** 赤いタグ

☞ 5文目に「さらに、赤いタグのついた商品は、驚きの20%引きとなります。」とある。表を見ると、子供のジャケットは20%となっているので、赤いタグがついていると考えられる。よって (C) が正解。 860

<リスニング力UP語彙>

footwear：履物　　mark down：値引きする　　respectively：それぞれ
followed by：続いて　　circular：回覧

満点突破攻略法
難問タイプは情報の「裏返し」テクニックを駆使せよ！

174

Part 4 難問大特訓 15

「電話メッセージ」リスニング問題トレーニング

CD82-83

Customer Survey
1(low)-5(high)

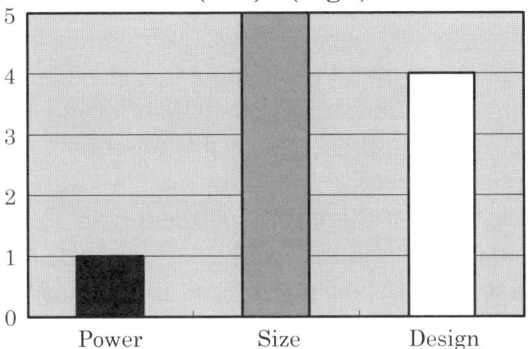

1. Where most likely is the speaker?

   (A) In the headquarters

   (B) In an airport

   (C) In a meeting room

   (D) In a taxi

2. What does the speaker imply?

   (A) She contacted the headquarters.

   (B) She canceled her appointment.

   (C) She will take a taxi to an office.

   (D) She has prepared documents for the presentation.

3. Look at the graphic. What will the listener probably emphasize in the presentation?

   (A) Durability

   (B) Size

   (C) Power

   (D) Design

解答と解説

Questions 1 through 3 refer to the telephone message and graphic.

🇬🇧 W: Hello, Mike. This is Becky. I think you'll be surprised to hear that I'm still in Boston. My plane was delayed due to mechanical trouble, and I missed my connecting flight. I tried to take a taxi to headquarters, but the endless line in front of the taxi stop forced me to stay here till now. There is nothing more that I can do. So, Mike, could I ask you a favor? I mean, I'd appreciate it if you could deliver a presentation for me. I'll definitely not be in time for the presentation this afternoon. All the necessary materials are in the top drawer of my desk in an envelope marked "Vacuum Cleaner". The main point is to make the participants understand the results of the survey on our new vaccum cleaner. I'd especially like you to emphasize our disadvantage. If you have any questions, please call my mobile phone.

<訳>

　こんにちは、マイク。ベッキーです。私がまだボストンにいると知ったら驚くでしょうね。飛行機が機械の故障で遅れたので、乗り継ぎ便を逃してしまいました。本社までタクシーで行こうと思ったのですが、タクシー乗り場は長蛇の列で、今はまだここにいます。他にできることは無いようです。そこでマイク、お願いがあります。私の代わりにプレゼンテーションをしてもらえたらありがたいです。まず間違いなく今日の午後の時間には間に合いません。必要書類はすべて私の机の最上段の引き出しの中にある「バキュームクリーナー」と書かれた封筒に入っています。主な目的は参加者に我々の新しい掃除機についての調査の結果を理解させることです。特に我々の欠点について強調して欲しいと思います。質問があったら、携帯電話に連絡をしてください。

1. **正解 (B)** 空港

☞ 4文目に「飛行機が機械の故障で遅れたので、乗り継ぎ便を逃してしまいました。」とあり、5文目に「本社までタクシーで行こうと思ったのですが、タクシー乗り場は長蛇の列で、今はまだここにいます。」とあるので、まだ空港にいると考えられる。よって (B) が正解。 730

176

2. **正解 (D)** 彼女はプレゼンテーションの文書を用意した。
☞ 10 文目に「必要なものすべては私の机の最上段の引き出しの中にある「バキュームクリーナー」と書かれた封筒に入っています。」とある。よって (D) が正解。 **950**

3. **正解 (C)** 動力
☞ 12 文目に「特に我々の短所について強調して欲しいと思います。」とある。グラフを見ると、一番評価が低いのは Power である。よって (C) が正解。 **950**

＜リスニング力 UP 語彙＞
mechanical：機械の　　headquarters：本社
ask ~ a favor：~に頼み事をする　　material：書類　　drawer：引き出し
disadvantage：欠点

満点突破攻略法
グラフは一番上と下の値に注目せよ！

新形式の表問題にはだいぶ慣れてきたでしょうか？
　さて大特訓もラスト 7 問となりました。気合いを入れてもう少し頑張りましょう。

Part 4 難問大特訓 16

「イベント案内」リスニング問題トレーニング

[CD84-85]

Hobson Marine World			
	General Admission	Groups of 10 to 19	Groups of 20 or more
Adults	$30.50	$24.00	$20.00
Students	$15.50	$12.50	$10.00
Children Age 3 and Older	$8.50	$6.00	$4.50

1. What is mentioned about the facility?

    (A) It is open seven days a week.
    (B) It offers free admission once a week.
    (C) It holds some events every week.
    (D) It has been operating for about half a century.

2. Look at the list. How much is the admission fee for a group of ten adults, two 10-year-old children and a 2-year-old child this month?

    (A) $126.00
    (B) $209.00
    (C) $252.00
    (D) $323.00

3. How can some people get a one-day free pass?

    (A) By bringing a 30-year-old person with them
    (B) By showing their ID at an entrance
    (C) By participating in the Saturday night events
    (D) By coming to the park more than twice

解答と解説

Questions 1 through 3 refer to the following advertisement and list.

🇺🇸 M: Thank you for calling the Hobson Marine World. We are open from 9:30 a.m. to 5 p.m. every day except on Mondays and Saturdays. On Saturdays, we are open until 9:00 p.m. for special weekend events. The general admission fee for adults is $30.50, students $15.50, children age 3 and older $8.50 and children younger than 3, free. For people coming in a group, the fees will be discounted. Please check our website for the details. This month we are celebrating our 30th anniversary, and all admission fees are reduced by 50%, and special live concerts are held every Saturday night. They are open to all visitors with no additional fee! Plus, if you are age 30, or your birthday falls in August, please show proper ID, such as a driver's license or a government-issued passport, at any of the gates to grab a one-day free pass you can use for your next visit. We are looking forward to seeing you at Hobson Marine World.

<訳>

　ホブソン・マリーンワールドへお問い合わせいただきありがとうございます。当施設は月曜日と土曜日を除き、毎日午前9時30分から午後5時まで営業しています。土曜日は特別週末イベントのために午後9時まで営業しております。一般の大人の入場料は30ドル50セントで、学生は15ドル50セント、3歳以上の子供は8ドル50セント、3歳未満は無料です。団体でお越しの方は割引があります。詳細につきましては、ウェブサイトをご覧ください。今月、30周年を記念して、すべての入場料が50%引きとなり、毎週土曜日の夜には特別ライブコンサートが行われます。来園者全員が追加料金なしで参加できます。さらに、30歳の方、もしくは誕生日が8月の方は、運転免許証や政府発行のパスポートなどといった身分証明書を入口でお見せいただければ、次回ご来場の際に使用できる1日フリーパスを得ることができます。ホブソン・マリーンワールドでお会いできるのを楽しみにしております。

1. **正解 (C)** 毎週イベントを設けている。

☞ 2文目に「当施設は月曜日と土曜日を除き、毎日午前9時30分から午後5時まで営業しています。土曜日の夜は特別週末イベントのために午後9時まで営業しております。」とある。よって (C) が正解。 **730**

2. **正解 (A)** 126ドル

☞ 合計10人以上20人未満なので表を見ると、大人は24ドル、10歳の子供は6ドル、3歳未満の子供は無料である。なので合計252ドル。また、6文目に「今月、30周年を記念して、すべての入場料が50％引きとなり、毎週土曜日の夜には特別ライブコンサートが行われます。」とあり、今月は入場料が半額になることから、最終的には126ドルとなる。よって (A) が正解。 **950**

3. **正解 (B)** IDを入口で見せる

☞ 9文目に「さらに、30歳の方、もしくは誕生日が8月の方は、運転免許証や政府発行のパスポートなどといった身分証明書を入口でお見せいただければ、次回ご来場の際に使用できる1日フリーパスを得ることができます。」とある。よって (B) が正解。 **860**

＜リスニング力UP語彙＞

admission fee：入場料　　fall in：〜の月に当たる　　grab：〜を得る

満点突破攻略法
表で書かれている情報は放送中に変化する可能性を疑え！

Part 4 難問大特訓 17

「ビジネス・セミナー」リスニング問題トレーニング

CD86-87

Reasons WHY Customers switch restaurants

Influence by friends	Competitors	Food	Staff
33%	18%	70%	63%

1. Who probably is the speaker?

    (A) An business consultant

    (B) A waiter

    (C) A restaurant owner

    (D) A professional cook

2. For whom is the speech probably intended?

    (A) Coaches

    (B) Board members

    (C) Restaurant owners

    (D) Waiters

3. Look at the chart. Why does the speaker use this chart?

    (A) To show listeners how important staff members are

    (B) To encourage the listeners to get motivated

    (C) To have the listeners improve business manners

    (D) To convince the listeners that food is the most important

解答と解説

Questions 1 through 3 refer to the following speech and chart.

🇦🇺 M: What do you think is the biggest reason your business loses customers? Well, you know, some customers may be influenced by their friends, or lured away by your competitors. Needless to say, if your dishes disappoint them even one time, they will never come back. But as you can see from this chart, more than 60% of the dissatisfied customers are frustrated by the way the staff members treat them. This figure clearly indicates that what you have to do first to make your business flourish is to improve the quality of your wait staff. I've dedicated myself to training wait staff to provide the best customer service possible. I've been in the field for over twenty years, systematizing the methods, including fun games and thrilling competitions. These are definitely worth investing your time and money! Now, let's move on to the first topic, "how to motivate your staff members."

<訳>

あなたのビジネスにおいて、顧客を失う最大の理由は何だと思いますか。そうですね、顧客の中には友人の影響を受ける人もいるでしょうし、同業他社に誘惑されてしまう人もいるでしょう。言うまでもなく、一度でも料理で顧客を失望させてしまったら、彼らが二度と戻って来ることはないでしょう。しかし、このチャートをご覧になっておわかりのように、60％以上の失望した顧客は店員からの扱いに不満を感じているのです。この数字が明らかにしていることは、あなた方の事業を繁栄させるためにまずあなた方がしなければならないことは、ウェイターの質を向上させることです。私は最高の顧客サービスを提供するために、ウェイターを教育してきました。20年以上の現場経験を経て、その手法をシステム化してきました。それには楽しいゲームやスリル満点の競争も含まれており、間違いなく時間と金を投資する価値があります。さあ、最初の話題に移りましょう。「どのようにしてスタッフのモチベーションを上げるか」です。

1. **正解 (A)** 経営コンサルタント
☞ 全体を通して、集客のノウハウをコーチングしているので (A) が正解。 730

2. **正解 (C)** レストラン経営者
☞ 1文目に「あなたのビジネスにおいて、顧客を失う最大の理由は何だと思いますか。」とあり、5文目に「この数字が明らかにしていることは、あなた方の事業を繁栄させるためにまずあなた方がしなければならないことは、ウェイターの質を向上させることです。」とあることから、聞き手はレストランの経営者であることがわかる。よって (C) が正解。 730

3. **正解 (A)** 聞き手にいかに従業員が重要かを示すため
☞ 4文目に「しかし、このチャートをご覧になっておわかりのように、60%以上の失望した顧客は店員の扱いに不満を感じているのです。」とあり、次に「この数字が明らかにしていることは、あなた方の事業を繁栄させるためにまずあなた方がしなければならないことは、ウェイターの質を向上させることです。」とある。表を通じて、聴衆に店員の質の重要性を伝えようとしていることがわかるので、(A) が正解。 860

<リスニング力UP語彙>
lure：〜を誘惑する　　needless to say：言うまでもなく　　chart：表
figure：数字　　flourish：繁栄する　　dedicate oneself to：〜に打ち込む
systematize：システム化する

満点突破攻略法
全体の流れから、スピーカーと聴衆の関係を考慮して問題を解くこと！

Part 4 難問大特訓 18

「ニュース放送」リスニング問題トレーニング

[CD88-89]

Calories contained per 100g

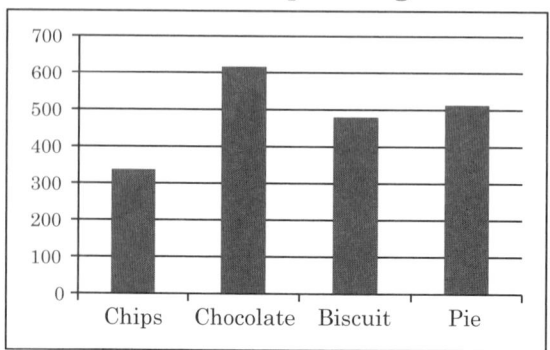

1. What kind of audience will probably be interested in this broadcast?

    (A) Elementary school staff
    (B) Parents
    (C) Restaurant chefs
    (D) Critics on food

2. What is Margaret Millar famous for?

    (A) Extensive media coverage
    (B) Her bestselling book
    (C) Her unique recipes
    (D) Her award-winning restaurant

3. Look at the graphic. From which food do children tend to get the most calories?

    (A) Chips
    (B) Chocolate
    (C) Biscuits
    (D) Pies

解答と解説

Questions 1 through 3 refer to the following TV broadcast and graphic.

M: Statistics have revealed a stunning fact that more than half of all teenagers are overweight, and figures released by the National Health Organization show that the main reason for childhood obesity is their poor eating habits. However, almost all mothers know it's very hard to discourage kids from eating between meals. So, do you have proper strategies to help your kids lose weight? This graph shows the most unhealthy but popular snacks among children. What often happens is that children end up taking in more calories from the lowest calorie snack than from the highest calorie snack. The reason...? Because they eat more of it, while it's not easy to eat a lot of the highest calorie food. There are many other important things perhaps you didn't know. So today, we have invited Margaret Millar, a nutritionist and famous writer for her best-selling book "Healthy Sweets for Kids," to share her expertise with us. In her latest book, she introduces various kinds of recipes that will surely tickle your curiosity and satisfy your kids. She says what's important is to appeal to their sense of sight, not to their mind. An interesting suggestion for those at a loss what to do with their kids, isn't it? She will be with us, following a message from our sponsor, Stacey Burns. Stay tuned.

＜訳＞

　統計によって、半数以上の10代の若者が肥満であるとの驚くべき事実が明らかになり、国民健康機関によって発表された数字によると、子供の肥満の主な原因は不健全は食習慣とのことです。しかしながら、ほとんどすべての母親は、子供たちに間食させないようにすることがとても難しいということを知っています。では、あなた方の子供の体重を減らすための適切な戦略をお持ちですか。このグラフは、最も不健康であるにも関わらず、子供たちに人気のあるお菓子を示しています。子供はよく1番カロリーの高いスナック菓子よりも1番カロリーの低いスナック菓子からより多くのカロリーを摂取するんです。理由？それは（カロリーの1番低いものを）たくさん食べるからですよ。1番カロリーの高い食べ物をたくさん食べるのは簡単ではないですけれどね。皆さんがおそらく知らないその他多くの重要なことがあるのです。そこで今日我々は、栄養士でもあり彼女のベストセラー本『子供たちにとって健康的なお菓子』で有名な作家でもあるマーガレット・ミラー氏を招き、彼女の専門知識を共有したいと思います。最新作の本の中で、彼女は間違いなく好奇心を満たし、子供を満

足させる様々なレシピを紹介しています。彼女が言うには、重要なのは心ではなく、視覚に訴えることです。子供に何をしてやれば良いのか途方に暮れている人には興味深い提言でしょう？彼女は、我々のスポンサーであるステイシー・バーンズからのメッセージの後で登場いたします。チャンネルはそのままで。

1. 正解 (B) 親たち
☞ 1文目に「統計によって、半数以上の10代の若者が肥満であるとの驚くべき事実が明らかになり、国民健康機関によって発表された数字によると、子供の肥満の主な原因は不健全な食習慣とのことです。」とあり、次に「しかしながら、ほとんどすべての母親は、子供たちに間食させないようにすることがとても難しいということを知っています。」とある。よって、(B)が正解。 730

2. 正解 (B) 彼女のベストセラー本
☞ 9文目に「彼女のベストセラー本…で有名な作家でもあるマーガレット・ミラー氏」とある。よって、(B)が正解。 730

3. 正解 (A) ポテトチップス
☞ 5文目に「子供はよく1番カロリーの高いスナック菓子よりも1番カロリーの低いスナック菓子からより多くのカロリーを摂取するんです。」とある。よって、表で一番カロリー数の少ない(A)が正解。 860

＜リスニング力UP語彙＞

stunning：驚くべき　　overweight：肥満
eat between meals：間食をする　　end up ~ing：結局～になる
nutritionist：栄養士　　sweets：（甘い）お菓子

満点突破攻略法
グラフ上の順位がそのまま答えになると思うな！

Part 4 難問大特訓 19

「ツアー説明」リスニング問題トレーニング

[CD90-91]

4th floor	Exhibition
3rd floor	Gallery
2nd floor	Museum theater
1st floor	Gift shop

1. What is exhibited in the museum?

    (A) One thousand year-old quilts

    (B) Textile machinery in South America

    (C) Old films on the textile industry

    (D) Miniatures of Western quilts

2. How long will the guided tour last?

    (A) One and a half hours

    (B) Two hours

    (C) Two and a half hours

    (D) Three hours

3. Look at the list. From which floor does the tour begin?

    (A) 1st floor

    (B) 2nd floor

    (C) 3rd floor

    (D) 4th floor

解答と解説

Questions 1 through 3 refer to the following advertisement and list.

🇬🇧 W: Good afternoon, everyone. Welcome to Carlotta Museum of Art. I'm Serena and I'll be guiding your group today, and helping you make your research on textiles more informative and meaningful. Our permanent collection includes quilts and textiles for the past ten centuries. First, we'll enjoy the exhibitions for about an hour, and move on to Gallery 104, where you will see a collection of European and Asian textile machinery, which chronicles the development of textile machinery. You can operate originally-sized replicas of some of the machines, and experience the way people in the past produced textiles. We'll spend one and a half hours at Gallery 104, then watch a 30-minute film at the museum theater. After the tour, why don't you spend some time browsing in the Museum Shop? You can get a wide variety of books, postcards, and miniatures of some of our collections. Now, let's start exploring!

<訳>

皆さま、こんにちは。カルロッタ美術館へようこそ。私はセリーナです。今日のガイドをさせていただき、織物についての研究をより有益で意義あるものになるようにお手伝いさせていただきます。当館の常設コレクションには過去10世紀にわたるキルトや織物が含まれております。まず、およそ1時間にわたって展示物を鑑賞し、ギャラリー104へ移動します。そこで、そのヨーロッパやアジアの織物機械を見ます。それは、織物機械の発達を記録にとどめたものです。機械の元の大きさのレプリカをいくつか操作し、昔の人が織物を作成した方法を経験することができます。ギャラリー104では1時間半過ごし、美術館内の映画館で30分間のビデオを見ます。ツアーの後では、美術館の店の中を見て回ってはどうでしょうか。幅広い本、はがき、コレクションのミニチュアを購入することができます。では、探索を始めましょう。

1. 正解 (A) 1000年前のキルト
☞ 5文目に「当館の常設コレクションには過去10世紀にわたるキルトや織物が含まれております。」とある。ten centuries を one thousand year(s) と言い換えた (A) が正解。 860

2. 正解 (D) 3時間
☞ 5文目に「まず、およそ1時間にわたって展示物を鑑賞し、104ギャラリーへ移動します。」とあり、7文目に「ギャラリー104では1時間半過ごし、美術館内の映画館で30分間のビデオを見ます。」とある。合計すると3時間になるので、(D) が正解。 950

3. 正解 (D) 4階
☞ 5文目に「まず、およそ1時間にわたって展示物を鑑賞し、ギャラリー104へ移動します。」とある。表を見ると、展示があるのは4階なので、(D) が正解。 950

＜リスニング力UP語彙＞
textile：織物　　informative：有益な　　meaningful：意義のある
chronicle：記録にとどめる　　take some time：時間を取る
a variety of ～：様々な～

満点突破攻略法
「場所」と「そこに何があるのか」を聞き落すな！

Part 4 難問大特訓 20

「店内アナウンス」リスニング問題トレーニング

[CD92-93]

Programs at the Ace Sports Center

Time	Activity	Studio
9:00 A.M.-10:30 A.M.	Beginner's yoga	1A
10:00 A.M.-11:00 A.M.	Boxing Exercise	2A
12:30 P.M.-2:00 P.M.	Aero Gymnasium	1A
2:00 P.M.-3:30 P.M.	Advanced yoga	2A
3:00 P.M.-5:00 P.M.	Stretch & Body care	1A

1. What does someone have to do to use the P3 Burner?

    (A) Make a phone call
    (B) Complete the document
    (C) Book one week before
    (D) Wait in a line

2. What can be inferred about the training machines?

    (A) They are frequently out of battery.
    (B) They frequently get dirty.
    (C) They are frequently mistakenly used.
    (D) They are frequently used by only one person.

3. Look at the list. When does the "Boxing Exercise" finish?

    (A) 11:00 A.M
    (B) 11:30 A.M
    (C) 12:00 P.M
    (D) 12:30 P.M

解答と解説

Questions 1 through 3 refer to the following announcement and list.

M: Dear club members, thank you for using our sports center. Today, there are some announcements for you. A new aero machine, P3 Burner, was introduced yesterday. This machine allows you to burn calories easily, helping shape up your body proportion. As this machine is so popular, you need to book in advance. For those who are interested, please go to the counter and fill in the form. The second floor is under repair this morning. So, today's "Boxing Exercise" takes place in Studio 1A, thirty minutes later than the time shown on the signboard. I'm sorry for the inconvenience. Lastly, machine malfunctions are frequently reported these days. Please be careful to use them correctly and in case you find something wrong, contact any staff member nearby. Thank you.

＜訳＞

　クラブメンバーの皆さま、当スポーツセンターをご利用くださいまして、ありがとうございます。今日、皆さまにご連絡がございます。新しいエアロマシーン、P3 Burner が昨日導入されました。この機械によって、脂肪が燃焼しやすくなり、体形を整えるのに役立てることができます。この機械は非常に人気があるので、事前のご予約が必要となります。興味がおありの方は、カウンターまでお越しいただき、用紙にご記入ください。次に、今日の午前中、2階の床の修理を行います。そのため、今日の「ボクシングエクササイズ」はあちらの掲示板に書かれている時間より30分遅れで、スタジオ1Aで行われます。ご不便をおかけしまして、申し訳ございません。最後に、最近機械の不具合が頻繁に報告されています。適切にご使用いただくように注意し、何か不具合が見つかった場合は、近くにいる職員までご連絡ください。ありがとうございました。

1. 正解 (B) 書類を書く

☞ 6文目に「興味がおありの方は、カウンターまでお越しいただき、用紙にご記入ください。」とある。よって、それを言い換えた (B) が正解。 860

2. **正解 (C)** それらはよく誤った使用のされ方をする。

☞ 10文目に「最後に、最近機械の不具合が頻繁に報告されています。」とあり、次に「適切にご使用いただくように注意し、何か不具合が見つかった場合は、近くにいる職員までご連絡ください。」とあることから、正しく扱わなかったことが原因で頻繁に不具合が起こっていることが推測できる。よって (C) が正解。 860

3. **正解 (B)** 午前 11 時 30 分

☞ 8文目に「そのため、今日の「ボクシングエクササイズ」はあちらの掲示板に書かれている時間より 30 分遅れで、スタジオ 1A で行われます。」とある。表を見ると、「ボクシングエクササイズ」の終了時刻は 11 時なので、それよりも 30 分遅い 11 時 30 分に終わることがわかる。よって、(B) が正解。 950

<リスニング力 UP 語彙>

in advance：事前に　　under repair：修理中で　　take place：行われる
signboard：掲示板　　malfunction：故障　　in case：〜の場合は

満点突破攻略法
図表に掲載されたスケジュールで、放送中に内容「変更」を伝えた箇所は、必ず出題されると思え！

Part 4 難問大特訓 21

「劇場アナウンス」リスニング問題トレーニング

(CD94-95)

4th floor	Restaurant
3rd floor	Gift shop
2nd floor	Hall B
1st floor	Hall A

1. What kind of show will be given?

    (A) A tragedy

    (B) A comic-book movie

    (C) A documentary

    (D) A satire

2. What is mentioned in the announcement?

    (A) Patrons are not allowed to bring in food.

    (B) Children are not permitted to see the show.

    (C) Cell phone use is not entirely prohibited.

    (D) No smoking is permitted in the entire precincts.

3. Look at the list. Where most likely is this announcement heard?

    (A) 1st floor

    (B) 2nd floor

    (C) 3rd floor

    (D) 4th floor

解答と解説

> Questions 1 through 3 refer to the following announcement and list.
>
> 🍁 W: Good evening, ladies and gentlemen, and welcome to the Ronald Community Playhouse for the award-winning entertaining show, "Vile Guys". I hope you'll relieve your frustration toward unreliable politicians as well as mean, shrewd dot-commers by laughing at their funny behavior. Before tonight's performance begins, we'd like to make a few announcements. First, please refrain from taking flash photos during the performance. The movement and light can be distracting to the performers. Second, since it is aimed at adults, the show is a little difficult for children to understand. We welcome all ages of viewers, but if children become noisy and upset, please escort them promptly to the lobby, where snacks and drinks are available. Third, please turn off your mobile phones during the show. You can use them during a ten-minute intermission after the first act. Finally, smoking is prohibited throughout the building except in the designated area. After the show, just go up one floor, and you can purchase souvenirs. If you get hungry, please go to the restaurant at the top floor which serves reasonably-priced delicious meals. Now, are you ready to laugh? Please welcome these notorious guys with a big hand!

<訳>

皆さま、こんばんは。ロナルドコミュニティープレイハウスの受賞エンターテイニングショー、「卑劣な奴ら」にようこそ。卑劣でずる賢いネット企業社員だけでなく、頼りにならない政治家のおかしな振る舞いに笑うことによってストレスを解消していただければと思います。今夜の演技が始まる前に、皆さまにお願いしたいことがあります。まず、演技中のフラッシュ撮影はおやめください。動きと光が演技者の妨げになることがあります。2つ目に、この演技は大人向けとなっていますので、子供が理解するには少し難しくなっています。すべての年齢層の方を歓迎しておりますが、もしお子様がうるさくされたり、むずかる場合は、速やかにロビーまで移動してください。そこには、軽食や飲み物が販売されております。3つ目に、演技中は携帯電話の電源をお切りくだ

さい。携帯電話は第 1 幕が終了した後にある 10 分間の休憩中にお使いいただけます。最後に、館内は指定の場所を除き全面禁煙となっています。演技終了後は、1 階上へ上がり、お土産を買うことができます。空腹の場合は、お手頃な値段でおいしい食事を提供する最上階のレストランをご利用ください。さあ、笑う準備はできていますか。盛大な拍手で卑劣者たちをお迎えください。

1. **正解** (D) 風刺
☞ 2 文目に「卑劣でずる賢いネット企業社員だけでなく、頼りにならない政治家のおかしな振る舞いに笑うことによってストレスを解消していただければと思います。」とあることから、風刺に関する話題であることがわかる。よって (D) が正解。 950

2. **正解** (C) 携帯電話の使用は完全に禁止されているわけではない。
☞ 8 文目に「3 つ目に、演技中は携帯電話の電源をお切りください。」とあるが、その後にすぐ「10 分間の休憩中にお使いいただけます。」とある。よって (C) が正解。 730

3. **正解** (B) 2 階
☞ 12 文目に「演技終了後は、1 階上へ上がり、お土産を買うことができます。」とある。表を見ると、土産物屋は 3 階にあるので、アナウンスは 2 階に向けて行われていることがわかる。よって、(B) が正解。 860

＜リスニング力 UP 語彙＞
vile：卑劣な　　dot-commer：ネット企業社員　　unreliable：不安定な
refrain from ~ing：~を控える　　distracting：気を散らすような
become upset：動揺する　　promptly：ただちに　　intermission：休憩時間
notorious：極悪な

満点突破攻略法
長い説明は一言でまとめるとどうなるかを考えよ！

Part 4 難問大特訓 22

「電話メッセージ」リスニング問題トレーニング

[CD96-97]

Day	Time	Speaker	Position	Room
Mon. June1	9:00 A.M.	Jill Tang	H.R. Manager	A1
	11:00 A.M.	Kate Chang	Marketing Researcher	B2
	2:00 P.M.	Ann Pearson	Sales Representative	B1
	4:00 P.M.	Jeff Adams	Global Sales Manager	B1
Tue. June2	9:00 A.M.	Jim Andrew	Communications Director	A2
	11:00 A.M.	Wendy Williams	Telephone Operator	A2
	2:00 P.M.	Karl Wang	Lab Researcher	B1
	4:00 P.M.	Tim Willis	Accounting Manager	B2

1. What kind of event will take place?

    (A) A seminar for new employees

    (B) A national competition

    (C) A skill-up training

    (D) A brain storming session

2. Look at the list. Whose presentation room is likely to be changed?

    (A) Jill Tang

    (B) Kate Chang

    (C) Ann Pearson

    (D) Jeff Adams

3. Look at the list. When will the Global Sales presentation probably take place?

    (A) 2:00 P.M. on June 1

    (B) 4:00 P.M. on June 1

    (C) 2:00 P.M. on June 2

    (D) 4:00 P.M. on June 2

解答と解説

Questions 1 through 3 refer to the following message and list.

M: Hello, Carol. I'm leaving this message because there're some things I need to tell you about the department presentation. First, Kate Chang said she needs an audio device for the presentation. Can you make sure that an audio device is available? Oh, and I heard that about 100 people will attend the presentation on marketing, so it's highly likely that a type B room cannot accommodate everyone. I'd appreciate it if you could arrange a type A room. Also, Mr. Adams told me that he needs to meet an important client this afternoon. So, I've contacted Karl Wang and he agreed to switch schedules. Sorry to tell you late. If you have any question, please call me back. I hope we can successfully contribute to our staff members' skill development.

<訳>

こんにちは、キャロル。部のプレゼンテーションについて伝えたいことがあって、このメッセージを残しています。まず、ケイト・チャンがプレゼンテーションに音声機器が必要だと言っていました。音声機器の手配はできますか。ああ、あとマーケティングのプレゼンテーションには100人くらい参加すると聞いています。なので、タイプBの部屋では全員入らない可能性が高いです。タイプAの部屋を手配してもらえたらありがたいです。それから、アダムズさんが今日の午後、重要な顧客と会わなければならないと言っていました。そこで、カール・ワンさんに連絡を取ったところ、スケジュールを入れ替えてくれることに承諾してくれました。連絡が遅くなって申し訳ありません。何か質問がありましたら、折り返し電話をかけてください。我々のメンバーのスキルアップにうまく役立てればと思っています。

1. **正解** (C) スキルアップトレーニング

☞ 最終文に「我々のメンバーのスキルアップにうまく役立てればと思っています。」とある。よって、(C) が正解。 950

2. **正解** (B) ケイト・チャン

☞ 5文目に「ああ、あとマーケティングのプレゼンテーションには100人くらい参加すると聞いています。なので、タイプBの部屋では全員入らない

可能性が高いです。」とある。表を見ると、マーケティングのプレゼンテーションを行うのは、マーケティング・リサーチャーのケイト・チャンと考えられるので、(B) が正解。 860

3. **正解 (C)** 6月2日午後2時

☞ 7文目に「それから、アダムズさんが今日の午後、重要な顧客と会わなければならないと言っていました。」とあり、次に「そこで、カール・ワンさんに連絡を取ったところ、スケジュールを入れ替えてくれることに承諾してくれました。」とある。表を見ると、Global Sales についてのプレゼンテーションを行うであろう、ジェフ・アダムズ氏が、カール・ワン氏の日程に変更することがわかる。よって、(C) が正解。 950

<リスニング UP 語彙>

highly：大いに　　accommodate：収容する　　appreciate：感謝する
contribute to：〜に貢献する

満点突破攻略法
予定表が出てきたら、日程が変更する可能性を疑え！

最後の問題は負荷を高くして、表を見て答える問題を2つ続けて出題しました。これでリスニングパートの難問大特訓終了です。

TOEIC セクション別スコア予測

Part 4

本章の全66問で	
53問以上取れる人 →	何回受けても Part 4 で満点が取れる実力の持ち主です！
46問取れる人 →	Part 4 で満点が取れる可能性のある実力の持ち主です！
39問取れる人 →	Part 4 で9割が取れる実力の持ち主です！
32問取れる人 →	Part 4 で8割が取れる実力の持ち主です！
25問以下の人 →	まだ大きな伸びしろがあります！ Part 4 の特訓に励みましょう！

第5章

Part 5
短文穴埋め問題
満点突破攻略法
&
トレーニング

Part 5 満点攻略法

　新形式 TOEIC の Part 5 は 40 問から 30 問に問題が減り、ここで失点の多かった人には有利になりましたが、今までここで点数を稼いでいた人は、Part 6 や Part 7 をもっと頑張らないといけなくなりました。しかし、問題の難易度と必要な問題処理スピードは変わらず、1 問を 20 秒以内で解き、合計 10 分以内で解く必要があることは同じです。

　そして、問題は、派生語の知識を問う問題が約 3 割、一般語彙（副詞・動詞・名詞・形容詞）の知識を問う問題が約 3 割、英文法（前置詞・接続表現・呼応・代名詞・動詞の型［時制・態］・比較など）の知識を問う問題が約 3 割となっています。また、このセクションのスキルは、問題量が 12 問から 16 問に増えた Part 6 の文法・語法問題のスコアにも直結しているので、依然として比重は大きいといえます。

　そこでこのセクションでは、Part 5、ひいては Part 6 でも満点が取れるように、派生語、一般語彙、文法問題の大特訓を行いましょう。公式問題集や一般の問題集は大体 TOEIC スコア 600 点ぐらいの人を対象に作られているので、800 点近くになってくると物足りなくなってきます。それに対して本書は、800 点から 900 点までのやや難問と、900 点以上の難問のみの計 100 問で構成されているので、今のスコアが 700 点ぐらいの人には非常にチャレンジングですが、スコア UP には効率がいいものとなっています。それでは、まずは文法問題大特訓からです。

弱点を発見しましょう！

本章でチャレンジしていただく文法 40 問、語彙 30 問、派生語 30 問のスコアを右に記入して下さい。正三角形になっていますか？それともどこかの分野が弱いですか？自分の不得意分野を見つける指針に活用して下さい。

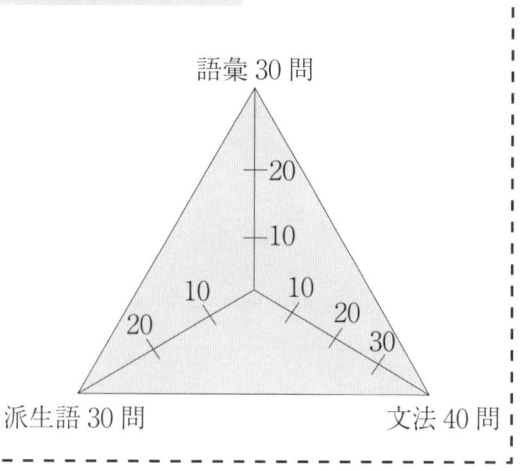

（三角形グラフ：語彙 30 問／派生語 30 問／文法 40 問）

Part 5 文法問題大特訓 1
800-900 点レベル

（制限時間 3 分）

1. The CEO directed his employees to check the references of all ------- applying for the accounting position.

   (A) those   (B) ones   (C) them   (D) who

2. The sales department manager suggested ------- the company's strategy to expand its operations overseas.

   (A) being changed
   (B) to be changed
   (C) to change
   (D) changing

3. It is ------- I was on a business trip to Dubai that I wasn't able to attend the annual general meeting held at the headquarters.

   (A) as   (B) why   (C) because   (D) since

4. ------- have the consumers' demands been more complicated and subject to drastic change than over the past five years.

   (A) Rarely   (B) Substantially   (C) Absolutely   (D) Negatively

5. You, as the leader of the design team, should have known better than ------- the zero-pollution automobile design behind schedule for two months.

   (A) not to leave   (B) not leave   (C) leave   (D) to leave

6. Statistics in this report ------- that most of the male employees still find it difficult to take child-care leave, although they have the right to do so.

   (A) is shown   (B) show   (C) shows   (D) are shown

7. As the company introduced state-of-the-art assembly machines, the production capacity at each factory has increased by ------- average of 10% this fiscal year.

   (A) over   (B) an   (C) the   (D) for

8. The university courteously placed ------- our producer's disposal its large database that would be useful for making the new science program.

   (A) on   (B) for   (C) in   (D) at

9. This fitness club can offer a variety of training programs that can be customized ------- the interest of the users.

   (A) for   (B) in   (C) over   (D) at

10. The Italian restaurant became popular ------- word of mouth among young women in this city.

    (A) on   (B) with   (C) by   (D) for

解答と解説

1. 正解 (A) those
〈訳〉その CEO は経理の職への応募者全員の照会先を調査するように従業員に指示した。
☞ 「those who + 動詞（～する人々）」は「those + 現在分詞（~ing）」でも表現できる。他の選択肢では文法的に成立しないので、those が正解である。**860**

2. 正解 (D) changing
〈訳〉営業部長は、海外への事業展開をするために、会社の戦略の変更を提案した。
☞ suggest の目的語の動詞は動名詞（~ing）となる。(A) は受動態であり文が成立しない。従って changing が正解となる。**900**

3. 正解 (C) because
〈訳〉私が本社で開かれた年次総会に出席できなかったのは、ドバイへ出張していたからだ。
☞ 強調構文「It is ~ that 節」であり、強調されているのは that の前の理由である。この構文では、理由を表す接続詞 since, as は使用できないルールがあるので、because が正解となる。**860**

4. 正解 (A) Rarely

〈訳〉この5年間ほど消費者ニーズが複雑になり急激な変化に左右されるようになったことはなかった。

☞ 否定詞が文頭に来る倒置文である。（通常の文では「The consumers' demands have been ~」となる。）Negatively「否定的に」は否定詞ではないため、Rarely が正解となる。 800

5. 正解 (D) to leave

〈訳〉あなたは設計チームのリーダーとして、その無公害車の設計を2ヶ月も遅らせるべきではなかった。

☞ know better than to do（～しないだけの分別がある）という慣用表現であるため、to leave が正解である。should have known better than to do は「～するべきではなかった」という意味になる。 860

6. 正解 (B) show

〈訳〉このレポートの統計データによれば、男性従業員のほとんどが、育児休暇を取る権利があるにもかかわらず、未だに取るのを難しく感じている。

☞ statistics は、単数なら「統計学」、複数なら「統計の数字」の意味になる。文脈から、「統計の数字」で複数なので、show が正解である。 900

7. 正解 (B) an

〈訳〉その会社は最新式の組立機械を導入したので、各工場の生産能力は今年度、平均して10%増加した。

☞ by an average of（平均して）というイディオムの知識を問う問題である。 900

8. 正解 (D) at

〈訳〉その大学は親切にも、新しい科学番組制作に役立つと思われる大量のデータベースを我が社のプロデューサーが自由に使うことを許可してくれた。

☞ place ~ at one's disposal（～を［人］の自由にさせる）という表現の～の部分が長いので、at one's disposal の後ろに置かれている。従って、at が正解である。 900

9. 正解 (B) in

〈訳〉このフィットネスクラブは、利用者の利益のために特別仕様にできるさまざまなトレーニングプログラムを提供できます。

☞ in the interest of ~（～の利益のために）というイディオムの知識を問う問題である。他にも to [for] one's benefit, to [for] one's advantage という表現があるが、前置詞が変わることに注意が必要である。 860

10. 正解 (C) by

〈訳〉そのイタリアンレストランは、この町の若い女性の間の口コミで人気の店となった。

☞ by word of mouth（口コミで）というイディオムの知識を問う問題である。 800

　いかがでしたか。このレベルの問題は7割正解できればまずまずです。8割以上正解できた人は文法力がかなり高く、逆に6割未満だった人はもう少し文法力を鍛えるようにしましょう。それではここで名詞に関する文法重要事項を記しておきますので覚えておきましょう。

990点をとるための 英文法大特訓：名詞

抽象名詞の可算・不可算をマスター！

	不可算名詞 U （抽象概念的）	可算名詞 C （具体的・普通名詞化）
concern	関心、心配、懸念	関心事、関係、会社
work	仕事、勉強、職場	作品、機械部品（pl.）
duty	義務（Cもある）、尊敬、軍務	職務、税金（しばしば pl.）
industry	産業（界）、会社側、勤務、勤労	～業、事業、商売
information	情報、知識、案内	受付（係）、案内所、告訴状
respect	尊敬、尊重、配慮、関連	点、細目
waste	浪費（a ～もある）、消耗、破壊	荒地、廃棄物（しばしば pl.）

≪必須！不可算 U のみの名詞≫
☐ homework（宿題）☐ progress（進歩、進行）☐ justice（正当性、裁判）
☐ fun（面白い事）☐ good（利益、善）☐ harm（損害、害、悪意）
☐ welfare（福祉）☐ applause（拍手喝さい）

常に単数扱いする集合名詞 vs. 普通名詞

常に単数扱いの集合名詞 U （概念化「～というもの」）	普通名詞 C （個別化・具体化）
☐ **furniture**（家具）	a desk / a bed etc.
☐ **machinery**（機械類）	a machine（1台の機械）
☐ **baggage** (luggage)（荷物）	a trunk / a bag etc.
☐ **scenery**（風景）	a scene（1つの眺め）
☐ merchandise（商品）	a product（1つの商品）

□ fiction（小説）	a novel（1つの小説）
□ jewelry（宝石類）	a jewel（1つの宝石）
□ cash, money（現金）	a bill（1枚の紙幣）
□ equipment（備品、機器）要注意！	a device（1つの装置）

常に複数形で用いられる名詞グループ　Top 7 をマスター！

お金・所有物に関するもの

□ **proceeds**（収益）　□ **savings**（貯金）　□ **belongings**（所持品）
□ **valuables**（貴重品）　□ **assets**（資産）　□ **securities**（有価証券）
□ **expenses**（経費）　□ **overheads**（一般費用）　□ **damages**（損害賠償）
□ **supplies**（備品）　□ **necessities**（必需品）　□ **goods**（商品）
□ **customs**（関税）単複扱い

基本・詳細に関するもの

□ **basics** [essentials, fundamentals, rudiments]（基本）
□ **details** [particulars, **specifics**（詳細・仕様書）]（詳細）

言ったり書いたりしたこと

□ **acknowledgements**（謝辞），**congratulations**（祝辞）
□ **directions** [**instructions**]（指示）
□ **regards**（よろしくとの伝言）　□ **talks**（会談）

状況・条件

□ **circumstances** [**conditions**]（周囲の事情）　□ **terms**（条件、関係）

場所

- □ **suburbs** [**outskirts, precincts**]（郊外）　□ waters（水域）, rapids（急流）
- □ **premises**（敷地）　□ **sights**（名所）　□ **headquarters**（本部）

食物　複数扱い

- □ **refreshments**（軽い飲食物）　□ **seconds**（お代わり）　□ **provisions**（食糧）　□ **groceries**（食料雑貨類）　□ **spirits**（アルコール類）

その他

- □ **odds**（勝ち目、公算）　□ **figures**（数字）　□ **forces**（軍隊）
- □ **manners**（行儀）　□ **business hours** [office hours]（営業時間）
- □ **species**（種・種類）

Part 5 文法問題大特訓 2
800-900 点レベル

（制限時間 3 分）

1. The soap manufacturer that develops a wide range of additive-free products has won ------- many regular users all over the world.

   (A) that   (B) any   (C) which   (D) itself

2. At the medical seminar held in June, you can learn about the latest cancer remedies we are introducing, as well as ------- to see doctors from abroad.

   (A) getting   (B) got   (C) get   (D) to get

3. Ms. Baker, the chief of our sales department, has been too ------- to go fishing over the past months.

   (A) busy having worked   (B) busy working
   (C) busy being worked   (D) busy to work

4. I believe that the success of our company depends on ------- Mr. Turner, the founder, will be able to come up with an innovative way of marketing.

   (A) whether   (B) if   (C) what   (D) where

5. As the number of visitors increased in the city thanks to the new airport, ------- the job opportunities for the people living there.

   (A) while   (B) so that   (C) so did   (D) as

6. Mr. Parker did not have the ------- idea that his first book would be a best-seller.

   (A) farthest   (B) minimum   (C) slightest   (D) smallest

7. Ms. Cooper, the quality assurance department manager, has decided to change suppliers ------- the objections of other department managers.

(A) at (B) over (C) in (D) on

8. Access to the confidential files on our new products is not permitted, ------- to the authorized production staff.

(A) except (B) on (C) as (D) with

9. Mr. Sanders took over all of his father's businesses ------- his resignation for reasons of health.

(A) for (B) with (C) following (D) as

10. Every staff member will be ------- the duty to do everything possible to absorb and integrate the information.

(A) of (B) with (C) on (D) under

解答と解説

1. 正解 (D) itself

〈訳〉幅広い無添加製品を開発しているその石鹸製造会社は、世界中で多くの愛用者を獲得している。

☞ 文法上、that, any, which のいずれも当てはまらない。主語を受けている itself が正解である。win A B で「A に B を得させる」 900

2. 正解 (C) get

〈訳〉6 月に開かれる医療セミナーでは、海外からの医師に会えるだけでなく、我々が導入している最新の癌治療法について学ぶことができる。

☞ A as well as B (B だけでなく A) の、A に相当するのは learn である。従って、learn と同じ文法的要素である get が正解である。直前の introducing と呼応していないので、注意が必要。 860

3. 正解 (B) busy working

〈訳〉我が社の販売部長であるベーカー氏は仕事であまりにも忙しく、この数ヶ月は釣りに行っていない。

☞ too ~ to …（~すぎて…できない）と be busy doing（…するのに忙しい）が複合した文である。従って、「仕事で忙しい（busy working）」という形にする。too ~ to … につられて too busy to work としないように注意が必要である。 800

4. 正解 (A) whether

〈訳〉我が社の成功は、創始者であるターナー氏が革新的なマーケティング方法を思いつくことができるかにかかっていると私は信じている。

☞ 「~かどうか」は if 節か whether 節であるが、「前置詞の目的語となる場合は if を使わない」というルールにより、whether が正解となる。 860

5. 正解 (C) so did

〈訳〉新しい空港のおかげでその町の訪問者の数が増加し、またそこに住んでいる人々の雇用機会も増加した。

☞ the job opportunities for the people living there は名詞句であるので、接続詞 while や so that では文が成立しない。「増加した（increased）」という動詞を反復しないために、「so do + S」という代動詞の用法で倒置した文となる。 900

6. 正解 (C) slightest

〈訳〉パーカー氏は彼の初めての著書がベストセラーになるとは思いもよらなかった。

☞ not have the slightest idea that ~（少しも~と思わない、さっぱりわからない）という慣用表現である。 800

7. 正解 (B) over

〈訳〉品質保証部長であるクーパー氏は、他の部長たちの反対を押し切って供給業者を変えることに決めた。

☞ 文脈は「他の部長たちの反対を押し切って」であり、over が正解である。「~を超えて」という基本的意味から、「~を制して」「~を押し切って」という意味が派生している。 900

8. 正解 (A) except

〈訳〉当社の新製品に関する機密ファイルへのアクセスは、権限を与えられた製造スタッフを除いて許可されていない。

☞ 文脈から except（〜を除いて）を選ばなければならない。他の選択肢では文が成立しない。860

9. 正解 (C) following

〈訳〉サンダース氏は彼の父が健康上の理由で辞任した後、彼の事業をすべて引き継いだ。

☞ 文脈から、「〜の後」であるから、following が正解である。ここでの following は前置詞で、after と置き換え可能である。800

10. 正解 (D) under

〈訳〉全スタッフは情報を吸収し、統合するために可能な限りすべてのことを行う義務がある。

☞ under the duty to do（〜する義務がある）という表現である。他に under を使った表現として、under construction（建設中で）、under consideration（検討中で）、under surveillance [scrutiny]（監視されて）などがある。860

さて、今度はいかがでしたか。1回目よりはよくできましたか。この問題でも7割以上の正解が高得点取得に最低必要な文法力の目安です。これに満たない人は拙著『スーパーレベルパーフェクト英文法』（ベレ出版）を勉強して英文法力を UP しましょう。

990点をとるための 英文法大特訓：準動詞

「要求動詞・準動詞」をマスター！

　以下の要求動詞・形容詞・名詞の後のthat節中には、動詞の原形（「仮定法現在」）が使われますので要注意です。（ちなみにイギリス英語ではshould+原形が一般的です。）

1. 要求動詞パターン

・「要求」グループ (ask, request, require, insist, demand)
☐ The president **demanded** that everyone *put* their requests in writing.（社長はみんなに要求は書面にするように求めた。）

・「提案・助言」グループ (suggest, propose, recommend, urge, advise)
☐ I **proposed** that Tom *telephone* his lawyer.（私はトムに弁護士に電話するように提案した。）

・「決定」グループ (decide, determine, resolve, intend)
☐ We **decided** that our sons *enter* the junior high school.（私たちは息子たちをその中学に入学させることに決めた。）

2. 要求形容詞パターン

・「重要」グループ (important, vital, crucial, critical)
☐ It is **important** that everyone *follow* the rules.（みんながルールに従うことが大切だ。）

・「必要」グループ (necessary, essential, imperative)
☐ It is **necessary** that cyclists *be* alert to pedestrians.（自転車に乗っている人は歩行者に注意することが必要だ。）

・「願望」グループ (desirable, advisable)
- [ ] It is **desirable** that you *take* lessons at least twice a week.（少なくとも週に２回レッスンを受けるのが望ましい。）

・その他グループ (urgent, determined, sufficient, careful)
- [ ] It is **urgent** that she *be* operated on.（彼女の手術は急を要する。）

3. 要求名詞パターン

proposal, recommendation, advice, suggestion, condition, desire, consensus, decision

- [ ] He is free to leave, on **condition** that he *commit* no further offence.
（彼がこれ以上違反を犯さないことを条件に出て行っても構わない。）

動名詞～ing を取る動詞をマスター！

　目的語に動名詞しかとることのできない動詞も TOEIC 文法の基本です。MEGAFEPS（メガフェプス）など頭文字の語呂で覚えた人も多いと思いますが、ここでは、次のような［目の前で生き生き体験・想像系］と［目の前に迫ったものを止める・避ける系］に分けてみましょう。

[目の前で生き生き体験・想像系動詞]
practice / imagine / consider / appreciate / admit / suggest / recommend

[目の前に迫ったものを止める・避ける系動詞]
escape / avoid / risk / give up / resist / deny / mind / miss / postpone

・動名詞の慣用表現
- [ ] There is no Ving「Vすることがない→Vすることができない」
- [ ] When it comes to Ving「Vするという話になると」
- [ ] What do you say to Ving?「Vするのはどうですか？」

- [ ] object to Ving 「Vするのに反対する」
- [ ] be worth Ving 「Vする価値がある」
- [ ] come near to Ving 「危うくVしそうになる」

・不定詞の慣用表現をチェック！
- [ ] to say nothing of ~ = not to mention ~ 「~は言うまでもなく」
- [ ] to begin [start] with 「まず初めに」
- [ ] be to blame for ~ 「~の責任がある」
- [ ] know better than to V 「Vするほど愚かではない」
- [ ] There is no (other) choice but to V
- [ ] do nothing but V 「Vする以外何もしない→Vばかりする」

Part 5 文法問題大特訓 3
800-900 点レベル

（制限時間 3 分）

1. When we started our overseas project twenty years ago, the future of the whole company was ------- stake.

   (A) at   (B) of   (C) in   (D) on

2. The new advisor to the organization was chosen ------- all other candidates.

   (A) off   (B) over   (C) out   (D) for

3. Mr. King's company submitted a bid ------- the new bridge construction to connect the two islands.

   (A) in   (B) for   (C) on   (D) to

4. All of the participants in the world championship are advised to sign up at the receptionist desk ------- entering the main hall.

   (A) about   (B) in   (C) for   (D) upon

5. According to the news, the police ------- the similar fraud cases since April.

   (A) have been looking into   (B) is looking into
   (C) has been looking into   (D) are looking into

6. ------- wishing to apply for the receptionist position is required to submit a job description as well as a resume.

   (A) Some   (B) Whoever   (C) Anyone   (D) Someone

7. The new chief has to know ------- is already skilled enough to train other engineers and who needs OJT.

   (A) who   (B) those   (C) whom   (D) someone

215

8. Thanks to the company's investment in plant and equipment, we can set ------- targets.

   (A) previous achieved
   (B) previously unachieved
   (C) previous unachieving
   (D) previously unachieving

9. It seems to be more cost-effective for us to improve our website ------- to place TV advertisements.

   (A) besides continue
   (B) than to continuing
   (C) instead of continuing
   (D) rather than continued

10. ------- that we have limited human resources, we have to encourage all employees to take advantage of opportunities to acquire new skills.

    (A) Having given   (B) Giving   (C) Having been given   (D) Given

解答と解説

1. 正解 (A) at
〈訳〉私たちが20年前に海外プロジェクトを始めた時には、会社全体の将来がかかっていた。
☞ 文脈は「会社全体の将来がかかっていた」なので、at が正解である。be at stake は「(生命・名誉などが) 危うい状態である、問われている、かかっている」というイディオムである。 860

2. 正解 (B) over
〈訳〉その組織の新しい顧問は、他のすべての候補者に優先して選ばれた。
☞ 文脈は「他のすべての候補者に優先して」なので、over が正解である。over の基本的な意味は「超えて」であるが、そこから派生して「～に優先して」、「～を負かして」という意味になる。 860

3. 正解 (B) for
〈訳〉キング氏の会社は、その2つの島をつなぐための新しい橋の建設の入札をした。
☞ 文脈は「新しい橋の建設の入札をした」なので、for が正解である。「～を落札する」なら submit a winning bid for となる。 900

4. 正解 (D) upon
〈訳〉世界大会への参加者は全員、大ホールに入り次第、受付にて登録を済ませてください。
☞ 文脈は「大ホールに入り次第」なので、「～するとすぐに」を意味する upon が正解となる。upon [on] を使った表現としては、他に upon [on] request (要求あり次第)、upon [on] arrival (到着次第)、on call (待機して)、upon[on] receipt (受領次第) などがある。 800

5. 正解 (A) have been looking into
〈訳〉ニュースによると、警察は同様の詐欺事件について4月から捜査を行っている。
☞ (the) police は常に複数形で使用される(the は省略可能である)。時制は since April とあるので「4月から現在まで」という意味になり、現在完了進行形である have been looking into が正解となる。 900

6. 正解 (C) Anyone

〈訳〉受付の職に応募を希望する方はいずれも履歴書だけでなく職務記述書を提出する必要があります。

☞ 「〜する人は誰でも」という場合、動詞が現在分詞（~ing）であればAnyoneにする必要がある。Whoeverを使う場合は、Whoever wishes to applyのように節の形にしなければならない。 860

7. 正解 (A) who

〈訳〉その新しい主任は、誰がすでに他のエンジニアに教育できるほど熟練していて、誰がOJTを必要としているかを知らなければならない。

☞ 「その新しい主任」が知らなければならないこと、つまりknowの目的語として2つのwho節がパラレルになっている文である。 800

8. 正解 (B) previously unachieved

〈訳〉会社の設備投資のおかげで、私たちは以前には達成されなかった目標を設定することができる。

☞ 文法と文脈上、「副詞＋他動詞の過去分詞」の形となり、「以前には達成されなかった」という意味のpreviously unachievedが正解となる。 800

9. 正解 (C) instead of continuing

〈訳〉私たちにとって、テレビに広告を出し続ける代わりにウェブサイトを改善する方が費用対効果が高いように思われる。

☞ (A)はbesidesの後がcontinuingでないと選べない。また、(B)はthan to continue、(D)はrather than continueならimproveとパラレルになって正解となる。従って、正解は(C)のinstead of continuingとなる。 860

10. 正解 (D) Given

〈訳〉人的資源が限られているので、我々はすべての従業員に、新しいスキルを獲得する機会を利用するよう奨励しなければならない。

☞ 文脈により、Given that節（〜を考慮に入れると、〜と仮定すると）を選ばなければならない。 860

いかがでしたか。さて次の大特訓はPart 5, 6, 7やリスニングでも頻出の重要副詞 far, well, way（強調表現）です。しっかりマスターしましょう。

990点をとるための 英文法大特訓：副詞

重要副詞をマスター！

far + 比較級・前置詞「ずっと、はるかに」

① **far + 比較級** 　□ The old system was **far better** than the new one.
　　　　　　　　　　（旧システムの方が新システムより**ずっと**よかった。）
② **far + 最上級** 　□ This is **(by) far the largest** city in this country.
　　　　　　　　　　（ここはこの国では**明らかに**最大の都市です。）
　　　　　　　　　　☞ (英)では by を省くことがある。
③ **far + 前置詞句** 　□ The task is **far beyond my ability**.
　　　　　　　　　　（その仕事は私の能力を**はるかに**こえている。）
④ **far +「評価・程度」の動詞**
　　　　　　　☞ **outshine, outnumber, exceed, prefer, exaggerate, reduce, underestimate, misjudge**
　　　　　　　など 大切！
　　　　　　　□ The advantages **far outweigh** the disadvantages.
　　　　　　　（メリットの方がデメリットより**はるかに**重要だ。）

well + 時・場所の副詞・前置詞「かなり、相当」

□ **well in** advance（**十分**前もって）
□ **well within** my capacity（**十分**私の対応**範囲内**の）
□ **well over** $100（100ドルを**相当**超えた）

way + 副詞・前置詞「ずっと、はるかに」

□ **way ahead**（ずっと前方に）
□ **way too** heavy（はるかに重すぎる）
□ **way before** the disaster（惨事より**ずっと前に**）

・その他の重要副詞
- ☐ **halfway up** the stairs（階段を**半分上がった**ところ）
- ☐ The window is **high up**.（窓は**高い所**にある。）
- ☐ **further along** the river bank（土手を**さらに進んだところで**）
- ☐ walk **alongside** on the street（通りを**並んで**歩く）
- ☐ The door swings **inward(s)**.（扉が**内部へ**閉まる。）

「最近」を表す副詞表現をマスター！

recently - lately

① 「現在」より少し前の「過去」のこと → 過去時制

Recently he **launched** a new business.（最近、彼は新たな事業を始めた。）

② 少し前の「過去」に始まって「現在」も続いていること → 現在完了

Consumers **have recently put** emphasis on food safety.
（最近、消費者たちは食べ物の安全性を重視している。）

I **haven't been** doing exercise **lately**.（最近運動していない）

☞ lately は習慣的な継続状態の場合には 現在時制 でも使用することがある。She is depressed **lately**.（最近、彼女は落ち込んでばかりいる。）

thesedays - nowadays

「過去」と対比した「現在」のこと → 現在時制
（「昔は〜」に対して「今日では〜」のニュアンス）

These days [**Nowadays**] much information is available on the Internet.
（昔と違って最近は、多くの情報がインターネットで入手できる）

☞ currently は「今まさに」というニュアンスになる。

Part 5 文法問題大特訓 4
900-990点レベル

（制限時間 3 分）

1. Our filmmaking company received a letter from the governor ------- the effect that she could accept our visit.

   (A) on   (B) in   (C) of   (D) to

2. Although Ms. Young is a popular TV personality and appears on TV almost every day, she is still ------- the payroll of the company.

   (A) in   (B) on   (C) over   (D) within

3. We should carry on negotiations to make a contract ------- the advantage of both the buyer and the seller.

   (A) to   (B) in   (C) on   (D) at

4. In order to increase the output by 5%, the factory that ------- would not hire new temporary workers will look for work-ready operators.

   (A) only   (B) it   (C) otherwise   (D) promptly

5. ------- en route to the International Convention Center where he was supposed to attend an academic meeting, Mr. Kelly got involved in the accident, but fortunately he was uninjured.

   (A) Since   (B) During   (C) Yet   (D) While

6. When I visited the client company, ------- go by taxi, I took the train to save transportation expenses.

   (A) I would rather   (B) after
   (C) preferring to   (D) rather than

7. If Ms. Brooks had finished making the sample when her customer visited her, why ------- it to him on that day?

   (A) didn't she hand   (B) did she hand
   (C) hadn't she handed   (D) had she handed

221

8. Dr. Perry, the founder of this hospital, is said to be credited ------- the unprecedented treatment results that are featured in the medical journal.

   (A) about   (B) for   (C) with   (D) to

9. Mr. Butler of XYZ Electric Corporation ------- to meet Ms. Gibson in the North Arrivals Lobby when her plane arrives at the airport.

   (A) is waiting   (B) will be waiting
   (C) will wait   (D) is going to wait

10. Mr. Knight, who has been a principal for ten years, ------- the lecturer at the education seminar this evening.

    (A) is   (B) was   (C) has been   (D) will be

解答と解説

1. 正解 (D) to
〈訳〉我々の映画制作会社は、我々の訪問を受け入れることができるという趣旨の手紙を知事から受け取った。

☞ to the effect that 節は「〜という趣旨の」という必須表現である。従って、to が正解となる。 **900**

2. 正解 (B) on
〈訳〉ヤング氏は人気のあるテレビタレントで、ほぼ毎日テレビに出演しているが、彼女はいまだにその会社で雇われている。

☞ payroll(賃金台帳、従業員名簿)に載っているという意味から、be on the payroll は「雇われている」という意味になる。従って、on が正解である。 **900**

3. 正解 (A) to
〈訳〉売り手と買い手の両方に有利になるように契約を結ぶため、私たちは交渉を続けるべきである。

☞ 文脈は「売り手と買い手の両方に有利になるように」であるから、to が正解である。to the advantage of 〜 は、「〜の有利となるように」という意味のイディオムである。 **900**

4. 正解 (C) otherwise

〈訳〉生産高を5％増加させるために、その工場はもしそうでなければ新しい臨時従業員を雇わないのだが、即戦力となるオペレーターを探すだろう。

☞ (A)、(B)、(D) は文が成り立たず、(C)otherwise [=if not] が正解である。otherwise が文の前半を受けて、If the factory didn't increase the output by 5%, the factory would not hire new temporary workers. という意味の仮定法を形成する。900

5. 正解 (D) While

〈訳〉学会へ出席することになっていた国際会議場へ行く途中、ケリー氏はその事故に巻き込まれたが、幸い無傷だった。

☞ en route to ~ は「~へ行く途中に」(on one's way to ~) という意味のイディオムである。この副詞句の主語 he は Mr. Kelly であり、文にすると he was en route to ~ となる。文脈から文頭における接続詞は While のみである。while の次に he was が省略されている。950

6. 正解 (D) rather than

〈訳〉その取引先企業を訪問した時、タクシーで行かず、交通費を節約するために電車で行った。

☞ A rather than B の A が take the train、B が go by taxi で呼応した形となっている。rather than 以下が前に出た形となっている。950

7. 正解 (A) didn't she hand

〈訳〉顧客が訪問した時にブルックス氏が見本を作り終えていたのなら、どうしてその日に彼女はそれを彼に手渡さなかったのか？

☞ この If 節は、仮定法ではなく直接法の過去完了（大過去）である。つまり、visited という過去のある時点よりも前の過去なので had finished となっている。文脈により、過去形の否定形にしないといけないので、didn't she hand が正解となる。950

8. 正解 (C) with

〈訳〉その医学雑誌で取り上げられた前例のない治療実績は、この病院の創設者であるペリー医師の功績だと言われている。

☞ credit 人 with 事、あるいは credit 事 to 人 の形で「[事] は [人] の功績とする」の意味であるから、with が正解である。950

9. 正解 (B) will be waiting

〈訳〉ギブソン氏の乗った飛行機が空港に到着する頃、XYZ電機株式会社のバトラー氏が彼女を出迎えるため、北到着ロビーで待っています。

☞ ビジネスの常識により、空港で出迎えるのは確定的な未来の予定であるため、will be waiting が正解である。is waiting は現在進行中で、それが未来につながっている場合に用いる時制で、例題の文脈は現在とはつながっていない未来の事柄を表す。will wait は「意志未来、単純未来、推量」、is going to wait は「意志未来または未来の予定」であり、意味が明確でないため不適当である。 950

10. 正解 (A) is

〈訳〉ナイト先生は10年間校長を務めているが、今晩の教育セミナーの講師である。

☞ 「今晩」につられて will be を選ぶと不確かな未来の推量になる。「決定している未来」の場合は、is が正しい。 900

いかがでしたか。問題のレベルは上がりましたか。そんなに変わらなかった人もいるかもしれませんが、難レベルであることは確かだと思います。
　では、次は前置詞について見てみましょう。

990点をとるための 英文法大特訓：前置詞①

前置詞 to のコンセプトと必須表現完全マスター！

to のコンセプトは、「**向かって着く**」で、そこから「**方向、一致、結果、所属、比較（対応）**」などの用法が生まれてきます。

・to を含む動詞表現
☐ **amount to** $1,000（千ドルに達する）　☐ **apologize to** him **for** being late（遅れたことを彼に謝る）　☐ **keep to** the left（左側通行を守る）
☐ **report to** Mr. Johns（ジョーンズ氏の部下になる）　☐ **add to** my savings（貯金を増やす）　☐ **look[turn] to** him **for** help（彼の助けを当てにする）　☐ **see to** it that it gets done（それが終わるように取り計らう）
☐ **cater to** the needs of customers（顧客の要求に応じる）　☐ **comform to** my supervisor（上司に従う）

・be ＋形容詞＋ to
☐ be **subject to** change（変更されることがある）　☐ be **parallel to** the road（その道と並行している）　☐ be **entitled to** the promotion（昇進の資格がある）　☐ be **attentive to** clients（顧客に気を使う）
☐ be **comparable to** other companies（他社と同等である）

・to を含む群前置詞
☐ **to the advantage** of consumers（消費者の有利に）　☐ **to the effect** that she will arrive tomorrow（彼女が明日到着するという趣旨の）

・to を含む名詞表現
☐ **addiction to** alcohol（アルコールに溺れること）　☐ **damage to** cables（電線の損傷）　☐ **clue to** the scene（現場の手がかり）　☐ **immunity to** a disease（病気への免疫）　☐ **legacy to[for]** posterity（後世への遺産）

前置詞 of のコンセプトと必須表現完全マスター！

　ofのコンセプトは「**所有（所属）**」で、そこから「**起源**」（made of~「～でできている」、die of cancer「ガンで死亡する」）と「**分離**」（independent of parents「親離れする」）の意味が生まれてきます。

・of を含む動詞表現
□ **assure** consumers **of** quality（消費者に品質を保証する）　□ **suspect** him **of** fraud（彼に詐欺の容疑をかける）　□ **keep** track **of** the story（話の流れを追う）　□ **taste[smell] of** garlic（にんにくの味［匂い］がする）　□ **warn** drivers **of** danger（運転手たちに危険を忠告する）　□ **convince** the jury **of** his innocence（陪審員に彼の無罪を納得させる　□ **relieve** the company **of [from]** its debt（会社から負債を取り除く）

・of を含む形容詞・副詞表現
□ be **worthy of** attention（注目に値する）　□ be **typical of** the region（その地域に特有である）　□ be **hard of** hearing（耳が遠い）　□ **out of sight**（見えない所に）　□ **out of work**（失業中で）　□ **out of the question**（不可能な）□ **out of breath**（息を切らして）　□ **out of service**（使用中止になって）　□ **of my own will**（自分の意志で）　□ **out of commission**（使用不能の）

・of を含む群前置詞
□ one week **ahead of** schedule（予定より1週間早い）
□ **irrespective [regardless] of** age（年齢に関係なく）

・of を含む数量表現
□ **dozens of** books（何十冊もの本）　□ **a series of** programs（一連のプログラム）　□ **a host of** problems（多くの問題）　□ **a handful of** employees（わずかの数の社員）　□ **scores of** people（多くの人々）

前置詞 on のコンセプトと必須表現完全マスター！

on のコンセプトは、「**オン！と機能し、続いて、接触し、加わり、影響を与え、依存する**」で、その全プロセスが "on" の意味になります。

・on を含む動詞表現

☐ **reflect on** the problem（その問題をよく考える）　☐ **work on** the car（車を修理する）　☐ **give up on** me（私を見捨てる）　☐ **look back on** my younger days（若かったころのことを思い出す）　☐ **pass** money **on** to Tom（トムにお金を渡す）　☐ **embark on** a new business（新事業に着手する）　☐ **fall back on** the idea（その考えに頼る）　☐ **elaborate on** the reasons（理由について詳しく述べる）　☐ **settle on** the date（その日に決定する）　☐ **draw on** my experience（自分の経験に頼る）　☐ **levy [impose]** a tax **on** the product（商品に税を課す）

・on を含む形容詞・副詞表現

☐ be **keen on** studying abroad（留学したがっている）　☐ **on average**（平均して）　☐ **on display**（展示して）　☐ **on purpose**（故意に）　☐ **on end**（続けて）　☐ **on the books**（名簿に載って）　☐ finish the job **on my own**（一人でその仕事を終える）　☐ **on hand**（手元にある）　☐ **on request**（請求があり次第）　☐ **on the road**（旅行中で）　☐ **on the market**（売りに出されて）

・on を含む群前置詞

☐ **on behalf of** the family（家族を代表して）　☐ **on board** the train（列車に乗っている）　☐ **on account of** his health（彼の健康のために）　☐ **on top of that**（それに加えて）　☐ **on the verge[brink] of** extinction（絶滅寸前で）

　さて、いかがでしたか。次は一般語彙問題大特訓に参ります。Part 5 で比較的難易度の高いのがこの「一般語彙問題」です。これは「英文法」や「派生語」と違って、問題のバリエーションが多く、語彙力の乏しい人にとっては難関のパートと言えます。

　そこでこのセクションでは、できるだけそういった漏れをなくすための大特訓を、練習問題と巻末のコロケーション音読アプローチを通して行います。問題を終えたら、ぜひ巻末についている別冊のリストを音読し、さらなるトレーニングを行って下さい。

Part 5 一般語彙問題大特訓 1
800-900点レベル

（制限時間 3 分）

1. It is our goal to obtain financial compensation on behalf of our clients for the injuries they have suffered due to a manufacturing company's -------.

   (A) negligence   (B) slight   (C) disregard   (D) overlook

2. The global household ------- market is expected to reach an estimated value of $324 billion by 2019, according to a report.

   (A) apparel   (B) appearances   (C) apparatus   (D) appliances

3. Many of the ------- that can be taken to reduce carbon dioxide emissions from power plants also reduce emissions of other pollutants.

   (A) stages   (B) steps   (C) levels   (D) grades

4. In accordance with customary practice, attorneys must attend the ceremony in formal -------.

   (A) attire   (B) ambivalence   (C) assembly   (D) approach

5. We are now far more likely to seek ------- for perceived injuries than we were a decade ago.

   (A) compensation   (B) commodity
   (C) compilation   (D) complacency

6. Our free baggage ------- uses a piece system, with a maximum weight of 23 kg for each piece of luggage.

   (A) permission   (B) consent   (C) estimation   (D) allowance

7. The cultural values of dialogue, good relationships and balance of ------- in Northern European countries support the idea of coaching.

   (A) incident   (B) insights   (C) interests   (D) instances

8. With wholesale cars, the goal is to get them in working ------- and make them presentable prior to sale.

   (A) charge   (B) order   (C) sequence   (D) progress

9. All public servants are under the ------- to devote themselves to their duties.

   (A) pledge   (B) auspices   (C) obligation   (D) authority

10. We headed for the headquarters on an ------- bus to attend the urgent meeting.

    (A) outrageous   (B) overnight   (C) occasional   (D) overdue

解答と解説

1. 正解 (A) negligence
〈訳〉メーカーの過失でこうむった怪我の経済的な補償を、クライアントのために勝ち取ることが、我々の目的である。

☞ 文脈から「過失」という意味の negligence が正解。(B) は minor slight（ちょっとした侮辱）、(C) は disregard for human life（人命軽視）、(D) は a scenic overlook（展望台）のように用いる必須語。 860

2. 正解 (D) appliances
〈訳〉レポートによると、世界の家電市場は 2019 年までに、推定価値が 3240 億ドルに達すると見込まれている。

☞ 文脈から household appliances（家電器具）が正解。the apparel industry（アパレル産業）、medical apparatus（医療器具）は TOEIC 必須表現。 800

3. 正解 (B) steps
〈訳〉発電所からの二酸化炭素の排出量を削減するためにとられる対策の多くは、他の汚染物質の排出も削減する。

☞ 文脈から「対策,措置」という意味の steps が正解。(A) は stage strike（ストライキを起こす）という動詞の用法が重要。 860

4. 正解 (A) attire

〈訳〉慣例にならい、弁護士はセレモニーには正装で出席しなければならない。

☞ 文脈から「服装」という意味の attire が正解。(B) の ambivalence は「迷い」、(C) general assembly は「総会」、(D) holistic approach は「全体的なアプローチ」は必須表現。 900

5. 正解 (A) compensation

〈訳〉10年前より現在は怪我と認められたものに対して補償を求める傾向がはるかに高くなっている。

☞ 文脈から「補償」という意味の (A) が正解。(B) commodity price は「商品価格」、(C) compilation は「編集」、(D) complacency は「自己満足」という意味なので不適切。 900

6. 正解 (D) allowance

〈訳〉本フライトの無料手荷物は1つのみで、最大許容量はそれぞれ23kgまでです。

☞ 文脈から「許容量」という意味の (D) が正解。(A) permission は「許可」、(B) consent は「同意」、(C) estimation は「見積もり」でいずれも TOEIC 必須。 860

7. 正解 (C) interests

〈訳〉北欧諸国では、対話、良好な人間関係、利害のバランスといった文化的価値観が、コーチングという概念を支えている。

☞ 文脈から「利益」という意味の interests が正解。(A) は without incident (無事に)、(B) は insight into the nature of ~（~の本質を見抜く力）、(C) は parochial interests（偏狭な利害）、(D) は previous instance（前例）のように用いる必須語。 860

8. 正解 (B) order

〈訳〉卸売りの車に関しては、販売前に正常な状態で公開できるようにしておくことが目標である。

☞ 文脈から in working order（使える状態で）という意味の (B) が正解。progress「進歩」、sequence「連続」は意味的に合わない。(A) は be charged with a crime（罪で告発される）のように動詞用法が重要。 900

9. 正解 (C) obligation
〈訳〉すべての公務員は職務に専念する義務がある。
☞ 文脈から「義務」という意味の (C) が正解。(A) under pledge は「約束で、誓いを立てて」、(B) under the auspices of ~ は「~の後援で」、(C) under the obligation（義務を負って）、(D) under the authority of ~ は「~の権限下で」、いずれも TOEIC 必須表現。 900

10. 正解 (B) overnight
〈訳〉緊急会議に出席するため、我々は夜行バスで本社に向かった。
☞ 文脈から「一夜を越える」という意味の (B) が正解。(A) は outrageous slander（とんでもない中傷）、(B) は overnight delivery（翌日配達）、overnight success（一夜の成功）、(C) は occasional visitor（時々来る客）、(D) は overdue bill（支払期日を過ぎた請求書）のように用いる必須語。 860

TOEIC 満点突破 一般語彙力診断

それではここであなたのTOEIC語彙力を診断してみましょう。次の100語のうち、すぐに意味が言えるものがいくつあるかチェックしてみてください。7割以上わかればAランク（860点）は取れるでしょう。

必須動詞

1. **allocate**「〜を配分する」 2. **audit**「監査する・聴講する」 3. **delegate**「職務を委任する」 4. **expire**「期限が切れる」 5. **franchise**「地域別独占販売権を与える」 6. **relocate**「移転させる」 7. **remedy**「治療する」 8. **renovate**「〜を改修する」 9. **streamline**「〜を合理化する」 10. **supervise**「〜を監督する」 11. **suspend**「〜を中止する」 12. **withdraw**「預金を引き出す」 13. **consolidate**「合弁する」 14. **contemplate**「じっくり考える」 15. **diversify**「多様化する」 16. **forward**「転送する」 17. **oversee**「監督する」 18. **preside**「議長を務める」 19. **procrastinate**「ぐずぐずする」 20. **redeem**「買い戻す」 21. **reinstate**「復職させる」

/21

必須名詞

1. **alteration**「変更」 2. **balance**「残額」 3. **morale**「士気」 4. **outlet**「小売店」 5. **payroll**「従業員名簿」 6. **pharmacist**「薬剤師」 7. **plumber**「配管工」 8. **quotation**「見積もり」 9. **realtor**「不動産業者」 10. **recipient**「受取人」 11. **remuneration**「報酬金」 12. **replacement**「交代者・交換物」 13. **subscription**「定期購読契約」 14. **subsidiary**「子会社」 15. **subsidy**「補助金」 16. **superintendent**「管理者」 17. **utilities**「公共料金」 18. **attire**「服装」 19. **backlog**「注文残」 20. **compensation**「報酬」 21. **compliance**「（法的）遵守」 22. **protocol**「手順・協定」 23. **sanction**「制裁、承認」 24. **specialty**「専門、名物」 25. **surveillance**「監視」 26. **turnover**「離職率、売り上げ、在庫回転率」 27. **proceeds**「売上金」 28. **mortgage**「住宅ローン」 29. **tax deduction**「税控除」 30. **remittance**「送金」

/30

必須形容詞・副詞

1. **comparable**「匹敵する」 2. **compatible**「互換性のある」 3. **complimentary**「無料の」 4. **durable**「耐久性のある」 5. **edible**「食べられる」 6. **furnished**「家具付きの」 7. **feasible**「実行可能な」 8. **outstanding**「顕著な、未払いの」 9. **overdue**「支払い期限の過ぎた」 10. **vocational**「職業訓練の」 11. **wholesome**「健康によい」 12. **apparently**「明らかに」 13. **deliberately**「故意に、慎重に」 14. **drastically**「徹底的に」 15. **eventually**「結果的に」 16. **exclusively**「独占的に」 17. **markedly**「著しく」 18. **promptly**「すばやく、きっかり」 19. **simultaneously**「同時に」 20. **specifically**「特に、具体的に」 21. **strategically**「戦略的に」 22. **subsequently**「続いて起こって」 23. **substantially**「かなり」 24. **thoroughly**「徹底的に」 25. **arbitrary**「恣意的な」 26. **outrageous**「法外な」 27. **perishable**「腐りやすい」 28. **remote**「辺ぴな、可能性の低い」 29. **demographically**「人口統計学的に」 30. **discreetly**「慎重に」 31. **inadvertently**「不注意に」 32. **tenaciously**「粘り強く」

/32

必須熟語

1. **take steps**「予防策をとる」 2. **credit 人 with 事**「(事)を(人)の功績と認める」 3. **in the event of**「〜の場合は」 4. **up to par**「基準に達している」 5. **immerse oneself in**「〜に没頭する」 6. **ascribe [attribute] A to B**「AをBのせいとする」 7. **be subject to 名詞**［動名詞］「〜を受けやすい」 8. **be entitled to do**（名詞［動名詞］も可）「〜の資格がある」 9. **be eligible for 〜**「〜の資格がある」 10. **at one's disposal**「〜の自由に使える」 11. **come into effect, take effect**「有効になる」 12. **coincide with 〜**「〜に一致する」 13. **bargain with 〜**「〜と交渉する」 14. **under obligation**「責任を負って」 15. **pass 〜 over for a promotion**「〜の昇進を見送る」 16. **pull over a car**「車を止める」 17. **exempt A from B**「AにBを免除する」

/17

合計：/100

Part 5 一般語彙問題大特訓 2
800-900 点レベル

（制限時間 3 分）

1. The station was crowded with people who had come to see the ------- train, as it was the last chance.

   (A) outgoing   (B) overall   (C) toxic   (D) trifling

2. As I thought that developing software would be -------, I determined to apply for the position.

   (A) vulnerable   (B) challenging   (C) hazardous   (D) essential

3. As a designer, you must free yourself of your ------- ideas, and create innovative products.

   (A) prominent   (B) intrinsic   (C) populous   (D) conventional

4. It is one of the two ------- airplanes that were designed by Mr. Swift's team three years ago.

   (A) independent   (B) individual   (C) identical   (D) inherent

5. The professor's book that will be published next month is a (an) ------- biography of prominent politicians.

   (A) authorized   (B) certified   (C) qualified   (D) attested

6. The coffee company that has chain stores throughout the country succeeded in the securement of ------- customers by using carefully selected coffee beans.

   (A) spacious   (B) frequent   (C) generous   (D) commercial

7. The morning assembly starts ------- at 9:00 a.m., so we make it a rule to check our emails beforehand.

   (A) temporarily   (B) presently   (C) sharply   (D) promptly

8. The theme park drew an ------- number of visitors when it started a new attraction using the cutting-edge technology.

   (A) unprecedented (B) acrimonious
   (C) instantaneous (D) inappropriate

9. When we prescribe this medicine, we must advise our patients to stop taking it if they feel any unexpected ------- effects.

   (A) converse   (B) adverse   (C) perverse   (D) inverse

10. The young entrepreneur outlined his ------- projects intended to stimulate local economies.

    (A) ambitious   (B) integral   (C) massive   (D) adverse

解答と解説

1. 正解 (A)　outgoing
〈訳〉最後のチャンスだったので、その出発する列車を見に来た人々で駅は混雑していた。
☞ (A)は「外に出て行く」という意味で、outgoing mailなどのように使う。人に使うと「社交的な」の意味もある。(B) overall expense（全体の経費）、(C) toxic chemical（有毒化学物質）、(D) trifling matter（つまらないこと）はいずれもTOEIC必須表現。 900

2. 正解 (B) challenging
〈訳〉ソフトウェアの開発はやりがいがあると考え、私はその職に応募することを決心した。
☞ 文脈から「(難しく)やりがいのある」という意味の(B)が正解。(A)は vulnerable species（危急種）、(B)は challenging situation（困難な状況）、(C)は hazardous chemicals（危険な化学薬品）、(D)は essential nutrients（必須栄養素）のように用いる必須語。 800

3. 正解 (D) conventional

〈訳〉設計者として、あなたは慣習的な考えから脱却して、革新的な製品を創り出さなければならない。

☞ 文脈から「世間一般の、従来の」という意味の (D) が正解。(A) は prominent lawyer（著名な弁護士）、(B) は intrinsic value（本質的な価値）、(C) は populous city（人口の多い都市）、(D) は conventional wisdom（世間一般の通念）のように用いる必須語。 800

4. 正解 (C) identical

〈訳〉それは、3年前スウィフト氏のチームによって設計された同型の航空機2機のうちの1機である。

☞ 文脈から「同一の」という意味の (C) が正解。(A) は independent of day and night（昼夜の区別がない）、independent country（独立国）、(B) は individual education（個別教育）、(C) は virtually identical quality（実質的に同一の品質）、(D) は inherent rights（生得権）のように用いる必須語。 860

5. 正解 (A) authorized

〈訳〉来月出版されるその教授の本は、著名な政治家たちの公認された伝記である。

☞ (A) の authorized（認可された）と (B) の certified（認定された）は使い分けが難しいように見えるが、前者は主に「組織、活動」を、後者は主に「人」を修飾する。公認会計士 (CPA) は、Certified Public Accountant のこと。(C) qualified applicant は「資格のある応募者」、(D) attested document は「証明文書」という意味。 900

6. 正解 (B) frequent

〈訳〉全国にチェーン店を持つそのコーヒー会社は、厳選されたコーヒー豆を使用することにより常連客の確保に成功した。

☞ 文脈から「頻繁な」という意味の (B) が正解。(A) は spacious accommodation（広々とした宿泊設備）、(B) は frequent flyer（頻繁に飛行機を利用する人）、(C) は generous contribution（惜しみない貢献）、generous with one's money（金離れがいい）、(D) は commercial district（商業地区）のように用いる必須語。 860

7. 正解 (D) promptly

〈訳〉朝礼が午前9時きっかりに始まるので、私たちは前もってEメールをチェックするようにしている。

☞ (D) promptly には「早急に」の他に、promptly at 〜 o'clock（〜時きっかりに）の用法が重要。(A) temporarily「一時的に」、(B) presently「現在」、(C) sharply「鋭く、急に」は文脈に合わない。sharply ではなく sharp を用いて at 9:00 a.m. sharp（午前9時きっかりに）ということはある。 ⓐ900

8. 正解 (A) unprecedented

〈訳〉そのテーマパークは、最新の技術を使った新しいアトラクションを始めた時、空前の人出を記録した。

☞ 文脈から「空前の、先例のない」という意味の (A) が正解。(A) は unprecedented victory（空前の勝利）、(B) は acrimonious dispute（辛辣な論争）、(C) は instantaneous adhesive（瞬間接着剤）、(D) は inappropriate remark（不適切な発言）のように用いる必須語。 ⓐ860

9. 正解 (B) adverse

〈訳〉この薬を処方する時は、患者が予期せぬ副作用を感じたら服用をやめるように忠告しなければならない。

☞ 文脈から「逆の、不利な」という意味の (B) が正解。(A) は converse view（正反対の見解）、(B) は adverse criticism（酷評）、adverse effect（副作用、悪影響）、(C) は perverse idea（ひねくれた考え）、(D) は inverse proportion（反比例）のように用いる必須語。 ⓐ860

10. 正解 (A) ambitious

〈和訳〉その若い起業家は、地方経済を活性化させるための野心的なプロジェクトの概要を述べた。

☞ 文脈上、ambitious（野心的な）が正解である。(B) an integral part of my life（私の生活で不可欠な部分）、(C) massive renovation（大規模な改装）、(D) adverse effect（逆効果）はいずれも TOEIC 必須表現。 ⓐ860

990点をとるための 英文法大特訓：品詞の活用

　Part 5 では、品詞がわかれば、即答できる問題がほとんどです。以下の名詞や形容詞を作る接尾辞をマスターしておくことは基本中の基本です。もれがないか確認してみましょう。

ＴＯＥＩＣテストで狙われる品詞の活用をマスター！

名詞を作る接尾辞と必須語彙

・「人」を表す接尾辞

(-ee)	employee（従業員），committee（委員会）
(-er)	shareholder（株主），employer（雇用主）
(-ist)	capitalist（資本家），economist（経済学者）
(-or)	supervisor（上司），predecessor（前任者）
(-t)	accountant（会計士），applicant（応募者）

・「抽象概念」を表す接尾辞

(-ance)	appliance（家電品），allowance（報酬）
(-ence)	confidence（自信、信頼），diligence（勤勉）
(-ency)	currency（通貨），efficiency（効率）
(-gy)	technology（技術），ecology（生態学）
(-ion)	application（申請），supervision（監督）
(-is)	thesis（論文），analysis（分析）
(-ity)	liability（責任），viability（実行可能性）
(-ment)	appointment（任命），impediment（障害）
(-ness)	competitiveness（競争力），weakness（弱さ）
(-ship)	trusteeship（理事の地位），scholarship（奨学金）

形容詞を作る接尾辞と必須語彙

- **(-able)** liable（責任のある），profitable（儲かる）
- **(-ble)** eligible（資格のある），accessible（近づける）
- **(-al)** clerical（事務の），statistical（統計の）
- **(-ial)** financial（財政の），essential（本質の）
- **(-ent)** transient（一時的な），solvent（支払い能力のある）
- **(-ant)** redundant（余剰の），abundant（豊富な）
- **(-ful)** grateful（感謝している），respectful（敬意を表している）
- **(-ic)** pragmatic（実用的な），specific（特定の）
- **(-ish)** lavish（浪費の），sluggish（不景気な）
- **(-ive)** intuitive（直感の），exclusive（独占的な）
- **(-less)** aimless（無目的の），groundless（事実無根の）
- **(-ous)** prosperous（繁栄している），simultaneous（同時の）

品詞問題重要表現

問題に難しいものがあるとすれば、出題文の構文が難しく空所に入る品詞が判定できない場合か、与えられた選択肢の単語の綴りから品詞を判定できない場合です。次のような語の品詞を知っておく必要があります。

①動名詞に見えるが、既に名詞とされる単語
　□ boarding「搭乗」　□ opening「空き」　□ shipping「出荷」
　□ understanding「理解」　□ warning「警告」

② -ly 形だが、形容詞の単語
　□ costly「高価な」　□ friendly「仲の良い」　□ hourly「1時間ごとの」
　□ timely「時期を得た」

③動詞と名詞が同じ形を持つ単語
　□ excuse「弁解（する）」　□ move「引越し（する）」
　□ need「必要（とする）」　□ review「レビュー（する）」

Part 5 一般語彙問題大特訓 3
900-990 点レベル

（制限時間 3 分）

1. You can learn trading online by ------- to a forum that offers basic rules based on supply and demand.

   (A) pondering
   (B) organizing
   (C) subscribing
   (D) corresponding

2. According to the Institute's regulations, no expenditure shall be incurred without the ------- of the committee.

   (A) event   (B) sanction   (C) remuneration   (D) convenience

3. There are certain ------- that must be accomplished prior to submitting an entry.

   (A) prerequisites
   (B) preferences
   (C) requirements
   (D) requisitions

4. TNT Corporation would prefer to see Mr. Evens ------- as CEO of the company, which he founded and built into a global chain, said a report.

   (A) reinstated   (B) distracted   (C) determined   (D) reprimanded

5. Written notice shall be completed by either the tenant or the landlord to provide notification of planning to ------- the premises.

   (A) sustain   (B) sweep   (C) vacate   (D) underline

6. The new CEO took his first steps to ------- the company on Monday by forcing five executives to leave the firm.

   (A) overhaul   (B) overtake   (C) overturn   (D) overlook

7. Her boss realized that he had ------- hurt her feelings during the heated discussion, so he explained to her what he actually meant.

   (A) reciprocally   (B) collectively   (C) preferably   (D) inadvertently

240

8. Most of the employees ------- refused the introduction of daylight saving time because it might cause health problems.

   (A) roughly   (B) categorically   (C) devotedly   (D) substantially

9. The railway company held an event to ------- its new train decorated in collaboration with the popular cartoon.

   (A) oversee   (B) unveil   (C) streamline   (D) procure

10. It is important for managers to ------- responsibility to their subordinates and enable them to make timely decisions by themselves when necessary.

    (A) delegate   (B) undergo   (C) speculate   (D) commute

解答と解説

1. 正解 (C) subscribing
〈訳〉需要と供給に基づいた基本ルールを教えてくれるフォーラムに参加して、オンラインで貿易について学ぶことかできる。
☞ 文脈から subscribe to a forum「フォーラムに加入する」という意味の (C) が正解。(A) ponder on [over/about] ~「~について熟考する」、(D) correspond to ~「~に一致する」は TOEIC 必須表現。950

2. 正解 (B) sanction
〈訳〉研究所の規則では、委員会の認可なしに、費用を負担することはない。
☞ 文脈から「認可」という意味の sanction が正解。(B) は economic sanctions（経済制裁）のように「制裁」の意味もある。(C) remuneration for directors（役員報酬）、(D) as a matter of convenience「便宜上」は TOEIC 必須表現。990

3. 正解 (A) prerequisites
〈訳〉登録する前に完了しておかなければならない一定の前提条件がある。
☞ 文脈から「前提条件」という意味の (A) が正解。(B) は preference for medical care（医療に対する好み）、(C) は requirements for admission（入学資格）、(D) は purchase requisition form（購入請求用紙）のように用いる必須語。900

4. 正解 (A) reinstated

〈訳〉TNT Corporation は、創業者であり世界的なチェーン店に発展させたエヴァンズ氏が、社の CEO に復帰するのを楽しみにしている、とレポートは述べた。

☞ 文脈から (A) reinstated「復帰させられた」が正解。(B) distracted「気をそらされた」、(C) determined「決意が固い」、(D) reprimanded「叱責された」はいずれも文脈に合わない。 950

5. 正解 (C) vacate

〈訳〉家屋を退去する計画を告知するために、テナントまたは家主が書面を作成しなければならない。

☞ 文脈から vacate the premises「家を立ち退く」が正解。(A) は sustain the objection（異議を認める）、(B) は sweep to victory（圧勝する）、(C) は vacate the sentence（判決を無効にする）、(D) は underline the importance（重要性を強調する）のように用いる TOEIC 必須語。 900

6. 正解 (A) overhaul

〈訳〉新 CEO は月曜日、5 名の管理職を首にすることで、会社の立て直しの第一歩を踏み出した。

☞ 文脈から「総点検する」という意味の overhaul が正解。(B) overtake one's rival「ライバルを追い越す」、(C) overturn a theory「学説を覆す」、(D) overlook a mistake「ミスを大目に見る」は文意に合わない。 900

7. 正解 (D) inadvertently

〈訳〉彼女の上司は白熱した議論の間に彼女の感情を不注意にも傷つけてしまったとわかったので、実際は何を言おうとしていたのか彼女に説明した。

☞ (D) inadvertently は「（悪意なく）不注意で」という意味。(A) reciprocally「相互に」、(B) collectively「集団で」、(C) preferably「できれば」は文脈的に合わない。 950

8. 正解 (B) categorically

〈訳〉従業員のほとんどが、サマータイムの導入は健康問題を引き起こすかもしれないという理由で断固拒否した。

☞ categorically は「断固として」という意味で、deny, refuse, reject のように「否定」を表す語と結びつく。(A) roughly「大体」、(C) devotedly「献身的に」、(D) substantially「大幅に」は文脈に合わない。 950

9. 正解 (B) unveil

〈訳〉その鉄道会社は、その人気漫画とコラボして装飾した新しい電車を公開するイベントを開催した。

☞ 文脈から「公開する」という意味の (B) が正解。「ベール［覆い］をとる」という意味である。(A) は oversee a project（プロジェクトを監督する）、(B) は unveil the statue（像の除幕式を行う）、unveil the mystery（謎を明かす）、(C) は streamline business operations（経営を合理化する）、(D) は procure the materials（材料を調達する）のように用いる TOEIC 必須語。 900

10. 正解 (A) delegate

〈訳〉マネージャーにとって、責任を部下に委任して、彼らが必要に応じて、自分自身でタイムリーな決定ができるようにすることは重要です。

☞ 文脈から「委譲する」という意味の (A) が正解。(A) は delegate responsibility to~（~に責任を委譲する）、be delegated to the conference（会議に代表として派遣される）、(B) は undergo an operation（手術を受ける）、(C) は speculate on the result（結果について熟考する）、speculate in stocks（株に投機する）、(D) は commute the sentence（刑を軽くする）、commute from A to B（A から B まで通勤［通学］する）のように用いる TOEIC 必須語。 950

いかがでしたか。問題の中には TOEIC ではまれにしか出題されない英検 1 級レベルのものもありますが、常に満点を狙う人はぜひマスターしておきましょう。

990点をとるための 英文法大特訓：前置詞②

Part 5 では、前置詞がからむ問題も重要です。とりこぼしのないように、以下の前置詞別必須表現をコンセプトと共にマスターしましょう。

前置詞 in のコンセプトと必須表現完全マスター！

in のコンセプトは「囲いの中」で、そこから「～の状態で、～に従事して、身につけて、～の範囲で、～に乗って、在宅して、流行して」などの意味が派生してきます。

・in を含む動詞表現
□ deal **in** books（本を商品として扱う） □ originate **in** America（アメリカから始まる） □ speculate **in** real estate（不動産に投機する） □ factor **in** labor costs（人件費を計算に入れる）

・in を含む形容詞・副詞
□ be instrumental **in** improvement（改善に役立っている） □ **in** a row（一列に） □ **in** due course（やがて） □ **in** effect（事実上） □ **in** progress（進行中で） □ **in** practice（実際には） □ **in** question（問題になっている） □ **in** person（自ら） □ **in** return（お返しに） □ **in** no time（すぐに） □ all **in** all（全般的に見て） □ **in** writing（文書で）

・in を含む群前置詞
□ **in** the event of an earthquake（地震の場合には） □ **in** excess of $3 million（300万ドルを超えて） □ **in** recognition of the outstanding performance（その顕著な業績を評価して）

・in を含む名詞表現
□ a major breakthrough **in** computer technology（コンピューター技術の大躍進） □ competence **in** managing people（人々をうまく扱う能力） □ enrollment **in** the school（その学校の入学者）

前置詞 for のコンセプトと必須表現完全マスター！

for のコンセプトは「**内部、外部の両方に向かう**」でそこから「**予定、交換、代用、原因、適合、基準**」などの用法が生まれてきます。

・for を含む動詞表現

☐ reach **for** the directory（住所録に手を伸ばす）　☐ register **for** the university（その大学の入学手続きをする）　☐ file **for** bankruptcy（破産を申請する）　☐ qualify **for**[as] an accountant（会計士の資格を取る）　☐ sue him **for** libel（名誉毀損で彼を訴える）　☐ trade my car **for** a new one（新車に乗り換える）　☐ make **for** the door（ドアに向かう）　☐ bid **for** the project（そのプロジェクトに入札する）☐ fill in **for** the supervisor（上司の代行をする）　☐ reimburse him **for** the travel expenses（彼に旅費の返済をする）

・be ＋形容詞＋ for

☐ be headed **for** the station（駅に向かっている）　☐ be intended **for** personal use only（個人使用向けのみである）　☐ be eligible **for** promotion（昇進の資格がある）　☐ be liable **for** the damages（その損害賠償に責任がある）　☐ be accountable **for** the negligence（その過失に対して説明責任がある）

・for を含む形容詞・副詞表現

☐ **for** sure（確かに）　☐ **for** nothing（無料で）　☐ **for** good（永久に）　☐ **for** sale（売り物の）　☐ **for** free（無料で）　☐ **for** the most part（大抵は）　☐ **for** now（今のところ）　☐ once and **for** all（これを最後に）

・for を含む群前置詞

☐ **for** the sake of my health（健康のために）　☐ be in the mood **for** traveling（旅行したい気分である）

さて、いかがでしたか。それでは今度は派生語に関する難問トレーニングにチャレンジしましょう。

Part 5 派生語問題大特訓 1
800-900点レベル

(制限時間 3 分)

1. All employees are subject to instructions from head office and responsible for the enforcement and ------- of company regulations.

   (A) observation (B) observant (C) observance (D) observatory

2. No matter what the building's ------- purpose is, the golden ratio should be used to determine its proportions.

   (A) eventful (B) eventual (C) event (D) eventfully

3. If you have evidence that supports a ------- reason for change, you must share it with your employees.

   (A) compelling (B) compelled (C) compulsory (D) compulsive

4. You are required to carry your ID card on the premises so that you are ------- as a research staff of this organization.

   (A) recognizably (B) recognize (C) recognizing (D) recognizable

5. According to a business report, William Tucker, CEO of Aero Inc., is resigning his post in March after 25 years of ------- to his company.

   (A) server (B) served (C) serving (D) service

6. The report makes a number of recommendations to bring safety and quality standards to ------- levels for this country.

   (A) acceptor (B) accepting (C) acceptance (D) acceptable

7. Rebecca Front stars in the lavish TV ------- of the novel by Anthony Trollope, a renowned English writer of the Victorian era.

   (A) adaptive (B) adoption (C) adaptation (D) adapted

8. Organizing teams that work ------- is an essential role that team leaders and coaches should play.

(A) collaborative
(B) collaborate
(C) collaboration
(D) collaboratively

9. CANDO and MCA consented to work towards establishing a minimum fee schedule ------- to both parties.

(A) agree (B) agreeable (C) agreeably (D) agreeing

10. City Fun membership requirement is a minimum ------- of three months with one month's notice for termination of membership in writing.

(A) commission (B) commit (C) committed (D) commitment

解答と解説

1. 正解 (C) observance
〈訳〉全従業員は本社の指令下にあり、社則の施行と遵守に対する責任がある。
☞ 「社則の遵守」だから observance が正しい。observation は「観察」、observant は「観察の鋭い」、observatory は「観測所」という意味。860

2. 正解 (B) eventual
〈訳〉建物の最終的な目的が何であれ、バランスを決めるには黄金比が使われるべきだ。
☞ 文意より「最終的な」に当たる eventual が正しい。eventual outcome は「最終結果」、eventful day は「出来事の多い日」という意味である。900

3. 正解 (A) compelling
〈訳〉もし変化のための説得力ある理由を裏付ける根拠があるなら、従業員と共有しなければならない。
☞ compelling reason「説得力のある理由」は TOEIC 必須。compulsive は compulsive gambler「病みつきのギャンブラー」、compulsory は compulsory education「義務教育」というように使う。900

4. 正解 (D) recognizable

〈訳〉敷地内ではこの組織の研究員であるとわかるように、ID カードを携帯することが義務付けられている。

☞ 空欄には形容詞が入るので recognizable（認識できる）が正しい。recognizably は「［副］すぐにわかるほどに」。**900**

5. 正解 (D) service

〈訳〉ビジネスレポートによると Aero 社の CEO、ウイリアム・タッカーは 25 年間の同社での勤務を終え 3 月に引退する。

☞ 名詞が入るが、文意より「奉公」を意味する service が正しい。serving は「一人前分、給仕」の意味。another serving は「おかわり」。**800**

6. 正解 (D) acceptable

〈訳〉その報告書は、この国の安全・品質基準を許容できる水準にまで引き上げるため多くの提言をしている。

☞ level を修飾していることから形容詞、かつ文意から acceptable（許容できる）が正解。名詞の acceptance は acceptance letter「合格通知」が重要。**900**

7. 正解 (C) adaptation

〈訳〉レベッカ・フロントは、ビクトリア朝時代の名高い英国作家アンソニー・トロロープの小説の豪華な TV 版で主役を演じる。

☞ 名詞が入り、「小説の TV 化」を意味する TV adaptation（TV による再現）が正しい。adoption は「採用、養子縁組」、adaptive（［形］適応できる）、adapted（［形］適合した）。**860**

8. 正解 (D) collaboratively

〈訳〉協力して働くチームを編成することは、チームリーダーやコーチが果たす必須の役割である。

☞ work を修飾しているから副詞形、即ち collaboratively が正しい。collaborate は「協力する」、collaborative は「協同の」の意味である。**800**

9. 正解 (B) agreeable
〈訳〉CANDO 社と MCA 社は、両者が同意する最低料金のスケジュール確定へ向けて動くことで同意した。
☞ 空欄には schedule を後ろから修飾する形容詞が入るため、agreeable（賛成の）が正しい。900

10. 正解 (D) commitment
〈訳〉City Fun 会員になる条件として、最低 3 か月の継続契約期間が必要で、退会するには文書により 1 か月前に告知する必要がある。
☞ 文意は「最低 3 か月の継続契約期間」だから commitment（契約上の義務）が正しい。commission は「手数料」、committed は「熱心な」という意味である。900

TOEIC 必須派生語 TOP60 はこれだ！Part 1

☆ **confirm** 730　**confirmed** 960　**confirmation** 730
　confirm a transaction（取引を**確認する**）, **confirmed** vegetarian（**筋金入りの**菜食主義者）, delivery **confirmation**（配達**確認**）

☐ **deduct** 730　**deductible** 860　**deductive** 860
　deduction 730
　deduct cost of operation（運転費用を**差し引く**）, **deductible** medical expense（**控除可能な**医療費）, tax **deduction**（税**控除**）

☆ **depend** 470　**dependable** 600　**dependence** 600
　dependent 860
　dependence on consumer preferences（消費者の嗜好への**依存**）, tax deduction for **dependents**（扶養家族控除）, **dependable** sales channels（**確実な**販売ルート）

☐ **expose** 600　**exposed** 600　**exposure** 730　**exposition** 860
　expose a fraud（詐欺を**暴く**）, **exposed** to ultraviolet rays（紫外線に**さらされる**）, **exposure** to toxic chemicals（有毒化学物質への**曝露**）, digital products **exposition**（デジタル製品の**展示会**）

☐ **initiate** 860　**initialize** 860　**initial** 730　**initiative** 600
　initially 730
　initiate legal proceedings（訴訟**を開始する**）, **initialize** an

Internet connection（インターネット接続**を初期化する**）, corporate **initiative**（企業**主導**）, **initial** budget（当初予算）

☆ **inquire** 730　**inquiry** 860
inquire about the train schedule（列車の発着時刻について**尋ねる**）, reply to your **inquiry**（**質問に答える**）

☐ **install** 730　**installable** 730　**installation** 860　**installment** 860
install a security camera（防犯カメラを**設置する**）, **installable** software（**インストール可能な**ソフト）, **installation** instructions（**取付**方法説明書）, **installment** plan（**分割払い**方式）

☐ **intensify** 730　**intense** 730　**intensive** 600　**intensity** 860
intensify one's restructuring efforts（リストラ**を一段と強化する**）, **intense** competition（**激しい**競争）, **intensive** program（**集中プログラム**）, **intensity** of illumination（照明の**強度**）

☆ **inviting** 950　**invitational** 730　**invitation** 700
inviting restaurant with terrace（テラス付きの**感じのよい**レストラン）, **invitational** match（**招待試合**）, **invitation** to failure（失敗の**誘因**）

☐ **organize** 470　**organic** 600　**organization** 470　**organ** 600
organize a labor union（労働組合**を組織する**）, **organic** farm products（**有機農産物**）, charity **organization**（慈善**団体**）, **organ** transplant（**臓器**移植）

☐ **prevent** 470　**preventive** 860　**preventable** 730　**prevention** 730
preventive medicine（**予防**医学）, **preventable** risk（**回避可能な**リスク）, crime **prevention**（犯罪**防止**）

☆ **vacate** 860　**vacant** 600　**vacancy** 730　**vacation** 470
vacate the premises（家**を立ち退く**）, **vacant** lot（**空き地**）, job **vacancy**（**求人**）, **vacation** with pay（有給休暇）

☐ **equate** 950　**equal** 470　**equality** 730　**equally** 600
equate wealth with success（富と成功**を同一視する**）, **equalize** hourly wages（時間当たり賃金**を均等化する**）, gender **equality**（男女**平等**）

☆ **indicate** 600　**indicative** 860　**indication** 730　**indicator** 730
indicate the errors（間違い**を指摘する**）, symptoms **indicative**

of anemia（貧血**を示す**症状），**indication** of inflation（インフレの兆し），**indicator** of health（健康の**指標**）

- **involve** 600　**involved** 600　**involvement** 730　**involving** 600
  politician **involved** in bribery（収賄に**関与した**政治家），employee **involvement**（従業員の**参画**），accidents **involving** two cars（2台の車**を巻き込んだ**事故）

☆ **project** 860　**projected** 860　**projecting** 950　**projection** 860
  project an image（イメージを**打ち出す**），**projected** dividend（**予想**配当），cost **projection**（価格**予想**）

- **sympathize** 860　**sympathetic** 730　**sympathy** 730　**sympathizer** 860
  sympathize with his suffering（彼の苦しみを**気の毒に思う**），**sympathetic** comment（**同情的な**論評），heartfelt **sympathy**（心からの**お悔やみ**），communist **sympathizer**（共産主義の**同調者**）

☆ **refine** 730　**refined** 860　**refinement** 950　**refinery** 950
  refine the technique（技術を**改良する**），**refined** grain（**精製された**穀物），cultural **refinement**（文化的に**洗練されていること**），oil **refinery** industry（石油**精製**業）

- **require** 600　**requisite** 950　**requirement** 730　**requisition** 950
  required reading（**必読書**），**requisite** qualifications（**必要な資格**），**requirements** for admission（入学**資格**），**requisition** for supplies（補給品の**請求用紙**）

- **access** 730　**accessible** 730　**accessibly** 730
  access information（情報**を呼び出す**），have **access** to the document（その文書**を利用する**ことができる），**accessible** to all employees（全ての従業員が**利用できる**）

☆は特に重要な派生語グループです。

Part 5 派生語問題大特訓 2
800-900 点レベル

（制限時間 3 分）

1. Callaway Golf Company announced a 6.5% increase in net sales from the ------- quarter last year.

   (A) compared   (B) comparable   (C) comparison   (D) comparative

2. If you are paying the ------- on time to the insurance policy it would be easier for you to complete the insurance terms.

   (A) install
   (B) installments
   (C) installation
   (D) installment

3. According to a business report, revenues from 55 stores of Tegmans Food Inc. ------- $10 billion last year.

   (A) near   (B) nearly   (C) neared   (D) nearing

4. They say that the negotiations have been carried out with the utmost -------.

   (A) discretion   (B) discreet   (C) discrete   (D) discretionary

5. ABC Company shall obtain supplies and services at the lowest ------- cost and use a system of competitive bidding.

   (A) practiced   (B) practicing   (C) practiceable   (D) practicable

6. Since the economic climate has been bleak, you are advised to revise your sales ------- for the next quarter.

   (A) project   (B) projection   (C) projected   (D) projecting

7. The law does not apply to contracts that already permit customers to terminate an automatically ------- contract period.

   (A) extensive   (B) extension   (C) extending   (D) extended

252

8. The ------- position requires different and more challenging skills that the employee may not possess.

　(A) managing　(B) managerial　(C) manageable　(D) managed

9. We have appreciated the attentive service and some of the ------- items on the menu at the restaurant.

　(A) specialed　(B) specialty　(C) specific　(D) specialized

10. DTE Inc. provides services for social ------- such as annual balls and dinners for our community.

　(A) function　(B) functionary　(C) functions　(D) functionality

解答と解説

1. 正解 (B) comparable
〈訳〉Callaway Golf 社は昨年の同四半期よりも実質的な売り上げが 6.5% 上昇したと発表した。
☞ 形容詞が入るが、意味を考えると "相当する四半期" となるから comparable が正しい。comparative advertising（比較広告）、global comparison（国際的な比較）。900

2. 正解 (B) installments
〈訳〉保険契約通りに分割払いをしている場合は、保険期間を完了する方が容易であろう。
☞ 文意は「分割払いを続ける」であり、installment は「一回分の分割払込金」のため不可で、複数形の installments が正しい。install は「設置する」、installation は「設置」という意味である。900

3. 正解 (C) neared
〈訳〉ビジネスリポートは、Tegmans Food 社の 55 店舗の昨年の売り上げは、100 億ドル近くになったと伝えている。
☞ 空欄には文を成立させるために動詞が必要であり、last year とあるので、過去形の neared が正しい。900

4. 正解 (A) discretion

〈訳〉交渉は自由裁量を最大限に持たせて進められているとのことだ。

☞ 名詞が入るため discretion（思慮分別、自由裁量）が正解。discretionary（自由裁量のある）、discreet（思慮深い、慎重な）、discrete（別々の）はどれも形容詞で不可。 **900**

5. 正解 (D) practicable

〈訳〉ABC 社は実行可能な最安値で備品やサービスを調達し、競争入札システムを利用するだろう。

☞ 文意は「実行可能な値段」であるので practicable が正しい。practicing は「開業している」、practiced は「熟練した」。practiceable という単語はない。 **900**

6. 正解 (B) projection

〈訳〉経済の見通しが暗いので、次の四半期の売上予想を改定した方がよい。

☞ 「次の四半期の売上予想を改定する」という文意に沿うのは projection（予測）。project は「[動] 打ち出す、[名] プロジェクト」、projected は「予想された」、projecting は「突出した」という意味である。 **860**

7. 正解 (D) extended

〈訳〉この法律は、自動延長された契約期間を顧客が終了することをすでに認めた契約には適用されない。

☞ 文意は「延長された契約期間」だから extended が正しい。extensive は「広範囲にわたる」、extension は「延長」という意味である。 **800**

8. 正解 (B) managerial

〈訳〉管理職には、従業員が持ち合わせていないかもしれない、異なった、より難しいスキルが求められている。

☞ managerial position（管理者の地位）は TOEIC 頻出表現。managing は「管理している」、manageable は「管理できる」、managed は「管理された」でいずれも文意に合わない。 **860**

9. 正解 (B) specialty
〈訳〉そのレストランのメニューにある名物料理と気配りのよいサービスを我々は高く評価してきた。

☞ specialty は「(ある人や地域の) 名物料理」で文意にあう。specific は「特定の、特有の」、specialized は「専門化した」という意味である。 860

10. 正解 (C) functions
〈訳〉DTE 社は地域のために毎年恒例のダンスパーティやディナーなどの社交行事のための奉仕を行っています。

☞ 「～のような社交行事」は social functions such as ～ である。また function は「行事」の意味では可算名詞だから複数形にする必要がある。従って functions が正しい。functionary は「職員」、functionality は「機能性」という意味である。 900

TOEIC 必須派生語 TOP60 はこれだ！Part 2

☐ **argue** 470　**argument** 470　**argumentative** 860　**arguably** 860
argue with him about the problem（彼とその問題について**議論する**）, **argument** against capital punishment（死刑反対**論**）, **argumentative** employee（**議論好きな**従業員）, **arguably** the best actor in this century（**ほぼ間違いなく**今世紀最高の俳優）

☆ **attention** 470　**attentive** 600　**attentiveness** 730　**attentively** 600
attentive audience（**熱心に聴く**聴衆）, hear the presentation **attentively**（プレゼンを**注意して**聴く）

☆ **medicine** 600　**medical** 600　**medicinal** 860　**medication** 730
clinical **medicine**（臨床**医学**）, **medical** care（**医療的**ケア）, **medicinal** properties（**薬効**成分）, **medication** cost（**薬剤費**）

☆ **refer** 730　**referral** 860　**reference** 950
refer to the brochure（カタログ**を参照する**）, **refer** to his supervisor for his achievement（彼の上司に彼の

業績を照会する), referral to a specialist（専門家への委託）, reference book（参考図書）, reference a database file（データベースファイルを参照する）

☆ residential 600　residence 600　resident 860
residential certificate（住居証明書）, official residence（公邸）, resident of Chicago（シカゴの住民）

☆ eventual 860　eventful 730　event 470　eventually 860
eventful year（多事な年）, eventually become obsolete（最終的には古臭くなる）

☐ frequent 730　frequency 600　frequently 600
frequent a pawnshop（質屋通いをする）, frequent flyer（頻繁に飛行機を利用する人）, frequency of administration（薬の投与の頻度）

☐ inspect 600　inspection 470　inspector 600　inspecting 600
inspect the books（帳簿を調べる）, inspection of cargo（積荷検査）, customs inspector（税関の検査官）

☐ measure 600　measurable 860　measurement 600
take measures against inflation（インフレ対策をする）, measurable quality（測定可能な品質）, metric measurement（メートル法）

☆ persuade 470　persuasive 730　persuasion 600　persuasively 730
persuade him to buy it（彼を説得してそれを買わせる）, persuasive argument（説得力のある議論）

☆ recognize 600　recognizable 860　recognition 600
recognize him（彼と気付く）, recognize the value（価値を認める）, recognizable modification（見分けがつく変形）, recognition of expense（費用の承認）

☐ redeem 860　redeemable 950　redeemed 950　redemption 950
redeem a mortgage（抵当を取り戻す）, redeemable rights（買戻し権）, redeemed sinner（救われた罪人）, redemption at

maturity（満期償還）

☆ **validate** 730　　**valid** 600　　**validity** 730　　**validly** 730
validate an agreement（協定**を承認する**），**valid** procedure（**妥当な**手順），**validity** of letter of credit[L/C]（信用状**有効期限**）

☐ **admire** 470　　**admirable** 600　　**admiration** 600
admirably 730
admirable deeds（**立派な**行い），
admiration for his achievement（彼の業績への**称賛**）

☐ **attribute** 730　　**attributable** 860
attribute my success to him（自分の成功を彼**のおかげと考える**），**attributable** to carelessness（不注意**による**），**attribution** of income（所得の**帰属**）

☐ **consult** 600　　**consultant** 600　　**consultation** 860
consumer affairs **consultant**（消費者問題**コンサルタント**），free medical **consultation**（無料医療**相談**）

☐ **describe** 600　　**descriptive** 860　　**describable** 860
description 730
descriptive brochure（説明用パンフレット），
indescribable feelings（表現できない感情），
detailed item **description**（詳しく**記載された**商品**説明**）

☆ **convert** 730　　**convertible** 860　　**conversion** 860
convert a warehouse into a factory（倉庫を工場に**改造する**），**convertible** bond（**転換**社債），**conversion** rate（**換算**レート）

☐ **contend** 860　　**contentious** 860　　**contention** 860
contender 950
contentious issue（**論議を呼ぶ**問題），bone of **contention**（**不和の種**），major **contender**（有力な**対抗馬**）

☐ **experiment** 600　　**experimental** 730　　**experimentation** 860
experiment with new methods（新しい方法の**実験**），
experimental apparatus（**実験**装置），**experimentation** phase（**実験**段階）

☆は特に重要な派生語グループです。

Part 5 派生語問題大特訓 3
900-990 点レベル

（制限時間 3 分）

1. The political leaders are to discuss what ------- the global warming will have for the world in the coming decades.

   (A) implicated   (B) implications   (C) implicating   (D) implication

2. This is not an ------- list of the benefits that an organization can realize in treating the CBT supply chain strategically.

   (A) exhaustible   (B) exhaustive   (C) exhausted   (D) exhausting

3. The business proposal submitted to the supervisor should be written ------- so that they cannot be misinterpreted.

   (A) expressive   (B) expressively   (C) expressing   (D) expressly

4. Gift certificates are ------- for merchandise only, and cannot be reissued if lost or stolen.

   (A) redeemed   (B) reimbursed   (C) redeemable   (D) waived

5. If you cancel a monthly premium plan, you'll be able to use the service for the ------- of the month for which you've already paid.

   (A) remains   (B) remained   (C) remaining   (D) remainder

6. Applications for major ------- of a dwelling house require notice to property owners within 200 feet.

   (A) alternations   (B) alternatives   (C) alterations   (D) alternate

7. Ms. Parker was promoted to a vice president because she made an ------- contribution to the institute.

   (A) exceeding   (B) excessive   (C) excess   (D) exceeded

8. The most ------- explanation for rising inequality is the elusive idea of globalization.

   (A) favored   (B) favorite   (C) favor   (D) favoring

9. In order to survive in a cutthroat market, every business must strive to have a ------- edge over its contenders.

　(A) competitions　　　　　(B) competitor
　(C) competence　　　　　 (D) competitive

10. It is imperative that we launch a sales campaign to persuade ------- customers into buying our new merchandise.

　(A) intentional　(B) intending　(C) intended　(D) intent

解答と解説

1. 正解 (B) implications
〈訳〉政界のリーダーたちは地球温暖化が数十年後に世界にもたらす影響について話し合うことになっている。
☞ will have の目的語、即ち名詞形が入るので implications が正しい。「影響、予測される結果」という意味では、通例 implications と複数形である点に注意。 950

2. 正解 (B) exhaustive
〈訳〉これは CBT サプライ・チェーンを戦略的に扱うことで、組織が手にする利点を網羅したリストではない。
☞ 文意は「利点を網羅したリスト」だから exhaustive「徹底的な (=thorough)」が正しい。exhaustible は「使い尽くしうる」、exhausted は「疲れきった」、exhausting は「疲労の激しい」という意味である。 990

3. 正解 (D) expressly
〈訳〉監督者に提出する全てのビジネス・プロポーザルは誤解されないように明確に書かなくてはいけない。
☞ be written を修飾しているから副詞形の expressly (明確に) が正しい。expressively は「表情豊かに」の意の副詞で、文意に合わない。 950

259

4. 正解 (C) redeemable

〈訳〉商品券は商品にのみ交換できます。紛失や盗難にあわれた場合の再支給はできません。

☞ 文意は「商品と交換できる」だから redeemable が正しい。redeemed は「救われた」、reimbursed は「払い戻された」、waivered は「免除された」、という意味である。 **990**

5. 正解 (D) remainder

〈訳〉月々のプレミアムプランをキャンセルした場合も、すでに支払った月の残りの期間に関しては、サービスを利用することができる。

☞ 空欄には名詞が入り、題意より「残り」を意味する remainder が正しい。口語ならば rest の方が普通であるが、ビジネス文書では remainder もよく使われる。remains は「遺跡」の意味である。 **950**

6. 正解 (C) alterations

〈訳〉住居に大幅改築をする場合は、200 フィート以内の土地所有者に対して通達をしなければならない。

☞ 文意は「住居の大幅改築」だから alterations が正しい。alternatives は「代替え案」、alternations は「交替」、alternate は「交互の」という意味である。 **900**

7. 正解 (A) exceeding

〈訳〉パーカー氏は協会に並々ならぬ貢献をしたため、副会長に昇格した。

☞ 文意は「惜しみない貢献をした」だから exceeding（並々ならぬ）が正しい。excessive は「過度な、度を越した」、excess は「超過」という意味。 **950**

8. 正解 (A) favored

〈訳〉不平等の高まりについては、捉えどころのないグローバル化という概念で最もよく説明される。

☞ 「〜に関して X との説明が最もよくなされている」は The most favored explanation for 〜 is X で表現できる。favor は「[名] 親切な行為、[動] 〜の方を好む」、favorite は「お気に入りの」という意味。 **950**

9. 正解 (D) competitive

〈訳〉過酷な市場で生き残るためには、各企業が競争力で相手に勝つよう必死で努力しなければならない。

☞ 「〜に競争力で勝つ」は have a competitive edge over 〜 である。competition は「競争」、competitor は「競争相手」、competence は「能力」という意味で文意に合わない。**900**

10. 正解 (C) intended

〈訳〉対象とする消費者が我が社の新商品を購入したくなるような販売キャンペーンを打つことが必須である。

☞ 文意より「対象とする消費者」だから intended が正しい。intentional は「故意の」、intending は「〜志望の」（intending teacher「教員志望者」）、intent は「熱心な」「意図」という意味である。**950**

TOEIC 必須派生語 TOP60 はこれだ！Part 3

☐ **alarm** 730　**alarming** 860
　alarm legislators（立法者を慌てさせる）, at an **alarming** rate（驚異的な上昇率）

☆ **administer** 860　**administrative** 860　**administration** 730
　administer a company（会社を管理する），
　administer medicine（薬を投与する），
　administrative accounting（管理会計），**administration** cost（管理費）

☆ **devote** 600　**devoted** 730　**devotion** 730
　devote oneself to one's business（業務に専念する），
　devoted clientele（熱心な顧客），**devotion** to work（仕事に対する専念）

☆ **enthusiastic** 600　**enthusiasm** 600　**enthusiast** 730
　enthusiastic about the proposal（その提案に熱心な），
　enthusiasm for the research（その研究に対する熱意），
　do-it-yourself **enthusiast**（日曜大工が好きな人）

☆ **payable** 730　**payment** 730　**payer** 730　**payee** 860
　payable in arrears（後払いの），income-tax **payer**（所得税納税者），

payee's receipt（受取人の領収書）

☆ **revise** 600　**revised** 600　**revision** 730
revise a dictionary（辞書を改訂する）, **revised** edition（改訂版）, **revision** and enlargement（改訂増補）

☆ **select** 470　**selective** 600　**selection** 600　**selectively** 730
select a candidate（候補者を選ぶ）, **selective** shopper（選択眼のある買い物客）, assorted **selection**（えり抜きの詰め合わせ品）, bind **selectively** to human keratin（人間のケラチンと選択的に結合する）

☆ **specify** 600　**specific** 600　**specification** 730　**specifically** 600
specify a brand（銘柄を指定する）, **specific** assets（特定の要因）, **specification** change notice（仕様変更通知）, **specifically** designate the area（そのエリアを特別に指定する）

☐ **verify** 860　**verifiable** 950　**verification** 860
verify an invoice（インボイス内容を照合する）, **verifiable** evidence（立証できる証拠）, **verification** of balance（残高の照合）

☆ **acceptable** 730　**acceptance** 730
accept credit cards（カードで支払える）, **acceptable** alternative（受け入れられる代案）, **acceptance** speech（受諾演説）

☐ **allegation** 860　**allegedly** 860
allegation of corruption（不正行為疑惑）, **allegedly** involved in the robbery（伝えられるところによると、その強盗事件に関係しているらしい）

☐ **define** 730　**definite** 730　**definitive** 860　**definition** 730
definite goal（明確な目標）, **definitive** travel guide on Paris（パリ旅行ガイドの決定版）, ambiguous **definition** of the medical term（その医療用語のあいまいな定義）

☐ **function** 860　**functional** 730　**functionality** 860
functions of managers（管理職能）, social **functions**（社交的な式典）, **functional** building（機能的な建物）, **functionality** requirements of OS（OSに求められる機能性）

☐ **inspire** 730　**inspiring** 730　**inspirational** 860

inspiration 600
inspiring success story（**奮い立たせる**サクセスストーリー），
inspirational leader（**ひらめきを与える**指導者），
draw inspiration from the new supervisor（その新しい上司の**影響を受ける**）

☐ issue 730　issuing 860　issuance 860
issue a check（小切手**を振り出す**），issuing agent（**発行**人），
issuance of a visa（ビザの**発行**）

☆ serve 600　service 730　serving 860
serve as a model（手本に**なる**），service a car（車**を補修する**），
train service（列車の**運転**），a large serving of salad（サラダの大**盛り**）

☆ supervise 730　supervisor 600　supervision 860
supervise a project（プロジェクト**を監督する**），
immediate supervisor（直接の**上司**），supervision of an appeal（上訴の**管理**）

☆は特に重要な派生語グループです。

以上で、Part 5 の語法・文法問題の満点突破トレーニングはすべて終了です。Part 6 にもつながる大事なトレーニングですので、何度もくり返してマスターして下さい。次は Part 6 です。

TOEIC セクション別スコア予測

Part 5

本章の全 100 問で

70 問以上取れる人	→	何回受けても Part 5 で満点が取れる実力の持ち主です！
60 問取れる人	→	Part 5 で満点が取れる可能性のある実力の持ち主です！
50 問取れる人	→	Part 5 で 9 割が取れる実力の持ち主です！
40 問取れる人	→	Part 5 で 8 割が取れる実力の持ち主です！
30 問取れる人	→	まだ大きな伸びしろがあります！ Part 5 の特訓に励みましょう！

第6章

Part 6
長文穴埋め問題
満点突破攻略法
&
トレーニング

Part 6 満点攻略法

　新形式 TOEIC の Part 6 は、今までの 12 問（3 問×4 パッセージ）から **16 問（4 問×4 パッセージ）に増えました**。各パッセージには文挿入問題が増え、読む分量も増したことから一般的な受験者にとって負担が増えたパートと言えるでしょう。

　問題タイプの内訳は、各パッセージ 4 問のうち、3 問が語・語句挿入問題で、1 問が文挿入問題です。1 パッセージの本文の語数は 100 語前後で（90 語～ 120 語程度の幅あり）、文挿入問題で挿入すべき 1 文の長さは 10 語程度です。また、答えの選択肢はすべて文章の枠の外に示されます。

　Part 6 の対策法は Part 5 と Part 7 を部分的に合わせたものとなり、**Part 5 の文法と語法を徹底的にマスターすること**と、**Part 7 で必要とされる速読と論理的な読み方を駆使すること**、の 2 点に集約されます。

新形式！ Part 6 満点突破攻略法はこれだ！

　Part 6 の満点突破 8 大攻略法は以下のとおりです。これらのポイントに注意して、迅速に解きながら満点を目指しましょう。

1. 一通り全体を読む。

　満点を狙う上級受験者なら、初中級受験者向けの本によく書いてある、省エネ的な解き方（例えば「下線部の周囲だけ読んで解くようにする」）は忘れ、**全部読みましょう**。満点を取るには全てを確実にしなくてはいけないため、飛ばしながら読んでいると結局はまた読み直さなくてはならず、時間のロスになるからです。特に Part 6 は 1 パッセージ 100 語程度と短いので、満点を狙う人なら 30 秒ぐらいで読んでください。

2. 品詞問題・機能語問題・関係詞問題と単語・コロケーション問題の一部は読みながら解く。

　本文を読みながら解ける語・語句挿入問題は読みながら解答し、時間を節約します。Part 6 で登場する語・語句挿入問題を分類すると 2 つに分けられます。いわゆる**文法問題**と**単語・コロケーション問題**ですが、内容

によって**即決できるもの**（その空所がある 1 文だけを見ればよい）と**文脈を見なければならないもの**(文を超えたレベルで読まなければいけない)があります。

以下のようなものは**即決（1 文確認のみで決まり）の文法問題**で、Part 5 の文法問題と同じ要領で解答することができます。

・品詞問題

語幹が同じで異なる品詞が選択肢に並んでいるもの。

I would like to ask an one-week ------- of the deadline.
(A) extensive　　(B) extend　　(C) extension　　(D) extensively

・機能語問題

前置詞・接続詞・副詞・接続副詞がミックスされているもの。

------- he graduated from college, he has been working for our company.
(A) Among　　(B) Even　　(C) However　　(D) Since

この例のように選択肢の品詞が異なれば((A) 前置詞　(B) 副詞　(C) 接続副詞　(D) 従位接続詞・前置詞)、意味を考えなくても解くことができますが、同じ品詞が複数あれば、文の意味を理解しておく必要があります。ちなみに副詞の even はよく distractor（不正解の選択肢）として出題されます。

・関係詞問題

wh ～の形、that、また代名詞が混じっていることも。ちなみに関係詞も機能語の一部です。

There are some cases ------- this rule does not apply.
(A) that　　(B) where　　(C) what　　(D) by which

次に、以下のような文法問題は、1 文だけである程度答えを絞れる場合もありますが、答えを確定するには、**より大きな文脈を理解しておく**必要があります。

・代名詞問題

Part 5 とは異なり、代名詞の格が同じで人称が異なるものが選択肢となっています。

------- are happy to offer you a special promotional service.
(A) You　　　(B) We　　(C) They　　(D) It

　　(D) は文法で消え、(A) も論理的に消えますが、(B) か (C) かは文脈を見て代名詞が何を指しているか確認する必要があります（TOEIC のパターンから答えはおそらく (B)）。

・接続副詞問題

　文と文との関係性を表すので、少なくとも前後の 2 文を読む必要があります。

… . -------, 80 percent of local farmland was converted into soybean fields.
(A) As a result　(B) Nevertheless　(C) In addition　(D) Meanwhile
これは、前文の … の部分が分からなければどうしようもありません。

・動詞問題

　動詞の形を問う問題です。

A ceremony ------- to mark the opening of the new line.
(A) was held　(B) will be held　(C) is holding　(D) have been held

　　(C) は態が能動態、(D) は主語と動詞の数が一致していないので消去されます。(A) 過去のことなのか (B) 未来のことなのかは他の部分を読まなければわかりません。でもたいていは過去の話なのか未来の話なのかをチェックすれば事は足ります。TOEIC に複雑な時制は登場することはありません。

・単語・コロケーション問題

　単語・コロケーション問題に関しては即決かより大きな文脈を見るか**ケースバイケース**です。

Let me introduce you to a noted -------, Stephen Kline.
(A) scientist　(B) novelist　(C) designer　(D) engineer

　noted（著名な）の後には人を表すものが続くので、この文だけでは答えを選ぶことはできません。

Please ------- us of any changes to the flight schedule.
(A) notify　(B) tell　(C) give　(D) communicate

　動詞がとる構文が分かっていれば（notify 人 of ～「～について人に知らせる」）、この文だけで解くことができます。

つまり、上記の例の中で、読みながら解いてもあまり負荷のかからない問題（品詞問題・機能語問題・関係詞問題、単語・コロケーション問題の一部）は、さっさと片付けていくのが時間の節約となるでしょう。

3. Part 5 の文法問題は徹底的に確認しておく。

文法問題を落とすと、満点はあり得ません。上級者でも、接続詞、接続副詞、副詞の違いが分かっていないことがあるので身に覚えのある人はしっかりと確認を！

4. 語句の増強と語法の確認は欠かさない。

全問正解を達成できるかどうかは、結局は上級の単語や語法を分かっているかどうかにかかっています。難解語彙の場合、答えを即決出来なくても、3つの不正解選択肢を外すという消去法で正解を選べるレベルには到達しておきましょう。

5. 接続副詞は英語のままの感覚で身につける。

接続副詞は文と文とを意味的につなぐので、日本語訳だけではニュアンスがつかめないことも多々あります。Part 7 の攻略にも役立ちますが、Part 6 で全問正解するには、接続副詞をマスターすることが重要です。日本語訳だけではなく複数の例文を抜き出して、英語の感覚で意味をつかむようにしましょう。

6. Coherence（首尾一貫性）を意識する。

首尾一貫性とは、段落ごとのつながり、文章全体を通しての論理性を指します。出題される英文はそれが守られているはずです。

・段落の最初が空所になっていたら…

あとに続く文章のまとめになっている文 (いわゆる topic sentence と言われるもの) を選択します。その段落がパッセージで最初の段落なら、そのパッセージの主旨、目的や意図を表しているととらえていいでしょう。その場合、段落だけではなく、**パッセージ全体をとらえる必要**があります。

・段落の途中が空所になっていたら…

前後とのつながりを確認します。普通に読んでいると、そのまま簡単に読めてしまえるような distractor（不正解の選択肢）があります。そこは

「何となく」、であるとか、口調的に良いからというレベルではなく**論理的に「考えて」**ください。特にその**前と後ろと両方のつながりが良いかどうか**を確認します。

・段落の最後が空所になっていたら…
　前の文からの続きとしてふさわしい選択肢を選びます。これも**「考える」**こと！

　では、論理的に読むのに助けとなるマーカーをチェックしましょう。

7. Cohesion（文と文とのつながり）に注意を払う。
　文と文との自然なつながりは以下のような言語表現によって表されます。

・接続詞・接続副詞に注意
　although, because といった接続詞、however, in addition といった接続副詞は、文と文との意味上のつながりを明確にする役割を果たす道しるべとなります。

・指示対象に注意
　前出の表現や語彙を指す it / that / they などの指示代名詞や「the ＋名詞」といった表現に気をつけます。それらの単語が何を指しているのか、確認しながら読みましょう。特に数（単数か複数か）、the などの指示詞があるかどうか（つまり特定か不特定か）は重要です。

・代用に注意
　前出の表現を so, one, do などで代用したり、同義語や類義語などを用いて他の表現で置き換えている場合があります。この種の表現が出てきたらそれがどの語句の代用になっているのか確認します。

・言い換えに注意
　他の Part でも言えることですが、ある言葉を同義語や類義語を含め別の単語で言い換えていることがあります。論理的に読むにはどの表現がどの表現の言い換えになっているのか確認します。

・時制に注意

　前後の文の時制が意味もなく急に変わることはないので、時制が首尾一貫しているかどうかも確認します。そのあたりを適当に読んでしまう傾向がある人は注意が必要です。

　Cohesion（文と文とのつながり）でどのような点に注意すれば良いか、お分かりいただけたでしょうか？では最後の攻略法です。

8. 情報の裏付けを忘れない。

　情報と情報の間に矛盾がないかを確認します。例えば、細かい日付や時間などです。The store is in business from nine to five. と本文にあるのに、選択肢にある This shop is popular because it operates around-the-clock.（24時間営業）を選んでしまうというまちがいは避けましょう。

　実際の試験を受けると難しい問題ばかりではなく簡単に解けるものもかなりあります。ただ、受験経験から「これはややこしい！」と思う問題が1問ぐらいあるので、それを出来るだけ素早く「間違わず」に解くには、その一問に時間をかけることが必要です（とは言え1〜2分です。5分もかけないでくださいね）。

　それでは、Part 6の問題、6パッセージにチャレンジしてみましょう。
　満点を目指す人が対象なので、比較的簡単な品詞などの問題は省き、語・語句挿入問題に関しては語と語法をメインに、文挿入問題に関しては論理性を重要視する難しい問題を用意しています。
　また実際のテストに比べ、パッセージの語数、文挿入問題の選択肢の語数は1.5倍程度です。さらに難問大特訓の5と6は問題数も多くしています。つまり、満点を取るトレーニングなので負荷を高くしているということです。
　実際の問題に対する勘を養いつつ、取りこぼしのないような意気込みで取り組んでください。一気に解くなら制限時間は14分です。Let's try!

Part 6 難問大特訓 1

(制限時間 2 分)

Questions 1-4 refer to the following press release.

Afrolatino Airways has just opened a spectacular Premium Lounge at Havana Airport, for the ------- use of the First Class guests. The new space showcases the airline's commitment to providing unparalleled hospitality to its valued top-tier guests.
1.

Inspired by the world's most prestigious private member clubs, the lounge features three unique facilities designed to ensure that guests can relax and refresh themselves in total luxury and comfort before boarding their flight.

The Mojito Bar is ------- with 75 premium spirits, champagne and aperitifs. An original cocktail menu has been specially developed in partnership with a leading New York-based beverage consultant firm. The Bolivar Cigar Lounge provides a choice of nine carefully selected brands of cigars, each of which has been expertly matched with a number of whiskies and cognacs. In ------- with a focus on relaxation, the Recline Area is furnished with leather recliners made by a world's top-brand manufacturer, boasting a large video wall made up of thirty individual screens, soothing sound and lighting.
2.
3.

The new lounge adds to the airline's expanding collection of twelve Premium Lounges in the world. ------- .
4.

272

1. (A) absolute (B) exclusive
   (C) premier (D) entire

2. (A) abundant (B) jammed
   (C) refurbished (D) stocked
3. (A) compliance (B) coordination
   (C) keeping (D) agreement

4. (A) In fact, it is the first lounge on the Caribbean Islands.
   (B) As a matter of fact, there are no other lounges like this except in the U.S.
   (C) Thus, it is second to none among those already in existence.
   (D) The new one can even be counted as the thirteenth of its repertoire.

解答と解説

　それでは解答を見て行きましょう。日本語訳は全て正しい答えを入れて訳したものです。

問題1-4は次のプレスリリースに関するものです。

　アフロラティーノ航空会社はファーストクラスの乗客だけが使用できる、壮観なプレミアムラウンジをハバナ空港にオープンした。その新しいスペースは同社がその価値ある一流ゲストに対して比類なきもてなしを提供しようとする姿勢を示すものである。

　世界でも一流の会員制プライベートクラブに着想を得て、このラウンジはゲストが搭乗前に完全な豪華さと心地よさの中、リラックスし、疲れをいやすことができるよう作られた3つの独特な施設を呼びものとしている。

　モヒートバーには75の高級スピリット、シャンパンと食前酒が揃っている。オリジナルのカクテルメニューはニューヨークを拠点とする有数の飲料コンサルタント会社と特別に共同開発したものである。ボリバルシガーラウンジでは、9種類の厳選シガーブランドを提供し、それぞれ数々のウィスキーやコニャックと巧妙に組み合わせられている。レクリエーションに焦点を合わせ、リクラインエリアには世界でもトップブランドのメーカーが作った革製のリクライニングチェアーが完備され、30の個人用ビデオスクリーンを取りつけた大きな壁、そして心地よい音と照明を誇っている。

　この新しいラウンジは、同社が世界12箇所に持っている、拡大しつつあるプレミアムラウンジの1つとして新たに加わるものである。実際、これはカリブ諸島では最初のラウンジである。

---

1. 正解 (B) exclusive
〈選択肢訳〉(A) 絶対の　(B) 独占的な　(C) 最高の　(D) 全体の
☞ exclusive use で「独占的な使用」、つまりファーストクラスの客だけが使えるという意味になる。 **860**

2. 正解 (D) stocked

〈選択肢訳〉(A) 豊富な　(B) ぎっしりの　(C) 改装された　(D) 置いてある

☞ abundant は「量が多い」という意味なので不適切。ここでは「(店や施設などに) 在庫してある・置いてある」いう意味の be stocked with ~ が正解。 **730**

3. 正解 (C) keeping

〈選択肢訳〉(A)（要求・命令など）に従って（in compliance with ~）

(B)（国・団体など）と協調して（in coordination with ~）

(C) ~ に沿って・合わせて（in keeping with ~）

(D) ~ と意見があって（in agreement with ~）

☞ 後ろに来るのが a focus on relaxation（レクリエーションの重視）なので、「そのような考え方に沿って」と考え、正解は (C)。 **950**

4. 正解 (A)

〈選択肢訳〉

(A) 実際、これはカリブ諸島では最初のラウンジである。

(B) 実際のところ、アメリカ以外にはこのようなラウンジはない。

(C) それゆえ、それはすでに存在しているそれら（ラウンジ）に負けないものである。

(D) その新しいもの（ラウンジ）はその（航空会社の）レパートリーの13番目としてさえ数えられる。

☞ 世界にあるラウンジの13番目になるということが前文の主旨なので、補足説明を導く in fact を使い、さらに詳しく説明している (A) が正解。(B) は、アメリカの話が前にあるわけではないので、アメリカ以外と限定するのは不自然である。(C) は thus「それゆえ」というつなぎがおかしい。新しいラウンジは13番目であるので、(D) で can と even を使っている意味がない。また repertoire は「（演奏家などが）演奏できるものの集合体」（いわゆる日本語の「レパートリー」）なので、この単語をこの文脈で使うのもおかしい。 **860**

〈語彙〉

unparalleled : 比類なき　　top-tier : 一流の

満点突破攻略法
TOEIC 必須前置詞フレーズを覚える！

Part 6 難問大特訓 2

Questions 1-4 refer to the following e-mail.

（制限時間 2 分）

From: Adrian Miller <admiller@pixieenter.com>
To: Emily Baker <emily.bkr@goomail.com>
Subject: Birthday Party Services
Date: October 26, 10:05 A.M.

Dear Mrs. Baker,

-------1.-------. We would be very happy to provide our services at the upcoming social gathering. We specialize not only in entertainment services but also in -------2.------- services.

To entertain your daughter and her friends, we can provide a variety of entertainers ranging from face painters, balloon artists, to magicians, storytellers and game directors. All of them are professionals who have been in business for more than five years with their valid business license. -------3.-------, they are absolutely popular among children!

For meals, we are currently offering a promotional campaign of main dishes that come with free desserts and beverages for more than ten children. In addition, if any of your guest children have allergies or dietary restrictions, we will surely keep that in mind and prepare meals -------4.-------. We can also easily deal with any changes in number and dietary preferences until two days before the occasion.

For details and quotations, please visit our website www.pixieentertainment.com or send me an e-mail at admiller@pixieenter.com.

We hope to serve you and your daughter in the special celebration of the year.

Adrian Miller
Customer Service Manager

Pixie Entertainment Services

276

1. (A) Thank you for contacting us regarding your entertainment needs for your daughter's birthday party.
   (B) I'd like to thank you for choosing us in organizing your daughter's birthday party.
   (C) We appreciate your inquiries about the costs of our services for your daughter's birthday party.
   (D) We are pleased to announce that we have just launched new services for birthday parties for your children.

2. (A) cleaning   (B) catering
   (C) decoration   (D) online

3. (A) After all   (B) Virtually
   (C) More importantly (D) Specifically

4. (A) promptly   (B) voluntarily
   (C) precisely   (D) accordingly

解答と解説

問題 1-4 は次の E メールに関するものです。

ベーカー様、

　お嬢様のお誕生日パーティーでの余興のニーズに関してご連絡いただき有難うございます。その来るべきパーティーに我が社のサービスを提供できれば、非常にうれしく思います。我が社は余興サービスだけではなく、仕出しサービスも専門にしております。

　娘さんとそのお友達に楽しんでいただくために、フェイスペインター、バルーンアーティストからマジシャン、お話の語り手、ゲーム指揮者まで様々な種類のエンターテイナーを提供することができます。全て有効なライセンスを持っている、5 年以上仕事についているプロばかりです。何より、子供達に絶対的な人気があります！

　食事に関しては、現在、10 人を超える子供さんには無料のデザートと飲み物がメインディッシュについてくるという販売促進キャンペーンを行っております。さらに、もしゲストの子供さんたちにアレルギーや食事の制限がありましたら、もちろんそれを考慮し、そのように食事をご用意させていただきます。また、パーティーの 2 日前まででしたら、数や食事の好みにおける変更にも対応いたします。

　詳細と見積もりにつきましては、我が社のウェブサイト、www.pixieentertainment.com に行っていただくか、私、admiller@pixieenter.com あてに E メールをお送りください。

　1 年の特別なお祝いで貴方様とお嬢様のためにサービス提供させていただきたいと願っております。

1. 正解 (A)

〈選択肢訳〉
- (A) お嬢様のお誕生日パーティーでの余興のニーズに関してご連絡いただき有難うございます。
- (B) お嬢様のお誕生日パーティーの企画に我々を選んでいただき感謝申し上げます。
- (C) お嬢様のお誕生日パーティーに対する我が社のサービスのコストについて問い合わせをいただき感謝いたします。
- (D) お子様のお誕生日パーティーのための新しいサービスを始めたということを発表いたします。

☞ 一番最初が空所なので、このメール全体の目的を把握する必要がある。(C) コストのことについては言及がないので、不正解。(D) だと後に続く文にある "the upcoming social gathering" が指すものがなくなってしまう（the があるので特定の何かを指していなければならない）。(A) と (B) の見極めが難しいが、ポイントはすでにこの会社のサービスをベーカー夫人が利用することを決めているかどうかによる。内容がこの会社のサービス一般について説明していること、また最後に We hope to ~ とあるので（お客さんとして決まっているのならこのフレーズは使わない）、正解は (A)。 950

2. 正解 (B) catering

〈選択肢訳〉 (A) 清掃　(B) 仕出し　(C) 装飾　(D) オンライン

☞ 2段落目の余興サービスの話のあと、3段落目では食事の話になっている（For meals ~ 以下）。 730

3. 正解 (C) More importantly

〈選択肢訳〉 (A) 結局のところ　(B) 事実上　(C) 何よりも
　　　　　　(D) 具体的に言うと・特に

☞ (A) の After all は前文への説明として使われたり、後には否定的な内容がくることが多い。(D) に続く文は前文の具体例になっていないので不正解。(B) は前の情報と関連しての追加情報として使われる。この問題となっている文に exclamation mark (!) があり、また absolutely という言葉も使われていることから、前の文で述べられている「ライセンスを持っている」ということよりも強調したい内容と考えられるので、(C) が適当。 860

4. **正解 (D)** accordingly

〈選択肢訳〉(A) 迅速に　(B) 自発的に　(C) 正確に　(D) 適切に

☞ (A) 文脈から迅速である必要はない。(C) 説明などを正確にするという時には使えるが、食事の準備を precisely に行うというのはおかしい。せめて何に対して正確なのかを述べる必要がある。「状況に応じて適切に、それに応じて」などの意味がある (D) が正解。 860

〈語彙〉

social gathering：パーティー　　dietary preferences：食事の好み
quotation：見積もり

満点突破攻略法
第 1 文挿入問題はパッセージ全体に目を通せ！

Part 6 難問大特訓 3

Questions 1-4 refer to the following letter.

(制限時間 2 分)

Patrick Brown
17624 North Witson Drive.
Sunset Avenue NJ 12042
May 3, 2016

Dear Professor Brown:

Thank you very much for accepting our invitation to speak at the Educational Leadership Symposium to be held in New York in July. We have tentatively scheduled your lecture from 2 p.m. to 4 p.m. on July 26th ------- your approval.
                                                            1.

To ensure that the audience can appreciate every speaker's intentions, the symposium provides a program that contains the summaries of all the lectures given by the speakers. ------- this procedure, we would
                                                      2.

appreciate it if you could provide a brief synopsis of what you will be covering in your talk.

Due to space limitations, you are kindly requested to keep your summary within 300 words. We are also asking all lecturers to submit their drafts to us by May 15th to allow enough time for translation and printing. ------- . If the submission date is inconvenient for you, please
                      3.

let us know by sending an e-mail to the effect that you will submit after the due date. In any case, please do not hesitate to let us know if there is any way we can assist you -------.
                                                                                                                                                       4.

Sincerely yours,

Samuel Johnson
Symposium Organizer

1. (A) upon (B) pending
   (C) following (D) in the event of

2. (A) Regardless of (B) Together with
   (C) In addition to (D) In line with

3. (A) We need to ask you to send us a draft of your whole lecture.
   (B) We are sorry to tell you that this is mandatory.
   (C) We understand that this is such a short notice.
   (D) If you suspect that you can finish it in time, there are several other options.

4. (A) from this end (B) for this end
   (C) by any means (D) at any rate

解答と解説

問題 1-4 は次の手紙に関するものです。

親愛なるブラウン教授

　7月にニューヨークで開催予定の私どもの教育的リーダーシップのためのシンポジウムの講演依頼をお引き受けいただき、誠に感謝しております。教授のご了承をいただくまでは、仮に先生のご講演時間を7月26日午後2時から4時に定めさせていただいております。

　聴衆が各講演者のスピーチの主旨を理解できるように、このシンポジウムでは全講演者のスピーチの概要を掲載したプログラムを配布しております。これに従いまして、講演される内容の短い概要をご提出いただければ幸いです。

　スペースに限りがありますので、概要は300ワード以内に収めていただきますようお願いしたく思っております。また講演者の皆様には、翻訳と印刷に十分な時間を充てるために5月15日までに草案をご提出いただくようにお願いしております。これが間際のお願いであることは承知しております。もし提出期日が不都合なようでしたら、期限日後に提出する予定であるという旨のEメールでお知らせください。ともかく、私どものほうでご協力できることがありましたら、どうぞお知らせいただきますようお願い申し上げます。

---

1. **正解** (B) pending
〈選択肢訳〉(A) ～するとすぐ　(B) ～を待って、～の間　(C) ～に続いて
　　　　　　(D) 万一～の場合には

☞ tentatively「仮に」という言葉と現在完了形があるのに、(A) では「あなたの承認があり次第」という未来指向的な内容になるのでおかしい。(C) だと、先に承認している事になるが、1文目ではまだ引き受けてくれた事への感謝が述べられている段階なので、すでにブラウン教授が承認しているとは考えられない。(B) pending にすると「あなたの承認を待つ間、仮に決めている」という意味で一番適切である。 950

2. 〈**正解**〉(D) In line with
〈選択肢訳〉(A) ～にも関わらず　(B) ～と一緒に　(C) ～に加えて
　　　　　　(D) ～に合わせて

☞ 前文の主旨「スピーチの概要を掲載したプログラムを配布する」という手順と「短い概要を提出してもらいたい」という依頼を結ぶためには (D) が必要である。860

3. 正解 (C)

〈選択肢訳〉

(A) 講義全ての草案を送っていただけるようお願いする必要があります。
(B) 申し訳ございませんが、これは絶対となっております。
(C) これが間際のお願いであることは承知しております。
(D) 時間内に仕上げることが出来ると思われそうでしたら、他にいくらか選択肢もございます。

☞ (A) は前に「短い概要を送ってほしい」との依頼に矛盾する。(B) も後で、遅れるならその旨を伝えてほしいという内容があるので、絶対（mandatory）ではなさそうである。(D) suspect that SV は通常好ましくない内容を思うときに使われる。その意味で suspect ではなく doubt（SV ではないのではないかと思う）を使うべきである。また後に、複数の選択肢が述べられていないのもおかしい。860

4. 正解 (A) from this end

〈選択肢訳〉(A) 私どもの方で　(B) この目的のために　(C) 何としても
　　　　　 (D) いずれにしても

☞ from this end「私どもの方で」という語句の知識が問われる問題である。(B) for this end では「この目的」が何の目的なのかが文脈からはっきりしない。(C) の「何としても」は同じ文中の if, any way, can が使われた断定的でない文脈では不自然である。(D) は通常、文頭で使われ、前に述べたことはさておき「とにかく」という意味で使われる。950

〈語彙〉

tentatively : 仮に　　synopsis : 概要
to the effect that 〜 : 〜という趣旨の

満点突破攻略法
上級レベルの前置詞（句）をマスターせよ！

Part 6 難問大特訓 4

（制限時間 2 分）

Questions 1-4 refer to the following e-mail.

To: Sales Representatives
From: Trace Parker <t.parker@sales.preciousgems.com>
Date: September 21
Subject: customers' complaints

Dear Sales staff:

    I am writing to you regarding frequent calls from our customers. Since our new catalog of accessories was released, we have had calls of ------- from disgruntled customers that the colors of our jewels were different from what they had expected by looking at our catalog.

    As you know, though we always do our best to make sure that the colors are as accurate reproductions as possible of the colors of our products, it is extremely difficult to do so on the printed paper. -------, the shades of our gems and stones tend to vary even in the same kind.

    Therefore, when you take orders, please remind your customers that the hues of our accessories in the catalog are not necessarily the same as those of the real products for these reasons. -------. It stipulates that we will not accept or refund the return of any pierced earrings once their inner package is broken for hygienic reasons. Please ------- the section of the terms and conditions in our catalog if you are not sure about our sales conditions.

    I would especially like you to pay attention to this matter. Thank you for your cooperation.

Trace Parker
Sales Manager
Precious Gems

285

1. (A) claims (B) grievances
   (C) depression (D) misgivings

2. (A) Because of this (B) In comparison to this
   (C) On top of that (D) In contrast to that

3. (A) In addition, notify your customers that our company policies have been revised.
   (B) For example, you can tell them to confirm the product numbers of the items they want.
   (C) You could give the explanation that customers cannot change their orders once they are taken.
   (D) Also, remind yourselves and your customers of our company's refund policy.

4. (A) reference (B) refer
   (C) glance (D) inspect

解答と解説

問題 1-4 は次の E メールに関するものです。

販売スタッフへ

　顧客からの頻繁な電話に関して連絡させてもらいます。アクセサリーの新しいカタログが出されてから、宝石の色がカタログを見て想像していたものと異なるという苦情の電話が、お怒りのお客様からかかってきます。

　ご存じの通り、色は製品の色を出来るだけ正確に反映したものになるよう細心の注意を払っていますが、印刷された紙上ではそれはかなり難しいことです。それに加え、宝石の色合いは同じ種類であっても異なります。

　それゆえ、注文を受けるときには、お客様にカタログにあるアクセサリーの色合いは、これらの理由で、必ずしも実際の製品の色を正確に表しているわけではないということを念押ししてください。また、我が社の返金規定をセールススタッフが各自再確認し、お客様にも再度伝えてください。規定では、衛生上の理由でピアスは内部包装が破られた場合は返品を受け付けず、返金もしないこととなっています。販売条件について分からない場合はカタログの諸条件の項目を参照してください。

　特にこの件に関しては注意を払っていただきたいと思います。ご協力よろしくお願いします。

---

1. 正解 (B) grievances
〈選択肢訳〉(A) 主張　(B) 不満　(C) 落ち込み　(D) 不安
☞ 内容から complaints「苦情」に近いものを選べばよい。上級者なら claims は選ばないように。日本語の「クレーム」のような意味はない。 860

2. 正解 (C) On top of that
〈選択肢訳〉(A) このために　(B) これに比べて　(C) その上に　(D) それとは対照的に
☞ よく読んでみれば、この第 2 段落はカタログで色がうまく再現できない理由が 2 つ並んでいる（印刷上では難しいということと石によって同じ種類でも色合いが異なること）ので、この 2 つの間に入るのにふさわしいのは「その上に」。ちなみに第 3 段落でも for these reasons とあるので、理由が複数あることがわかる。 730

3. 正解 (D)

〈選択肢訳〉

(A) さらに、お客様に我が社の規定が修正されたことを伝えてください。

(B) 例えば、望む品の製品ナンバーを確認するようお客様に伝えることもできます。

(C) お客様が一度注文されるとそれを変えられないと説明することも出来るでしょう。

(D) また、我が社の返金規定をセールススタッフが各自再確認し、お客様にも再度伝えてください。

☞ (B) と (C) は前後の文脈に合わない。(A) は policies と複数形があることから、後に続く It stipulates... の It と指示対象が数の上で合わない。950

4. 正解 (A) reference

〈選択肢訳〉(A) 参照する　(B) 参照する　(C) ちらりと見る　(D) 点検する

☞「参照する」という reference の動詞の意味を知っているかどうかがポイントであるが、refer が refer to, glance が glance at とそれぞれ前置詞が必要と知っていれば、消去法で選べる。950

〈語彙〉

disgruntled：不満を募らせた　　reproduction：複製・再現

満点突破攻略法
文挿入問題は代名詞が指し示しているものに着眼せよ！

Part 6 難問大特訓 5

（制限時間 3 分）

Questions 1-6 refer to the following letter.

Patricia Cook
1340 Parkway Drive,
M14 9OP, Manchester, U.K.

15 August 2016

Dear Ms. Patricia Cook,

We are delighted to ------- this offer of employment for a position in our company. If you accept this, your starting date will be the 1st of September or another ------- agreed-upon date.

Please review the enclosed summary of the terms and conditions of your anticipated employment with us, and sign and date the two copies of the contract which will be shortly sent to you by the administration department. One of the copies must be with us before the commencement of your work. ------- .

On the first day, you are supposed to attend an orientation seminar given by the human resource department. ------- . There, you will learn with other trainees about a brief history of our company as well as the duties and responsibilities involved in the position. After the three-hour session, you will be asked to complete a ------- of questions which will be instrumental for us to assign you tasks appropriate to your talents and aptitude.

My secretary will send you more information in a week's time. ------- , if you have any question concerning your first day, please do not hesitate to contact me at marcos@technosiemencer.co.uk.

Sincerely yours,

Marcos James
Director of Human Resources
Techno Siemecer, Co.

1. (A) extend (B) announce
   (C) grant (D) accord

2. (A) conclusively (B) expressly
   (C) summarily (D) mutually

3. (A) As an alternative, you can also send your contracts by mail or hand them in person by the originally stated date.
   (B) This means that it must be immediately sent back to the department unless you choose to start on a different day.
   (C) Therefore, you need to send them to us immediately after the third week of this month unless otherwise stated.
   (D) For example, you are required to use express mail or private couriers to make sure that this happens.

4. (A) It starts at 9:00 A.M. and lasts until 11:00 A.M.
   (B) It starts at 9:00 A.M. at our headquarters in London.
   (C) There is an opportunity for you to meet our preferred customers.
   (D) After the seminar, if you wish, you can have lunch at the company cafeteria.

5. (A) file (B) consensus
   (C) battery (D) collection

6. (A) In addition (B) In the meantime
   (C) Incidentally (D) Accidentally

解答と解説

問題 1-6 は次の手紙に関するものです。

パトリシア・クック様

　ここにあなた様の我が社での採用が内定いたしましたことを心から喜んでお知らせいたします。入社を承諾されましたら、開始日は9月1日、または別の相互に合意した日となります。

　この内定について、同封の内定に関する諸条件の概要を読み、総務部がすぐにお送りします契約書2部に署名し、日付を入れてください。そのうちの1部は就業前にこちらに届いている必要があります。つまり、他の日に仕事を始めるのでない限りは、ただちに総務部に送り返してもらわねばなりません。

　最初の日には、人事部が行うオリエンテーションセミナーに参加していただくこととなっています。それはロンドン本社で午前9時に始まります。そこで、他の研修生とともに、職務と我が社の簡単な歴史について学んでいただきます。3時間のセッションの後、あなたの才能や能力に適切な任務を割り当てるために重要となる一連の質問に答えてもらいます。

　私の秘書が1週間のうちには詳細をお知らせします。それまでの間、第1日目について質問がありましたら、遠慮なく、私 marcos@technosiemencer.co.uk まで連絡ください。

---

1. 正解 (A) extend

〈選択肢訳〉(A) 与える　(B) 発表する　(C) 認める　(D) 許す

☞ extend はフォーマルな表現で「与える」という意味がある。extend assistance to ~「~に援助する（を与える）」などが例としてあげられる。(B) の announce は一般的に多くの人に公式に発表する、(C) の grant も (D) の accord も「与える」意味はあるが、許可など要請があったものに対して応じる形で与える意味で使う。950

2. 正解 (D) mutually

〈選択肢訳〉(A) 決定的に　(B) 明確に　(C) 要約して　(D) 相互に

☞ 「相互に同意した」の決まり文句。他の選択肢は agree upon「〜について同意する」との相性がよくない。また conclusively の「決定的に」というのは、「他に疑いのない余地なく、証明して」という意味である。 730

3. 正解 (B)

〈選択肢訳〉

(A) 別の方法として、もともと記載されていた日付までに、契約書を郵便で送ってもらうか、直接手渡していただいても構いません。

(B) つまり、他の日に仕事を始めるのでない限りは、ただちに総務部に送り返してもらわねばなりません。

(C) それゆえ、特に明記されていない限りは、今月第 3 週目のあとすぐにそれらを送ってもらわねばなりません。

(D) 例えば、これを確実にするために速達か民間の配達業者を利用しなければなりません。

☞ (A) の contracts（複数）と (C) の them では、送り返すのが契約書 1 部なので数が合わない。さらに、(A)the originally stated date の言及もなく、(C) 第 3 週目の後でないといけない理由もはっきりしない。(D) は For example で始まっているが、続く内容は前文の内容の例にはなっていない。 950

4. 正解 (B)

〈選択肢訳〉

(A) それは午前 9 時に始まり、11 時まで続きます。

(B) それはロンドン本社で午前 9 時に始まります。

(C) お得意様たちと会う機会があります。

(D) セミナーの後、お望みでしたら、社内の食堂で昼食を取ることができます。

☞ (A) だと、2 時間のセッションになってしまい、本文の後に出てくる the three-hour session に矛盾する。(C) だと、後に続く There がどこを指すのかが不明。(D) オリエンテーションセミナーのあと食堂の話となり、そしてまたオリエンテーションの内容が言及されることになるのはおかしい。 730

5. 正解 (C) battery

〈選択肢訳〉(A) ファイル　(B)（意見の）一致　(C) 一連の〜（a battery of 〜）
(D) 〜の集まり、堆積（a collection of 〜）

☞ a battery of はかなり難易度の高い語彙である。ただ、他の選択肢が後ろに続く questions と合わないので、消去法で選べる。意味が分からずに選ぶのは勇気がいるかもしれないが、難解語彙に対しては（その単語を知らない場合）、他の3つを消去して答えるしかない。950

6. 正解 (B) In the meantime

〈選択肢訳〉(A) さらに　(B) その間　(C) ところで　(D) 偶然に

☞ 特に前の文からの付け加えの情報ではないので、(A) や (C) は不正解（(C) の incidentally は、通例文頭で、話が脱線したときや、前に述べたことに追加して言う時に用いる）。(B) は TOEIC 頻出単語で、2つの出来事の間の時間を指すのに使われる。ここでは今から秘書が連絡するまでの間を指す。同義語は meanwhile である。860

〈語彙〉

agreed-upon：合意した　　commencement：開始
instrumental：役に立つ　　talents and aptitude：才能や能力

満点突破攻略法
・文挿入問題は「接続語」に着眼せよ！
・情報の裏付けを忘れるな！

Part 6 難問大特訓 6

(制限時間 3 分)

Questions 1-6 refer to the following web advertisement.

Summer Intensive Programs

Philip Graduate School of Business Administration offers several summer intensive programs for business managers ------- duties and
                                                                                                              1.
interests involve global-scale business operations. The programs cover expanding international networks of sales and distribution, negotiating over mergers and acquisitions of overseas corporations, launching new business operations such as product development and overseas production, and effectively educating and training foreign workers.

>>For the exhaustive list of our programs and schedule, please go to "Course Programs."

Participants in our summer intensive programs are all executives -------
                                                                    2.
the senior level. They collaborate with their peer attendees through group assignments including group presentations. -------. They are
                                                                       3.
given by leading professors at prestigious universities and successful leaders in top multinational corporations. When they complete the programs, they will also build up a valuable network of talented executives from around the world.

>>For the detailed course syllabuses, please go to "Course Contents."

Every year, participants in the programs come from more than thirty different countries, with two-thirds coming from outside the U.S.
-------. They are engaged in various industries including agriculture,
  4.
manufacturing, banking, consumer electronics, and advertising. The variety will surely help you emerge as an even more ------- individual,
                                                                       5.
and get to know potential business partners around the globe.

>>For feedback and ------- from past participants, please go to
                         6.
"Reviews."

1. (A) whom   (B) whose
   (C) that   (D) whatever

2. (A) on   (B) ahead
   (C) with   (D) up

3. (A) In contrast, they work individually to complete a 5,000-word essay to be submitted at the end of the course.
   (B) Additionally, they can choose to make a presentation completely by themselves as part of their course requirements.
   (C) However, it is advisable that you form a group of five before the course begins.
   (D) Moreover, they enhance their expertise through insightful, highly-informative lectures.

4. (A) Therefore, by attending our program, you will be able to build a close relationship with top executives from various kinds of industries.
   (B) This wide geographical diversity familiarize the participants with current international business environments.
   (C) Our participants are not just geographically diverse, but professionally diverse.
   (D) For example, many came from Latin American countries, some from the Middle East, while others were Asians, Europeans, and Africans.

5. (A) well-defined   (B) well-founded
   (C) well-formed   (D) well-rounded

6. (A) disclosures   (B) quotations
   (C) testimonies   (D) testimonials

解答と解説

問題 1-6 は次のウェブ広告に関するものです。

> 夏季集中プログラム

　フィリップ経営学大学院は、その任務や興味がグローバルスケールでの業務にある企業経営者対象の夏季集中プログラムをいくつか開催します。プログラムは、販売と流通の国際的ネットワークの拡大、海外企業との吸収合併交渉、海外での製品開発や製造といった新しい業務への着手、海外労働者に対する効果的な教育と研修などを扱います。

>> プログラムとスケジュールについての完全なリストについては「コースプログラム」をご覧ください。

　夏季集中プログラムの参加者は全て上級管理職の人々です。参加者は仲間の参加者とグループプレゼンテーションを含むグループ課題を通して協力します。さらに、洞察にみちた、非常に有益な講義を通して専門知識を深めます。それらの講義は有名大学の主要な教授陣と一流の多国籍企業の成功したリーダーたちにより行われます。プログラムを終えた時、参加者たちはまた世界中の有能な幹部たちとの貴重なネットワークを築くことができます。

>> 詳細なコースシラバスについては「コース内容」をご覧ください。

　毎年、プログラムの参加者は 30 カ国を超える国から参加しており、その 3 分の 2 がアメリカ国外から来ています。参加者は単に地理的に多様なだけでなく仕事においても多様です。参加者は農業、製造業、金融、消費者向け製品、広告といった業種に従事しています。この多様性は必ずあなたがさらにより多方面に教養のある人物になることを助け、そして世界中の潜在的なビジネスパートナーと知り合う助けとなります。

>> 過去の参加者の感想と声については「批評」をご覧ください。

1. 正解 (B) whose
☞ この Part 6 トレーニングで唯一の文法問題である。関係詞系の問題で無冠詞の一般名詞が空所に続く場合は所有格を選んでいればほぼ間違いなし。 730

2. 正解 (A) on
☞ 前置詞の問題。正解は level と相性のよい (A) の on である。(B) の ahead は空間的に「前へ」という意味で、ビジネスでいうなら、一歩リードしている、つまり出世、成功しているなどの意味になる。(C) の with だが with the level とは言わない。(D) の up は動きがあっての「上へ」なので、地位のような状態を表すものとはあまり使用されない。 730

3. 正解 (D)
〈選択肢訳〉
(A) 対照的にコースの終わりに提出する 5000 語のレポートを仕上げるのは個人です。
(B) さらに、コース条件の一部として全く自分だけでプレゼンを行うことを選べます。
(C) しかしながら、クラスが始まる前に 5 人のグループを作っておくことが望ましいです。
(D) さらに、洞察にみちた、非常に有益な講義を通して専門知識を深めます。
☞ 後の文で They ~ が続くので、(A) だと参加者以外には they が指すものがなく、(B) だと course requirements (コース条件 (たいていは受講条件を指す)) が professors や leaders によって与えられるのはおかしい。(C) の問題は、however (しかしながら) という逆接が使われているので前後がうまくつながらない。(D) だと後文の They が指し示すものが「講義」となり意味が通る。 860

4. 正解 (C)
〈選択肢訳〉
(A) それゆえ、我が校のプログラムに参加することにより、様々な業種のトップ幹部と親密な関係を築くことができるでしょう。
(B) この広い地理的な多様性は参加者が現在の国際的ビジネス環境について詳しくなることを助けるでしょう。
(C) 参加者は単に地理的に多様なだけでなく仕事においても多様です。

(D) 例えば、多くがラテンアメリカ諸国から来ており、いくらかは中東出身でした。その他にもアジア人、ヨーロッパ人、アフリカ人たちがいました。

☞ 前の「参加者が色々な国から来ている」という内容と後の「色々な業種についている」という内容をうまくつなげるのは (C) のみ。(D) は時制が過去なので不正解。 **950**

5. **正解 (D)** well-rounded

〈選択肢訳〉(A) 明確に定義された　(B) 根拠の十分な　(C) 形の良い
　　　　　(D) 多才な、博識な

☞ well- がつく単語。多様性に触れるとどうなるかという点から (D) となる。ちなみに、人間を形容するのに使えるのは (D) のみである。 **860**

6. **正解 (D)** testimonials

〈選択肢訳〉(A) 暴露・開示　(B) 引用　(C) 証言　(D) 証明、声

☞ (A) は隠されていたものが明らかにされること。(B) quotation は本などからの引用を指す。(C) の testimony はいわゆる公式な場での証言で裁判などで使われるものを指す。(D)testimonial は「証明」だが、いわゆる客や利用者からの「証明」ということで「（ある商品やサービスを利用したことのあるお客様の）声」という意味でよく使われる。 **860**

〈語彙〉

distribution : 流通　　collaborate : 協力する
syllabus : 講義要網、シラバス

満点突破攻略法

TOEIC 必須ビジネス語彙表現をマスターせよ！

お疲れさまでした！いよいよ Part 7 です。次のページでスコアをチェックして、引き続きどんどん進んでいきましょう。

TOEIC セクション別スコア予測

Part 6

本章の全 28 問で		
22 問以上取れる人	→	何回受けても Part 6 で満点が取れる実力の持ち主です！
20 問取れる人	→	Part 6 で満点が取れる可能性のある実力の持ち主です！
17 問取れる人	→	Part 6 で 9 割が取れる実力の持ち主です！
14 問取れる人	→	Part 6 で 8 割が取れる実力の持ち主です！
11 問取れる人	→	まだ大きな伸びしろがあります！ Part 6 の特訓に励みましょう！

第7章

Part 7
読解問題
満点突破攻略法
&
トレーニング

Part 7 満点攻略法

　新形式 TOEIC の Part 7 は、今までの 48 問から **54 問に増えました**。また、単に数だけでなく、文章の種類として、テキストメッセージやオンライン上でのやりとりという分野が加えられ、また、問題の種類としては、1 文を挿入する問題や書き手の意図を読み取る問題が増えました。さらに 3 つのパッセージからなる問題も組み込まれるようになりました。

　しかし**英語そのものは難しくはなっておらず、むしろ処理能力が今まで以上に求められる**ようになっています。深い読解力は問われないので、満点を取るには問題を解いていく処理能力をあげ、間違わないようにすることが大切です。950 点程度をすでにクリアしている人であれば、中級程度までの問題は出来るだけ素早く解いて、2 〜 5 問ある手ごわい問題に時間をかけ、しっかり正解を「取る」という戦法で行くとよいでしょう。

　問題の内訳は、2 〜 4 問のシングルパッセージ問題が 10 題程度（問題番号 147 〜 175）、5 問のダブルパッセージ問題が 2 題（問題番号 176 〜 185）、5 問のトリプルパッセージ問題が 3 題（問題番号 186 〜 200）となっています。

Part 7　満点突破攻略法はこれだ！

　Part 7 の満点突破 11 大攻略法は以下のとおりです。これらのポイントに注意して、迅速に解きながら満点を目指しましょう。

1. 緩急をつけて全体を読む。

　Part 6 では、省エネ的な解き方を忘れ、全部読みましょうと書きましたが、Part 7 に関しても満点を狙うなら同様です。ただ、Part 7 では語数が多くなるので、より緩急をつけた読み方（しっかり読むところとスピードを上げて読むところを分ける読み方）を心がけてください。

2. ダブル・トリプルパッセージ問題については、まずはパッセージ間の関係性を確認する。

　おすすめするのは、問題形式（シングルパッセージ問題か複数パッセー

ジ問題か）と文章タイプ（記事なのか批評なのか求人広告かなど）に応じて読み方を変えることです。

　ダブルパッセージ問題とトリプルパッセージ問題は、最初に文章の関係性をつかみ「鳥瞰図」的に全体をとらえておきます。どちらも各パッセージはせいぜい 200 語程度です。第 1 パッセージが批評で、第 2 パッセージはその批評に載っていた事柄に関する感想であるとか、1 つ目のパッセージのメールに対して、2 つ目のパッセージが応答になっているといった具合に、問題に取りかかる前に、パッセージとパッセージの関係性をとらえておくことをおすすめします。

3. advertisement, itinerary, minutes などお決まりパターンの文書は問題を解きながらパッセージを読む。

　書かれている内容が形式的にほぼ決まっているような文章タイプなら、問題を解きながら読んでいくとよいでしょう。例えば求人広告の advertisement なら、こういう会社がこういう人材を求めていて、仕事内容、応募条件、給与などの待遇、履歴書や必要書類の提出先と期日という順番になっていますし、商業広告の advertisement なら、特定の誰かに向けての何らかの商品・サービスの売り込み、割引の有無などが書かれています。itinerary（旅程表）、minutes（議事録）なども、書かれている情報の種類は決まっています。こういったお決まりパターンがくれば、問題を見ながら答えがありそうなところを探して解いていくという手法を取ることができます。

4. article, letter, e-mail, review は手ごわいことが多いのでまずは全体を把握する。

　反対に、先に文章全体を読んだ方が良いパターンとしては、article（記事）、letter（手紙）や e-mail（E メール）、review（批評）です。

　例えば記事なら、会社の吸収合併の話なのか、新しく誰かが就任した話なのか、手紙と E メールなら依頼なのか、苦情なのかなど、形式を見ただけでは何についての情報が書かれているのか判断できません。批評も使われている単語が難しいことが多く、難問が多いので注意が必要です。その他の文書については、語数や語彙の難易度などを参考にして、臨機応変に対応しましょう。

　逆説的に聞こえるかもしれませんが、語数が多くて難しそうなときこそ、全体的な流れをつかむためにも、一通りすべてを読むことが望ましいです。

5. 事柄の列挙と例は、とりあえず飛ばし読みをする。

　パッセージ全体を一通り読むにあたって、①複数の事柄が列挙されている場合（A, B, and C）、②複数の同じカテゴリーに属する事柄（例えば、複数の本の題名とその説明が並んでいる場合など）、③例が続く場合（such as ~, including ~）、④ bullet points（・）で箇条書きになっている場合については、その詳細部分は読まないで、問題で聞かれたときにじっくり読むようにします。そうすれば、1回目のリーディングで素早く概要がつかめます。

6. "Note"（備考）や＊（アスタリスク）のついた細則の部分は答えと関係していることが多いので必ず読む。

　列挙や例とは反対に、必ず読んでおいてほしいのは、小さく、備考欄や欄外に書かれている情報です。答えに関連していることほぼ間違いなしです。

7. 問題タイプを意識してそれに応じて取り組み方を変える。

　それでは次に問題タイプについて見ていきましょう。新形式の問題はとりあえず置いておき、従来の問題の5タイプを、上から解きやすさの順番に並べてみます。

タイプ1 同義語問題
本文に出てきた語句ともっとも意味が近いものを選ばせる問題

　基本的にはその特定の文の中で**置き換えて意味が通るかどうか確認**します。単語を知っていればおそらく即決でき、知らなければ時間をかけても無意味です。またほとんど前後の文脈を読む必要はありません。1回のテストでこの単語問題は6問程度出題されます。
例：The word "broke" in line 3 is closet in meaning to
　　（3行目の broke に意味がもっとも近いのは）

タイプ2 詳細問題
時、品名、場所、人名、行動などの詳細を尋ねる問題

　質問文・選択肢に用いられている**語句（特に固有名詞）**を本文の中で見

つけて、その前後で情報を拾います。スキャニングのテクニックが使え、読む場所を特定できれば多くを読まなくても答えにたどり着けます。

例：When is the **Tottenham Gallery** expected to reopen?
　　（Tottenham Gallery はいつ再開する予定ですか。）
Who is Mr. **Roake**?（Roake さんは誰ですか。）
これら太字の固有名詞が出てくる場所を本文から探し、その単語の周囲の文章を読めば解けます。（実際の問題では太字にはなっていません。）

タイプ3 メインアイデア問題
本文の目的、理由、対象者など大きなテーマについて聞いてくる問題

　主旨なので、基本的には**本文の最初や、各段落の最初に注目**してください（ただし簡単に解ける問題は減ってきています）。

例：What is the purpose of the memo?（メモの目的は何ですか。）
　　What is the article mainly about?（主に何についての記事ですか）
　ちなみに選択肢は本文の内容を**抽象的、包括的に言い換えている**ことが多くなっています。例えば、本文中に tell your team how I appreciate the good job you have done とあれば、正解の選択肢では communicate a message になっていたり、本文で checking the accuracy of the product descriptions in our brochures とあれば、正解の選択肢では reviewing technical information となっていたりします。

タイプ4 内容一致問題
本文の内容と一致する選択肢を選ぶ問題

　質問文の"about"以下の語句の情報を本文ですばやく探して、**選択肢と本文の内容を照合**していきましょう。しかしこれは時間がかかり、複雑な場合が多々あります。

例：What can be inferred about the project?
　　（プロジェクトについて何が推測できますか。）
　　What is indicated about the company?
　　（会社について何が示されていますか。）
　　What is true about the exhibition?
　　（展示会について何があてはまりますか。）

タイプ5 NOT 問題
本文では述べられていない選択肢を選ぶ問題

　選択肢と本文を照合していくのですが、基本的には**4つの選択肢のうち、本文に書かれている3つを消さなければならない**ので、時間を消費してしまう可能性が大いにある問題です。ただ、本文の内容と矛盾する選択肢がある場合は比較的速く解答にたどりつけるでしょう。

例：What is NOT one of the problems with the product?
　　（製品の問題点でないものは何ですか。）
　　What does the man NOT suggest?
　　（男性が提案していないものは何ですか。）

それでは新形式の問題を見て行きましょう。

タイプ6 修辞問題
書き手の意図を問う問題

　この問題はテキストメッセージやオンラインチャットの問題で現れます。出題数は2問程度です。

例：At 7:05 P.M., what does Mr. Mitchell mean when he writes, "That works out perfectly"?
　　（午後7:05分にMitchellさんが書いている"That works out perfectly"は、何を意味していると考えられますか。）

　Part 3と共通で**前後の会話の流れや言外の意味を考えることが必要**です。ちなみにこのタイプの問題が苦手なら、TOEFL ITPリスニングの意図問題を徹底的に解くことをお勧めします。TOEICのテストと同じETSが作成している問題ですので、リスニングのトレーニングも兼ねてトライしてみてください。

タイプ7 文挿入問題
ある1文が入る適切な位置を本文の4か所から選ぶ問題

　この問題はダブルパッセージやトリプルパッセージ問題では登場しません。出題数は2問程度です。

例：In which of the positions marked [1], [2], [3], and [4] does the following sentence best belong?

"Another new product will be released soon."

　Part 6 と違って、挿入する文章が決まっていてその場所を探す問題です。ただし取り組み方は Part 6 で述べたこととほぼ同じです（詳しくは Part 6 を復習のこと）。実際に答えとなりそうな場所にその文を入れて読んでみて、**内容の論理性・つながりや指示対象がおかしくないかどうかをチェック**します。また Part 7 ではその文をその場所に入れることによって**前後の文のつながりを断ってしまうことがないかどうかも確認**します。

8. 同義語問題と文挿入問題は本文を読みながら解くと効率的。

　問題として出題される数はさほど多くはありませんが、同義語問題と文挿入問題があるかどうか先に問題を確認した上で、本文を読みながら解いていくと時間が節約できます。どちらも文の意味の流れをさえぎることなく解くことができる問題だからです。

9. 複数パッセージ問題は英語力ではなく情報処理能力・緻密な作業を求められていると考え、面倒くさがらずに情報をきちんと確認する。

　答えにつながる情報の確認はシングルパッセージでも必要なことですが、複数パッセージ問題では複数の文書を相互参照して解答する問題、いわゆる CR（Cross Reference）問題が存在するのでさらに集中力が必要です。

　ダブルパッセージは今までどおり、文書の片方を読めば解ける問題と 2 つの文書を相互参照しなければならない CR 問題が 1 題含まれた 5 題となっています。

　トリプルパッセージ問題は 5 題のうち、2 つが CR 問題（1 つめの文書と 2 つめの文書の CR、1 つ目の文書と 3 つ目の文書の CR など）であることが多いようです。また、先ほどのタイプ 4 の内容一致問題などもこの CR とは別に複数の文書に目を通す必要がある場合があります。

　この複数パッセージ問題はとても「面倒くさい」ので注意です。多くの個人名などを出してきてこちらを混乱させようとしていますし、異なる文書を見比べながら書かれている情報と書かれてない情報の裏付けをとり、さらにはそれに基づいて推測させる ... などかなり mentally straining な（頭を使う）タスクです。ですが、満点を取るにはそれにめげてはいけません。「面倒くささ」に打ち勝てるかどうかが満点を取れるかどうかの分かれ目です。

10. 言い換え（パラフレーズ）を徹底的にトレーニングする。

　読解問題でもパラフレーズは重要です。正解の解答を見抜くために、そして語彙力をあげるためにもトレーニングしておきましょう。次のPart 7の各難問大特訓の間に、パラフレーズを鍛えるための問題を入れましたので是非活用してください。

11. 異種格闘技ならぬ異種英語試験でトレーニングをつみ、実力をつけよう。

　最後に、真剣に満点を狙っている人におすすめの学習法です。一般的なTOEICの問題ばかりを解いていても効率が悪く、なかなか満点の力はつきません。負荷の高い問題に挑戦するか、より難しい英語のテストで読解力をつけましょう。幸いどの英語試験にもリーディングはあります。英検、TOEFL、IELTS、国連英検などに出題される難易度の高い文章を読んで、確実な読解力UPを図ってください。

　では、解き方のポイントが分かったところで、さっそく負荷の高い問題にチャレンジしてみましょう。Part 7の問題を7題、合計44問用意しています。シングルパッセージ問題を3題、ダブルパッセージ問題とトリプルパッセージ問題がそれぞれ2題です。普通の試験よりわざと語数・問題数を多くして、解答者にかなり負荷がかかるように作りました。

　また、問題タイプも、より難しい内容一致問題やNOT問題の割合を多くしています。それを踏まえた上で挑戦してみてください。目標は44分です。1題ずつ解いていただいても構いません。解答と解説は各問題の後にあります。日本語訳は必要と思われるところにのみつけています。また、それぞれの大問の間には、パラフレーズを鍛えるための大特訓も用意しておきました。

　厳しい訓練ですが、しっかり取り組めば英語の底力UPまちがいなしです。くれぐれも取りこぼしのないように。それではスタート！

Part 7 難問大特訓 1
シングルパッセージ

（制限時間 6 分）

Questions 1-6 refer to the following online chat discussion.

Lucy Whelan [6:55 P.M.]
Sorry to disturb you all on the weekend, but I've got a situation here. I'm now stranded at Miami Airport due to a hurricane.

Gary Burke [6:59 P.M.]
Oh, no... So, you can't make it to the interviews scheduled for tomorrow?

Lucy Whelan [7:00 P.M.]
I'm afraid not. We are supposed to see two applicants tomorrow, right?

Gary Burke [7:01 P.M.]
Yes, we have an interview with Mr. Stuber...Derek Stuber for a position of a senior accountant in the morning, and another for a position of a personnel assistant in the afternoon. Who's the applicant?

Jessica Franklin [7:04 P.M.]
That's Veronica Harpell.

John Anderson [7:05 P.M.]
We could do without you for the first interview because Ross Dupres from the Accounting Department will be joining us. But it might be difficult to have the second as we are looking for someone who directly reports to you.

Lucy Whelan [7:07 P.M.]
You, guys, can't you deal with the interview alone? I just need somebody who has excellent organizational skills to manage employee files and records.

Gary Burke [7:10 P.M.]
We need at least three interviewers to conduct an interview, according to our department's hiring procedures.

Lucy Whelan [7:12 P.M.]
Well, in that case, Jessica, could you call Ms. Harpell and kindly ask whether we can reschedule the appointment for a week later?

Jessica Franklin [7:13 P.M.]
OK, I'll do it first thing in the morning.

Lucy Whelan [7:14 P.M.]
I'm really sorry. I'll be definitely back by Tuesday morning, so there won't be any problems for the second-day interviews for positions in the Production Department.

John Anderson [7:16 P.M.]
Don't worry. What do you expect when you are in that place at this time of the year? Have a safe journey home. See you on Tuesday.

---

1. At 6:55 P.M., what does Ms. Whelan mean when she writes, "I've got a situation here"?

    (A) She is totally at loss what to do next.
    (B) She has trouble staying at the airport.
    (C) She has a problem she needs to deal with.
    (D) She happens to be in Miami.

2. For what department does Mr. Burke most likely work?

    (A) The Accounting Department
    (B) The Administrative Department
    (C) The Human Resources Department
    (D) The Production Department

3. According to the discussion, when does Mr. Dupres most likely conduct an interview?

    (A) On Monday
    (B) On Tuesday
    (C) On Friday
    (D) On Sunday

4. What does Ms. Franklin say she will do?

    (A) Reschedule the business meeting
    (B) Arrange a telephone interview
    (C) Contact the interviewee
    (D) Join the interview

5. At 7:07 P.M., what does Ms. Whelan mean when she writes, "You, guys, can't you deal with the interview alone"?

    (A) She asks whether they are able to conduct the interview.
    (B) She wants them to have an interview by themselves.
    (C) She asks them to wait for her to come back.
    (D) She wants them to screen the applicant for them.

6. At 7:16 P.M., what does Mr. Anderson mean when he writes, "What do you expect when you are in that place at this time of the year"?

    (A) It is not sensible for Ms. Whelan to be in Miami on the weekend.
    (B) Storms often occur in Miami at a certain period.
    (C) People are at the mercy of the weather.
    (D) It is unusual that flights are cancelled due to a hurricane.

解答と解説

問題1-6は次のオンラインチャットのやりとりに関するものです。

ルーシー・ウェレン [6:55P.M.]
週末なのにみんなに迷惑をかけてごめんなさい。面倒な事態になっています。今、ハリケーンのためマイアミ空港で立ち往生しているんです。

ギャリー・バーク [6:59P.M.]
なんと、では、明日予定されている面接に参加は出来ないんですね？

ルーシー・ウェレン [7:00P.M.]
出来ないと思うわ。私達明日、2人の志願者達に会うことになっているのよね？

ギャリー・バーク [7:01P.M.]
ええ、我々は午前中に上級会計士志望のスチューバーさん…デレク・スチューバーさんと面接し、午後には人事アシスタント志望のもう1人の方と面接します。もう1人の志願者は誰でしたっけ？

ジェシカ・フランクリン [7:04P.M.]
ベロニカ・ハーペルさんです。

ジョン・アンダーソン [7:05P.M.]
最初の面接はあなたがいなくても可能かも知れません。というのは、会計部門のロス・デゥプレさんが参加するので。ですが2番目の方は、あなたに直属する人を探しているので難しいかもしれません。

ルーシー・ウェレン [7:07P.M.]
あなた達だけで面接することは出来ないでしょうか？私は従業員のファイルや記録管理に優れた管理能力のある人でさえあればいいのだけれど。

> ギャリー・バーク [7:10P.M.]
> 我々の部門の雇用手続きでは面接をするには最低3人の面接員が必要となっています。

> ルーシー・ウェレン [7:12P.M.]
> ああ、それなら、ジェシカ、ハーペルさんに電話をして約束を1週間後に変更することが可能かどうか尋ねてもらえないかしら?

> ジェシカ・フランクリン [7:13P.M.]
> はい。では午前中一番にそうしますね。

> ルーシー・ウェレン [7:14P.M.]
> 本当にごめんなさい。火曜日の朝までには必ず戻ります。そうすれば2日目の生産部門の面接には何も問題はないでしょう。

> ジョン・アンダーソン [7:16P.M.]
> 心配しないで。この時期にその場所にいるのだから、どうしようもないでしょう。安全な旅を。火曜日にお会いしましょう。

---

1. 正解 (C)

〈問1の訳〉

午後6時55分にウェレンさんが書いている "I've got a situation here" は何を意味していると考えられますか。

(A) 彼女は次にどうするべきか途方に暮れている。
(B) 彼女は空港に滞在するのに困っている。
(C) 彼女には対処しなければいけない問題がある。
(D) 彼女はたまたまマイアミに居る。

☞ have (got) a situation で「困った状態にある・問題がある」の決まり文句。
(A) だと深刻すぎるので、文脈にはあわない。 **860**

2. 正解 (C)

〈問2の訳〉

バークさんはどの部門で働いていそうですか。

(A) 会計部門　(B) 管理部門　(C) 人事部門　(D) 生産部門

☞ 7時1分には人事アシスタントの面接をすることを述べ、7時5分のアンダーソンさんのテキストでは、ウェレンさんに直属する人を探していると言っている。さらに7時10分のテキストで our department と述べていることから、このテキストをやりとりしている人物たちは全て人事部門に属すると考えられる。 730

3. 正解 (A)

〈問3の訳〉

話し合いによると、デュプレさんはいつ面接を行うでしょう。

(A) 月曜日　(B) 火曜日　(C) 金曜日　(D) 日曜日

☞ 7時5分のテキストにデュプレさんの名前が出てくる。最初の面接は予定通り可能という文脈、またウェレンさんは火曜日の朝までには戻ってくるので、2日目の面接には何の支障もないだろうといっていることから、最初の面接は月曜日と考えられる。またこのチャットがやりとりされているのは週末である（ウェレンさんの最初のメッセージを参照）。 860

4. 正解 (C)

〈問4の訳〉

フランクリンさんは何をすると言っていますか。

(A) ビジネス会議を再調整する
(B) 電話面接を手配する
(C) 面接を受ける人に連絡をする
(D) 面接に参加する

☞ フランクリンさんのテキストを見ればいい。7時13分にそうしますといっているが、これは7時12分の「ハーペルさんに電話して予約を変更することが可能かどうか訪ねてほしい」という内容を受けているので答えは(C)。(A) は引っかけで、再調整するのはビジネス会議ではない。 730

5. 正解 (B)

〈問 5 の訳〉

午後 7 時 7 分にウェレンさんが書いている "You, guys, can't you deal with the interview alone" は何を意味していると考えられますか。

(A) 彼女は彼らがインタビューを行う能力があるかどうかを聞いている。
(B) 彼女は彼らだけでインタビューして欲しいと思っている。
(C) 彼女は、彼らに彼女が戻るのを待ってほしいと頼んでいる。
(D) 彼女は彼らに彼らのために応募者の選別をして欲しいと思っている。

☞ ここでは、インタビューする能力を問うているのではないので、(A) は消去できる。また (D) は「彼らのために」ではないので、これも消去。この言葉の後に、ウェレンさんの「〜の人でさえあればいい」に対してバークさんが 3 人は面接員が必要と言っている文脈から (B) が正解である。 950

6. 正解 (B)

〈問 6 の訳〉

午後 7 時 16 分にアンダーソンさんが書いている "What do you expect when you are in that place at this time of the year" は何を意味していると考えられますか。

(A) 週末にウェレンさんがマイアミにいるのは賢明ではない。
(B) 嵐はある時期にマイアミによく起こる。
(C) 人々は天候に大きく左右される。
(D) ハリケーンによりフライトがキャンセルになるのは珍しいことである。

☞ この文は修辞的な文で、書いている人は答えがわかっている問いを投げかけている。この時期にその場所にいるということで予想されることは当然ハリケーンで、仕方がないという気持ちが表れている。 860

満点突破攻略法
意図を問う問題では前後の文脈を考慮に入れる！

パラフレーズ問題大特訓 1

下線部分に最も近い意味を下の選択肢から選びなさい。

1. It is a remote possibility to reach such a high goal.
2. At a conservative estimate, the sales will be $5 million.
3. The proposed investment is economically viable.
4. The contract will be effective from September.
5. JP Inc. reached a tentative agreement on the new contract terms with NY Corp.
6. The monitoring system may be susceptible to abuse.
7. Many companies face the challenging problem of increasing profits in this economic downturn.
8. Exchanging confidential information is strictly prohibited.
9. The college student is in critical condition after the car accident.
10. She is invited to the forthcoming event held in Kyoto.

A. subject, vulnerable
B. classified, restricted, top-secret
C. slight, very small, slim, faint
D. serious, dangerous, grave, crucial
E. feasible, practicable, workable
F. upcoming, future, approaching
G. in force, valid, legally binding
H. modest, cautious, moderate
I. temporary, provisional, not certain, not fixed
J. difficult, tough, formidable, demanding

解答と解説

1. (C)「そのような高い目標に到達する可能性はわずかだ」
   remote は「（考え・可能性・関係等が）かすかな」。a remote chance とも言える。remote relative（遠い親戚）、remote control（機器の遠隔操作）

2. (H)「控えめに見積もって、売り上げは5百万ドルになるだろう」
   conservative は「保守的で慎重な、控えめな、用心深い」。conservative guess（控えめな予測）、conservative suit（地味なスーツ）

3. (E)「申し入れられた投資は採算が合う」
   viable は「（計画などが）実行可能な」。viable alternative[proposition, method]（実行可能な代案［計画、方法］）

4. (G)「その契約は9月から有効となる」
   effective は「（法律などが）効力を発する、実施される」。effective date of contract（契約発効日）、effective as of today（本日から有効な）、effective ad campaign（効果的な広告キャンペーン）

5. (I)「JP株式会社はNY株式会社とその新しい契約条件に関し暫定合意（一時的合意）に達した」tentative は「仮の、内定の、一時的な」。tentative plan（試案）、tentative steps（暫定措置）、tentative approval（暫定的承認）

6. (A)「その監視システムは悪用される恐れがある（悪用されやすいかもしれない）」susceptible は「影響を受けやすい、感染しやすい」。susceptible to cold（風邪をひきやすい）、susceptible to criticism（批判に影響されやすい）

7. (J)「多くの会社がこの不況下で増益すると言う困難な課題に直面している」
   challenging は「（仕事、課題などが）骨の折れる、やりがいのある、挑発的な」。challenging position（やりがいのある職務）、challenging period（試練の時）

8. (B)「機密情報のやり取りは厳重に禁止されている」confidential は「秘密の、機密の、内密の」。confidential documents（機密書類）、confidential agent（スパイ）、Confidential（親展：事務的な書類の封筒の上書き）

9. (D)「その大学生は車の事故の後、危篤状態だ」
   critical は「危機の、重大な、決定的に重要な意味を持つ、危篤の、批判の、評論の」。critical illness（重病）、critical care（救急診療）、critical essays（評論）、critical ability（批判力）

10. (F)「彼女は今度京都で開催されるイベントに招待されている」
    forthcoming は「来る（べき）、今度の、積極的な、率直な」。forthcoming book（近刊書）、forthcoming exam（次の試験）、forthcoming week（次週）

Part 7　難問大特訓 2

シングルパッセージ

（制限時間 5 分）

Questions 1-5 refer to the following contract.

Service Contract

This contract is between Victor Kreson, the owner of the Kreson Building, (hereafter referred to as "Client"), and Miranda Park of the Green Thumb, Inc. (hereafter referred to as "Contractor") in accordance with the following terms.

    Contract start date:　September 1, 2016
    Contract end date:　August 31, 2017

Either the Client or Contractor may cancel this contract at any time with a thirty-day written notice.

The amount due for the listed services below is $215 per month for the term listed above of this contract and is payable on the last day of each month for the service that was provided. The Client will receive an invoice at the end of each month, and the receipt of payment is due within seven business days from the date of the invoice.

The Contractor will practice pest management to control insects, diseases and weeds that live on and around the Client's ground cover, shrubs, perennials, and trees, by using insecticidal soaps, horticulture oils and biological controls. All spraying for pest control will be conducted before 9:00 a.m. Any weeds that are in beds or mulched areas will be removed manually on a weekly basis. Any weeds in paved areas will be brought under control with trimming machines.

Any shrubs and trees less than five years old will be fertilized three times a year during the months of February, May and September. Any shrubs and trees that are five years and older will be fertilized twice a year in the months, March and September.

Shrubs will be pruned by hand on an as-needed-basis to help ensure proper shape, fullness, and natural bloom. Tree pruning will be conducted once a year and will be limited to only those branches that are below twenty feet in height. No trees located under utility wires will be pruned. Then the Contractor will remove all the litter created after pruning.

Client:

*Victor Kreson   Owner, Kreson Building August **19, 2016***

Contractor:

Miranda Park   Owner, the Green Thumb August 19, 2016

1. What service is this contract for?

    (A) Pest control
    (B) Fence installation
    (C) Tree planting
    (D) Landscape maintenance

2. According to the contract, when is the due date of the first receipt of payment most likely to be?

    (A) August 31, 2016
    (B) September 1, 2016
    (C) September 30, 2016
    (D) October 9, 2016

3. What is indicated about fertilization?

    (A) It is applied to all shrubs and trees.
    (B) It is provided to young shrubs and trees twice a year.
    (C) It is given by a machine.
    (D) It is allowed in the summer months.

4. According to the contract, what is the Green Thumbs, Inc. NOT responsible for?

    (A) Pruning of trees distant from electrical cables
    (B) Disposal of waste
    (C) Manual pruning of shrubs
    (D) Horticultural advice

5. What is NOT indicated in the contract?

    (A) Service charges
    (B) Cancellation of the contract
    (C) The purpose of pruning
    (D) The location of the company

解答と解説

問題 1-5 は次の契約書に関するものです。

業務契約書

本契約はクレソンビルディングのオーナーであるビクター・クレソン（以降 "依頼人" と称す）とグリーン・サム社のミランダ・パーク（以降 "請負人" と称す）との間で、次の条件のように締結する。

　　契約開始日：2016 年 9 月 1 日
　　契約終了日：2017 年 8 月 31 日

依頼人または請負人は双方ともいつでも 30 日前までの書面による通知により契約を解除することが可能である。

以下に記載されている業務への支払い額は上記期間において 1 ヶ月につき 215 ドルとし、業務が行われた各月の最終日に支払うことのできるものとする。依頼人は各月の最終日に請求書を受け取り、支払いの受け取りは請求書の日付から 7 営業日以内とする。

請負人は依頼人の所有している下生え、低木、多年生植物、木のところまたは周辺に発生する害虫、疾病や雑草の処理を殺虫剤石鹸や園芸油や生物学的制御によって行う。害虫駆除の噴霧は午前 9 時より前に行う。花壇や根覆いあたりの全ての雑草は週ごとに手作業で取り除く。歩道域の全ての雑草は刈り取り機で管理する。

5 年より若い全ての低木と木は 2 月、5 月、9 月の年 3 回肥料を施す。5 年以上の樹齢である全ての低木や木は 3 月と 9 月の年 2 回に肥料を施す。

低木は適正な形、ふくらみ、自然な開化を確実にするため手作業で必要に応じて刈り込む。木の刈り込みは年一度、20 フィート以下の高さにある枝に限って行う。電線の下にある木には刈り込みは行わない。請負人は刈り込みの後に発生するゴミを全て除去する。

依頼人
ビクター・クレソン　クレソン・ビルディング所有者　2016 年 8 月 19 日

請負人
ミランダ・パーク　グリーン・サム社オーナー　2016 年 8 月 19 日

1. 正解 (D)

〈問1の訳〉

この契約書は何の業務に関するものですか。

(A) 害虫駆除　(B) フェンス架設　(C) 植樹　(D) 庭の手入れ

☞ (B) や (C) に関しての話は出てこない。(A) は記載されているが、これは請負業務の1つでしかない。全体的に見ると、害虫駆除、刈り込み、肥料や水やりなどが含まれているので (D) が正解。landscape それ自体の意味は「景観」や「造園」と訳されるが、maintenance と組み合わされば、上記のように訳すのが適当。 860

2. 正解 (D)

〈問2の訳〉

契約書によると、最初の支払いの受け取りの期日はいつになりそうですか。

(A) 2016年8月31日　(B) 2016年9月1日

(C) 2016年9月30日　(D) 2016年10月9日

☞ 第4段落の2文目に支払いの受け取りは請求書（ちなみに前文に請求書は各月の最終日とある）の日付から7営業日以内とある。普通に土日が休みと考えれば、10月9日になる。休みがなかったとしても最短で10月7日なので、(A)、(B)、(C) はありえない。ちなみに receipt of payment は「支払いの領収書」ではなく「支払いの受け取り」である。 950

3. 正解 (A)

〈問3の訳〉

肥料やりに関して何が示されていますか。

(A) 全ての低木と木に施される。

(B) 若い低木と木に年2回与えられる。

(C) 機械で与えられる。

(D) 夏の間に割り当てられている。

☞ 第6段落より、5年未満と5年以上の低木と木、それぞれに肥料が施されることがわかる。(B)5年未満のものは年3回なので間違い。(C) 機械で行われるかどうかの記述はない。(D)2月や3月があるので夏の間だけではない。 730

4. 正解 (D)

〈問 4 の訳〉

契約書によると、グリーン・サム社が責任を持たないことは何ですか。

(A) 電線から離れた場所にある木の刈り込み

(B) ゴミの廃棄

(C) 低木の手作業の刈り込み

(D) 園芸に関するアドバイス

☞ (A) 最後の段落にある、電線の下の木は刈り込まないということから、反対にそうでない木は刈り込まれるということがわかる。(B) も最後の段落の最後の文に記述あり。(C) は最後の段落の1行目にある。860

5. 正解 (D)

〈問 5 の訳〉

契約書に示されていないことは何ですか。

(A) サービス料　(B) 契約の取り消し　(C) 刈り込みの目的　(D) 会社の所在地

☞ (A) 第 4 段落に月 215 ドルとある。(B) 第 3 段落に記載。(C) 最後の段落の1文目に記載。730

満点突破攻略法
NOT 問題は、選択肢と矛盾する情報を探しつつ、本文に述べられている内容の選択肢を消去せよ！

パラフレーズ問題大特訓 2

下線部分に最も近い意味を下の選択肢から選びなさい。

1. The enclosed manual contains explicit instructions on how to set up the new printer.
2. The hurricane had a profound impact on the remote area.
3. Her comprehensive research on energy efficiency was highly evaluated.
4. Sedentary lifestyle has an adverse effect on your health.
5. The sluggish economy has left many local shop-owners desperate for attracting new customers.
6. She is excited to play an obscure writer in the latest movie.
7. Mark has only a rudimentary knowledge of French.
8. This software helps users track prospective customers when they visit their website.
9. She managed to pay off her outstanding debt last month.
10. The CEO has decided to adopt the resourceful approach to cut down more expenses.

A. slow, stagnant, faltering, slumping
B. lesser-known, little-known, nameless
C. unpaid, overdue, remaining, past due
D. potential, future, possible, likely
E. serious, severe, very great, grave
F. basic, fundamental, elementary
G. specific, clear, precise, exact
H. thorough, extensive, complete, large-scale
I. negative, opposite, detrimental, harmful
J. ingenious, imaginative, clever

解答と解説

1. (G)「同封の取り扱い説明書には判りやすく新しいプリンターの組み立て方が書かれている」
explicit は「明解な、明白な」。explicit directions（明快な指示）、explicit depiction（あからさまな描写）、explicit effect（明白な効果）

2. (E)「そのハリケーンはその僻地に深刻な影響を与えた」profound は「徹底的な、大規模な、広範囲の、深刻な」。profound changes（抜本的な変更）、profound despair（深い絶望）、profound meaning（深い意味）

3. (H)「エネルギー効率に関する彼女の徹底的な調査は高く評価された」comprehensive は「広範囲な、包括的な」。comprehensive package（包括法案）、comprehensive framework（包括的枠組み）、comprehensive list（総覧）

4. (I)「デスクワークの多いライフスタイルは健康に有害である」
adverse は「有害な、不都合な、不利益な、反対の、逆方向の」。adverse conditions（悪条件、不利な条件）、adverse weather conditions（悪天候）

5. (A)「不景気のため地元の沢山の店主達が新顧客を引き寄せるのに必死になっている」
sluggish は「不振の、不活発な、怠惰な、緩慢な、反応が遅い」。sluggish consumer spending（不活発な個人消費）、sluggish market（不活発な市場）

6. (B)「彼女は最新の映画で無名の作家を演じるのにワクワクしている」
obscure は「無名の、人目につかない、不明瞭な、（複雑で）わかりにくい」。obscure village（人里離れた村）、obscure language（不可解な言語）

7. (F)「マークには全く初歩的なフランス語の知識しかない」rudimentary は「初歩的な、基本的な、原始的な、初期の」。rudimentary skills（初歩的技能）、rudimentary form（基本的な型）、rudimentary education（初歩的な教育）

8. (D)「このソフトウェアでユーザー達は見込み客が彼らのサイトを見た時、彼らを追跡することができる」prospective は「将来の、見込みのある、予想される」。prospective employee（内定者）、prospective company（有望企業）

9. (C)「彼女は昨月、自分の未払いの負債を何とか完済した」
outstanding は「未払いの、未解決の、懸案の、顕著な、目立った」。outstanding issue（未解決の問題）、outstanding ability（卓越した能力）

10. (J)「その最高経営責任者は更なる出費削減に、臨機応変な取り組み方をすることを決意した」resourceful は「（難局に当たり）機知に富んだ、才覚ある」。resourceful staff（優秀なスタッフ）、resourceful company（資力のある企業）

Part 7 難問大特訓 3
シングルパッセージ

（制限時間　6分）

Questions 1-6 refer to the following article.

Small Food Maker Gets the Call to Go Big
By Amy Tanaka   MAY 23, 2016

Snowwhite Dairy, a small food producer in Hudson County, New Jersey, officially received the purchase order by Organic Foods Market, one of the leading retailers of natural, organic foods. The company called on the producer to supply Snowwhite's organic cream cheese for 48 of its stores this month. Fifteen years after the founding of the farm, the company finally received a bulk order for the first time.

Started as a family-owned small dairy farm, Snowwhite has been committed to producing high quality, home-made cheese for the local community. "The sales were less-than-stellar in the first twelve years. —[1]—. Like other commoditized food products such as milk, cheese was dominated by large mass-producing food companies," said Jemma Drews, the CEO of Snowwhite. —[5]—.

However, with the success of local food movement came the prosperity of the small dairy enterprise. —[6]—. The percentage of customers buying locally produced products rose to 25 percent in 2013, from 12 percent in 2008, according to a report by the Food Investigator, a food marketing survey firm based in California. "—[2]—. We are seeing a paradigm shift in food retailing, as well as in food processing and manufacturing," said Markus Volgen, a senior analyst of the firm.

Snowwhite was approached by Organic Foods Market three years ago about the sale of their products to the big retailer. "At that time, we gave up the opportunity to supply Organic Foods Market with Snowwhite

Cheese." Ms. Drews said "We feared that the quality of our cheese might deteriorate if we produce and distribute our recipes in larger volumes. —[3]—."

Organic Foods Market was patient and generous. "—[4]—. We understood that the dairy firm needed the money to increase their production capacity and maintain the quality at the same time. Therefore, we were happy to offer a loan to help them cover the costs of growth," said Sue Byrne, the senior administrator of the Organic Foods Market loan program. —[7]—.

In 2014, Snowwhite borrowed $300,000 to build a new creamery in Newark and Vernon respectively, and the construction was just completed last month. —[8]—. It plans to produce 800 pounds of cheese a day and to expand further by building new aging rooms for their cheese.

---

1. What is the article mainly about?

    (A) The expansion of a retailing company
    (B) A surge in demand for local food products
    (C) A dairy product that is about to be released
    (D) A new business deal between the two companies

2. What is NOT indicated about Snowwhite Dairy?

    (A) It was originally a small business.
    (B) It mainly served local people.
    (C) It took out a loan from another dairy company.
    (D) It intends to use additional facilities to mature cheese.

3. The word "less-than-stellar" in paragraph 2, line 3, is closest in meaning to

    (A) trifling
    (B) phenomenal
    (C) mediocre
    (D) minimum

4. According to the passage, what is the main reason for Snowwhite's success?

   (A) A change in customers' preference
   (B) A promotional campaign
   (C) Improvement in the quality of their products
   (D) A better economic environment

5. In which of the positions marked [1], [2], [3], and [4] does the following sentence best belong?

   "Maintaining quality and consistency was our top priority."

   (A) [1]
   (B) [2]
   (C) [3]
   (D) [4]

6. In which of the positions marked [5], [6], [7], and [8] does the following sentence best belong?

   "To meet the new production demands, the farm now employs additional 120 people."

   (A) [5]
   (B) [6]
   (C) [7]
   (D) [8]

解答と解説

問題 1-6 は次の記事に関するものです。

小規模食品メーカー、成功へのコールを受け取る
エイミー・タナカ　　　2016 年 5 月 23 日

ニュージャージー州、ハドソン郡の小さな食品製造業社、スノーホワイト・デアリーはオーガニック食品の有数小売業者の 1 つであるオーガニックフードマーケット社から公式に購入注文を受けた。同社はその製造業社に、スノーホワイト社のオーガニッククリームチーズを今月同社の 48 店舗用に供給するよう要請したのだ。農場設立から 15 年、ついにその会社は初めての大型注文を受け取った。

家族経営の小さな乳製品農場として開始したスノーホワイト社は高品質なホームメードのチーズを地域社会に届けるように尽力して来た。「売り上げは最初の 12 年は芳しくありませんでした。牛乳など他の商品化された製品のように、チーズも大規模な大量生産会社に牛耳られていました」とスノーホワイトの最高経営責任者であるジェマ・ドリュー氏は述べた。

しかし、地産食品運動の成功に伴い、この小さな乳製品業者に幸運が訪れた。カリフォルニアの食品市場調査会社、フード・インベスティゲーター社の報告では地産品を購入する消費者の割合は 2008 年度の 12% から、2013 年度には 25% にまで増えた。同社の上級アナリストであるマルカス・ボルゲン氏は「我々はまさに食品小売、食品加工、食品製造の転換点を目撃している」と述べた。

スノーホワイト社は 3 年前、オーガニックフードマーケット社から商品をその大手小売業者に販売する可能性についての打診を受けた。ドリュー氏は「当時、我々はオーガニックフードマーケット社にスノーホワイトチーズを提供する絶好の機会を断念しました」、「我々のレシピをより大量に生産流通した場合、我々のチーズの品質が低下することを懸念しました。品質と一貫性を維持することが私たちの一番の優先事項でした」と語った。

オーガニックフードマーケット社は忍耐強く、寛大だった。「我々はその乳製品会社が品質を保ちつつ、生産能力を上げるためには資金が必要だとわかりまし

た。そこで、拡張のための費用の負担に役立つローンを喜んで申し出ました。」とオーガニックフードマーケット社のローンプログラム上級役員であるスー・バーン氏は述べた。

2014年、スノーホワイト社はニューアークとバーノンそれぞれに新しい乳製品製造所を設立するために30万ドルを借り入れ、先月建設は完了した。その新しい生産要求に対応するため、その農場は今や追加の120人を雇っている。同社は1日に800ポンドのチーズを生産し、新しいチーズ熟成室を建設しさらに拡大することを計画している。

1. 正解 (D)

〈問 1 の訳〉

この記事は主に何に関するものですか。

(A) 小売会社の規模拡大

(B) 地産食品の生産に対する需要の急増

(C) 発売間近の乳製品

(D) 2 社間の新しいビジネス取引

☞ 記事の場合、要旨は第 1 段落にある。これはスノーホワイト社がオーガニックフードマーケット社から大量注文を受けたという話なので、答えは (D)。(A) 小売業者ではなく製造業者の規模拡大の話なので間違い。(B) 話の一部でしかない。(C) 新製品の話でもない。 950

2. 正解 (C)

〈問 2 の訳〉

スノーホワイト・デアリーについて示されていないことは何ですか。

(A) 元々は小さな会社であった。

(B) 主に地域の人々に商品を供給していた。

(C) 他の乳製品会社からローンを借り入れた。

(D) チーズ熟成のための追加施設を使うつもりである。

☞ (A)(B) については第 2 段落の最初、(D) については最終段落の最後に記述がある。ローンの話はあるが、これは小売業者からのローンであるので、示されていないことは (C)。 860

3. 正解 (C)

〈問 3 の訳〉

第 2 段落、3 行目の "less-than-stellar" に最も近い意味の語は

(A) くだらない (B) 並はずれた (C) 平凡な (D) 最低限の

☞ less-than-stellar はぱっとしないという感じである。mediocre「平凡な、ぱっとしない」が意味的に一番近い。 860

4. 正解 (A)

〈問 4 の訳〉

文章によると、スノーホワイトの成功の主な理由は何ですか。

(A) 消費者の好みの変化

(B) 販売促進キャンペーン

331

(C) 同社の商品の品質向上
(D) 経済環境の好転

☞ 第3段落の最初に、「地産の食品運動の成功に伴い...」という記述があり、その後、消費者の需要が変わっていったことが述べられているので答えは (A)。950

5. 正解 (C)
〈問5の訳〉
次の文は [1], [2], [3],[4] のどこに入れるのが一番適当ですか。
「品質と一貫性を維持することが私たちの一番の優先事項でした。」
(A) [1]　(B) [2]　(C) [3]　(D) [4]

☞ 第4段落「品質が低下することを懸念しました」と品質についての話をしている後に「品質が優先事項」という趣旨である上記の文を入れるのが、文脈として一番適当である。860

6. 正解 (D)
〈問6の訳〉
次の文は [5], [6], [7],[8] のどこに入れるのが一番適当ですか。
「その新しい生産要求に対応するため、その農場は今や追加の120人を雇っている。」
(A) [5]　(B) [6]　(C) [7]　(D) [8]

☞ まずは「その新しい生産要求」が何かを探す必要はあるが、これは第1段落に書かれている大きな注文ととるしかない。第1段落には空所がないので消去法で考える。[5] は過去にチーズが大きな会社に牛耳られていた話の後なので、不適当。[6] は成功の話の後なので良さそうだが、ここに入れると、前文と後に続く地産商品への消費需要の話とのつながりを断つことになってしまう。[7] ローンの話の直後は不適当。ということで、新しい工場が完成したことと、800ポンドのチーズ生産の話の間 [8] に入れるのが最も適当。950

満点突破攻略法
・**文挿入問題は話の論理的な流れを考えよ。**
・**消去法も駆使すべし。**

パラフレーズ問題大特訓 3

下線部分に最も近い意味を下の選択肢から選びなさい。

1. The bank announced to shed 2000 employees next year.
2. The association organized the event to solicit donations from attendees.
3. Heavy rains claimed many lives in the remote small village.
4. Fred is now under the strong pressure to redeem his debt by next week.
5. The CEO refused to compromise his principles in the face of financial squeeze.
6. The massive explosion consumed the small town in Germany.
7. When they'll unveil the new product remains to be seen.
8. How to screen job applicants is the primary topic of today's meeting.
9. Passengers are required to produce a ticket at all times on request.
10. They were instructed to evacuate the building immediately.

A. destroy, ruin, wipe out, devastate
B. check on, evaluate, assess
C. escape from, pull out of, move out of
D. pay off, discharge, clear
E. fire, lay off, discharge, dismiss
F. betray, bend, weaken
G. kill, take
H. ask for, request, beg for
I. release, announce, bring out
J. show, present, take out

（動詞はすべて原形にしています）

解答と解説

1. (E)「その銀行は来年2000人の従業員を解雇すると発表した」shed は「捨てる、（余剰のもの）を取り除く、解雇する」。shed a tear [tears]（泣く）、shed a disguise（変装を脱ぐ）、shed extra kilos（余分な体重を落とす）

2. (H)「その団体は出席者達から寄付を募るためにそのイベントを企画した」solicit は「（愛顧、援助、金銭、意見、情報などを）懇願する」。solicit his advice[help]（彼の忠告［助け］を求める）、No soliciting（セールスマンお断り）

3. (G)「大雨のためその僻地の小さな村で多くの人命が奪われた」claim は「主張する、要求する、（事故などが人命）を奪う」。claim travel expenses（旅費を請求する）、claim responsibility（責任を認める、犯行声明を出す）

4. (D)「フレッドは来週までに自分の負債を弁済するように強く迫られている」redeem は「買い戻す、（債務など）を弁済する、（名誉など）を取り戻す」。redeem his honor（名誉を回復する）、redeem his faults（彼の欠点を補う）

5. (F)「その最高経営責任者は財政難に直面して自分の理念を曲げることを拒んだ」compromise は「妥協する、和解する、（主義などを）捨てる」。compromise my credit（信用を落とす）、compromise the information（情報を漏らす）

6. (A)「その大規模な爆発でドイツの小さな町は破滅した」consume は「（燃料、エネルギー、時、金などを）使い果たす、破壊する」。consume energy（エネルギーを使い果す）、consume the city（市を焼き尽くす）

7. (I)「いつ彼らがその新製品を発表するかは誰にもわからない」unveil は「覆いを取る、（秘密などを）明かす、公表する」。unveil the statue（像の除幕式を行う）、unveil plans（計画を明かす）、unveil a secret（秘密を明かす）

8. (B)「求職者をどう選考するかかが今日の会議の最も重要なトピックだ」screen は「〜を選別する、〜を排除する、〜を仕切る、〜を（光、熱から）守る」。screen your calls（電話を選別する）、screen the room（部屋を仕切る、調べる）

9. (J)「乗客達は要請された場合いつでも切符を見せる必要がある」produce は「生産する、（証拠など）を示す、提出する」。produce a certificate（証明書を提出する）、produce a consensus（合意を形成する）

10. (C)「彼らは早急にそのビルから避難するよう指示された」evacuate は「（占有する場所など）を明け渡す、（危険な場所から）避難する、空にする」。evacuate the residents（住民を避難させる）、evacuate air（空気を抜く）

Part 7 難問大特訓 4

ダブルパッセージ

（制限時間 6分）

Questions 1-6 refer to the following e-mail and document.

To: Sarah Shepard <sarah.shep@tmob.com>
From: William Howard <w.howard@mail.texeduguide.com>
Date: April 3
Subject: School Info

Dear Mrs. Shepard,

Welcome to Harris County, Texas. Concerning your inquiry about private schools for your daughter, I am attaching the document that describes some of the schools that can accommodate the educational needs of your daughter. All the schools there were ranked among the top twenty private schools of their kind in the state last year.

The information is only a part of what we have here at Texas Education Guide Center, and of course, there are many other schools that provide outstanding education. If you would like to learn more about others, please do not hesitate to contact us, or visit our website, www.texeduguide.com.

Although our primary mission is to empower families to succeed in public education by informing them of the quality of local school education, helping them more aware of their school options, and making them advocates for high quality public schools, we are also committed to providing reliable and valid information on private schools. In fact, there has been such an incredible need for the information that we have expanded to include school data for all types of schools across the state.

Learn more about how to use and understand our guide online, and be sure to check regularly as the website above will be updated throughout the year. If you are interested in a printable report, you can also download the PDF versions.

Last but not at least, we, as a non-profit organization, accept donations of any amount. Your contribution will be essential for our efforts to work for children in Texas. Visit our website to learn the details and make a donation online.

I hope you and your family will have a great start in your new life here.

Yours sincerely,

William Howard
Administrative Assistant
Texas Education Guide Center

Educational Opportunities in Harris County (Selected)

Waldorf School: It offers Parent/Child Program for 3- to 5-year-olds, and continues to serve students all the way through high school. Its Parent/Child classes support the exploration of the first years of life in a warm, nurturing and lively atmosphere. Classes are held in the morning each week, 9:00-11:30, in quarterly sessions. Contact: 713-377-5471

Montessori Institution: Growing under the leadership of Dr. Dukes, this school specializes in individualized instructions to children's unique learning needs. Its programs are tailored specifically for children ranging from toddlers to early teens. Teaching methods are practical, environmentally rich, and culturally sensitive. Its international teaching methods are well suited for children learning English as a second language. Enrollment available year-round. Contact: 713-524-4243

Lauren Mountain Academy: This school offers a full-day program for 1- to 2-year-olds (diapers OK) and a variety of full- and half-day programs, or part-week programs, for preschoolers, ages 3-5. The school offers a continuous 50-week program, closed only on state and federal holidays, which is convenient for working parents. To book a tour around the school, call 713-623-3975.

River Oaks School: For more than 50 years, the school has endeavored to support its students' mental, physical, spiritual, and social development by integrating biblical principles into the school day. Teachers in the Early Childhood Division strive to further develop the educational foundation built at home by emphasizing self-control, healthy habits, social skills and manners. You can schedule an appointment by calling at 713-625-0737.

1. Why is Mr. Howard writing to Mrs. Shepard?

    (A) To provide information on public schools
    (B) To deal with her complaints about education
    (C) To describe an educational organization
    (D) To respond to her request for information

2. What is indicated about Texas Education Guide Center?

    (A) It is subsidized by the government.
    (B) It has made modifications to its website.
    (C) It aims to help children get high scores in exams.
    (D) It focuses exclusively on public education.

3. According to the e-mail, what is NOT indicated about the website?

    (A) The data can be downloaded.
    (B) The data is updated annually.
    (C) Information on schools in Texas is accessible.
    (D) Donations can be made.

4. What can NOT be inferred about Mrs. Shepard?

    (A) She recently relocated to Texas.
    (B) She has a small child.
    (C) She is really interested in foreign language education.
    (D) She wants to send her child to a private school.

5. What is the best choice for parents with a baby and a full-time job?

    (A) Waldorf School
    (B) Montessori Institution
    (C) Lauren Mountain Academy
    (D) River Oaks School

6. Which school provides a program for adolescents?

    (A) Waldorf School
    (B) Lauren Mountain Academy
    (C) River Oaks School
    (D) None

解答と解説

問題 1-6 は次の E メールと文書に関するものです。

シェパード夫人、

テキサス州、ハリス郡にようこそ。娘さんのための私立学校に関する問い合わせに関し、娘さんの教育ニーズに合うであろう学校のいくつかについて説明している文書を添付します。文書にある全ての学校は去年、州でその種の私立学校として、上位 20 校にランクされています。

そこにある情報は、ここ、テキサス教育ガイドセンターにあるものの一部でしかありませんし、もちろん、他にも優れた教育を提供する学校は沢山あります。もし、他の学校についてお知りになりたければ、我々に連絡いただくか、www.texeduguide.com のウェブサイトをご覧ください。

我々の一番の使命は、各家庭に地元の学校教育の質を伝えたり、学校の選択肢について意識を高めるよう促したり、高い質の教育を提供する公立学校を熱心に支援してもらうことで、公的な教育で成功を収められるよう助けることではありますが、また同時に私立学校についての信頼できる有効な情報を提供することにも専心しています。事実、情報に対してかなりの要望があるので、業務を拡張して州の全てのタイプの学校についてのデータも扱うようになりました。

どうぞ、オンラインの我々のガイドの使用法を学び理解していただき、必ず定期的に確認ください。というのも、上記のウェブサイトは年間を通して更新されるからです。もし印刷可能な報告書をお望みであれば、PDF 版をダウンロードしていただくこともできます。

最後になりましたが、非営利団体として、我々はいかなる金額からでも寄付も受け付けております。あなたの貢献は、私たちがテキサスの子供たちのために働くために欠かすことのできないものです。どうぞウェブサイトで詳細を確認し、オンラインで寄付をお願いいたします。

あなたとあなたのご家族がここで素晴らしいスタートを切られますことを願っております。
敬具

ハリス郡での教育機会　（厳選）

ワルドルフ校：この学校は3歳から5歳のお子様に親子プログラムを提供しており、高校まで学生をサポートし続けます。その親子教室は人生の初めに体験する冒険を、温かく養育的で活気あるとした環境の中で支えます。授業は毎週朝9時から11時半まで4学期制で行われます。連絡先：713-377-5471

モンテッソーリ協会：この学校は、デュークス博士の指導のもと発展し、子供固有の学習欲求に応えるべく個別指導を専門に行っております。そのプログラムはよちよち歩きの幼児から10代前半までの子供たちに合わせて特別に作られています。教授法は実践的で様々な環境と文化を考慮しています。その国際的教授法は英語を第2言語として学ぶお子様に大変適しています。入学は年間随時可能。連絡先：713-524-4243

ローレンマウンテンアカデミー：この学校は1-2歳児（おむつ着用も可）に全日プログラムを、3-5歳の就学前児童には多様な全日、半日、曜日選択プログラムを提供しています。学年度は50週連続のプログラムで、州と全国の休日のみ休みなので、仕事をお持ちの親御様には便利です。見学は、713-623-3975までお電話にてご予約ください。

リバーオークス学校：50年以上、リバーオークス学校は聖書の教義を校内の生活に統合することにより児童が知的に、身体的に、精神的に、そして社会的に成長するよう努力しています。幼児部の教師は自己規制、健全な習慣、社会的技能、礼儀を重要視することにより、家庭で培った教育の基礎をより発展させることに努めています。予約をご希望でしたら713-625-0737までお電話ください。

----

1. 正解 (D)
〈問1の訳〉
なぜハワード氏はシェパード夫人にEメールを書いていますか。
(A) 公立学校の情報を提供するため
(B) 教育に関する彼女の苦情に対応するため
(C) ある教育機関について説明するため
(D) 彼女の情報に対する要求に応えるため
☞ 要旨を問う問題である。Eメール第1段落の2文目に答えがある。 **730**

2. 正解 (B)

〈問 2 の訳〉

テキサス教育ガイドセンターについて示されていることは何ですか。

(A) 政府から補助を受けている。
(B) そのウェブサイトに改訂を加えた。
(C) 子供に試験で良い成績を取らせることを目的としている。
(D) それはもっぱら公的教育に焦点を置いている。

☞ (A)(C) に関する記述はなし。(D) についてはEメール第3段落で私立学校でのデータを扱うようになったとあるので間違い。(B) についてはピンとこないかもしれないが、Eメール第3段落の最後に、全ての学校についてのデータを含むようになったとあり、次の段落でウェブサイトでのデータの見方が述べられることから、そのウェブサイトが全ての学校についてのデータを含むよう拡大したことが推測できる。950

3. 正解 (B)

〈問 3 の訳〉

Eメールによると、ウェブサイトについて示されていないことは何ですか。

(A) データがダウンロードできる。
(B) データは年1回更新される。
(C) テキサス州の学校の情報にアクセスできる。
(D) 寄付を行う事ができる。

☞ 第4段落に「ウェブサイトは1年を通じて更新される」とある。annually は年1回なので、間違い。つまり示されていないことなので正解となる。860

4. 正解 (C)

〈問 4 の訳〉

シェパード夫人について推測されないことは何ですか。

(A) 彼女は最近テキサスに引っ越してきた。
(B) 彼女には小さい子供がいる。
(C) 彼女は外国語教育にとても興味がある。
(D) 彼女は子供を私立学校にやりたい。

☞ Eメールの最初に、「テキサス州へようこそ」「私立学校についての問い合わせ」とあるので、(A) と (D) は推測できる。(B) については、文書に載っている学校のすべてが幼児向きの教育を提供していることからうかがえる。

ワルドルフ校は 3-5 歳、モンテッソーリ協会はよちよち歩きの子供、ローレンマウンテンアカデミーは、1-2 歳、3-5 歳、リバーオークス学校には幼児部の教師とある。E メールの主旨をわかったうえで 2 つめの文書を精査しないといけないので、CR（クロスレファレンス）問題である。 950

5. 正解 (C)

〈問 5 の訳〉

生まれたばかりの子供がいて、フルタイムの仕事を持っている親にとって最もいい選択はどれですか。

(A) ワルドルフ校
(B) モンテッソーリ協会
(C) ローレンマウンテンアカデミー
(D) リバーオークス学校

☞ ローレンマウンテンアカデミーの記述に a full-day program for 1- to 2-year-olds（「1-2 歳児の全日プログラム」）とあり、また仕事をお持ちの親御様にも便利とある。 730

6. 正解 (A)

〈問 6 の訳〉

思春期の子供にプログラムを用意しているのはどの学校ですか。

(A) ワルドルフ校
(B) ローレンマウンテンアカデミー
(C) リバーオークス学校
(D) なし

☞ ワルドルフ校の記述の 1 文目に「高校生まで学生をサポートし続けます」とある。ちなみに adolescents は「青年」と訳されるので、20 代を指すと思っている人は多いかもしれないが、英語では 13-18 歳を指す。 730

満点突破攻略法

同カテゴリーに属する複数の事柄に関する情報は、問題で問われてからスキャニングして答えを探す。

パラフレーズ問題大特訓 4

下線部分に最も近い意味を下の選択肢から選びなさい。

1. He was accused of exhausting the funds for the campaign.
2. He was credited with saving lives in the residential house fire.
3. The institute was founded to address the labor problem.
4. They attempted to corner the market by buying up all inventory.
5. The government announced to lift the embargo on the island country.
6. Call our toll-free number if you need to retrieve data from a crashed HD.
7. According to the survey, 30% of the population might contract the disease.
8. The secretary didn't endorse the plan of instituting the new dress code.
9. Teachers were carefully instructed to accommodate the needs of disabled students.
10. Please quote the price for 100 units of Item 5.

A. eliminate, remove
B. be afflicted with, catch, come down with
C. honor, recognize, praise
D. gain control of, dominate, monopolize
E. support, approve, back
F. say, mention, name
G. restore, recover, get back
H. deplete, use up
I. take care of, deal with, handle
J. meet, satisfy, cater to

(動詞はすべて原形にしています)

解答と解説

1. (H)「彼はそのキャンペーンの資金を使い果したことで非難された」exhaust は「(蓄えなど) を使い果す、疲れさせる、～を空にする、(ガスなど) を排出する」。exhaust topics (話題を論じ尽くす)、exhaust myself (疲れ果てる)

2. (C)「彼はその住居の火事で人命を救助した功績があると認められた」credit は「(人、話などを) 信用する、(功績等が人にあると) 認める、信用貸しする」。credit $100 to his account (彼の口座に100ドル入金する)、credit bank (信用銀行)

3. (I)「その組織は労働問題に対処するために設立された」address は「(課題などに) 取り組む、処理する、(人、聴衆などに) 話しかける、演説する」。address the convention (大会で演説する)、address a letter (手紙を書く)

4. (D)「彼らは全ての在庫品を買い占めることで市場を独占しようと試みた」corner は「(株式などを) 買い占める、(市場を) 独占する、～を隅に置く」。corner his pray (獲物を追い詰める)、cornered animal (追い詰められた動物)

5. (A)「政府はその島国に対する禁輸を解除すると発表した」lift は「(禁止令、税金、包囲などを) 解除する、(痛みなどを) 取り除く、持ち上げる、向上させる」。lift his spirits (彼の気分を高揚させる)、lift her voice (声を張り上げる)

6. (G)「壊れたハードディスクからデータを復旧する必要がある場合には、私達の無料通話番号までお電話下さい」
retrieve は「取り戻す、～を回復 (復旧) する」。retrieve his fortunes (資産を取り戻す)、retrieve my honor (名誉を回復する)

7. (B)「調査によれば人口の30%がその病気に感染するかもしれない」contract は「(病気に) かかる、縮ませる、契約する」。contract a muscle (筋肉を収縮させる)、contract an alliance (同盟を結ぶ)、contract a habit (習慣を身につける)

8. (E)「その秘書は新しい服装規定を制定するという計画を支持しなかった」endorse は「(計画等を) 是認する、(人を) 支持する、(手形等に) 裏書する」。endorse a check (小切手に裏書する)、endorse the product (製品を宣伝する)

9. (J)「教師達は身体障害学生達の要求に応じるようにと入念に指示された」accommodate は「適応させる、宿泊 (収容) できる、(要求を) 受け入れる」。accommodate 100 guests (100人収容できる)

10. (F)「品目5の100単位当たりの見積価格を言ってください」
quote は「引用する、(実例など) を示す、(商品などに) (値段を) つける」quote a line (セリフを引用する)、quote fee for (～の値段を言う)、quote mark (引用符)

Part 7 難問大特訓 5

ダブルパッセージ

（制限時間　6分）

Questions 1-6 refer to the following reviews.

Neat & Clean H23
Reviewed by Nathalie Rockoff

This new model of a vacuum cleaner released by Zhu-Di Electronics in April has made the drudgery of cleaning stress-free and even enjoyable. This revolutionary device comes with multiple laser sensors to accurately detect dirt, pet hair and other debris on carpeted floors and hard surfaces. What's more, this process is automatically updated, so even if a new object is added to a room during the cleaning, it will be mapped and marked by the robot.

Some of the special features of Neat & Clean H23 include HEPA media filters that can trap allergens, such as pet dander, pollen and dust mites, and thus mitigate allergies. Then, what is called "combo and brush duo," a combination of different rotating brushes, can pick up tough-to-remove objects such as hair, debris, and crumbs along the edges of baseboards and rugs as well as from floor surfaces. The product also comes with a full manual, and a small removable dirt bin with a fast-accessible release button, which makes it easier to empty the device once it is full.

Some downsides that consumers might complain about the product are its high price and a noise it produces—it is a little pricier and noisier compared with competing models. Overall, however, it is easy to use and is ideal for homes with family members suffering from dust or pollen allergy or with hairy pets.

Customer testimonial — Neat & Clean H23
Susan Parkinson (Los Angeles)

My family recently purchased a robot vacuum cleaner for the first time, and we have been more than satisfied with the fantastic job it has done for us! We chose this model among others because of its high performance in picking up pet hair and allergens. Since we started to use it, my daughter has had a fit of asthma far less frequently, and we seldom see our pet dog's hair on the floor. We are also amazed that the small disc-shaped automated vacuum cleaner can skillfully manage obstacles, such as fringes on rugs, power cords and furniture. It occasionally bumps into a few pieces of furniture, but does so very gently. Another thing I like about it is its design. Weighing only a little over eight pounds, it has an elegant, smooth and modern finish. Finally, after every cleaning session, it automatically goes back to its power charge station, which saves me a lot of trouble for recharging! However, one difficulty with our Neat & Clean H23 is that it does not go under our couch with a fabric flap that hangs down. There is a 4-inch gap between the couch and the floor, which is supposed to allow the robot to go under, but so far it has not ventured underneath. Therefore, I need to manually control the robot to clean there. Also, it requires a slightly long time to recharge itself. Apart from those shortcomings, I think that this model is an all-round, easy-to-use robot vacuum cleaner, and although the price tag is quite a hefty one for my family, it undoubtedly is a significant long-term investment.

1. What feature is NOT mentioned by Ms. Rockoff?

   (A) Revolving brushes
   (B) Online reference
   (C) Special filters
   (D) Laser sensors

2. In the first review, the word "mitigate" in paragraph 2, line 3, is closest in meaning to

   (A) alleviate
   (B) contain
   (C) develop
   (D) heal

3. What problem does Mrs. Parkinson have with the cleaner?

   (A) It does not automatically clean below the couch.
   (B) It often bumps into furniture, making a large noise.
   (C) It gets tangled with a fabric flap of the couch.
   (D) Its battery does not last long.

4. In the second review, the word "fit" in paragraph 1, line 5, is closest in meaning to

   (A) sudden attack
   (B) quick fix
   (C) chronic illness
   (D) big match

5. What advantage is mentioned in the second review, but NOT in the first review?

   (A) Remote control
   (B) Floor maneuvering
   (C) A manageable dust bin
   (D) Cleaning performance

6. What is mentioned about the cleaner in both reviews?

   (A) It is user-friendly.
   (B) It is disc-shaped.
   (C) It is noisy.
   (D) It is inexpensive.

解答と解説

問題 1-6 は次の批評に関するものです。

Neat & Clean H23
ナタリー・ロッコフによる批評

4月に Zhu-Di エレクトロニクスが発売したこの新しいモデルの掃除機は掃除というつまらない仕事をストレスなく、そして楽しめるものにさえしました。この革新的な器具には複数のレーザーセンサーがついており、カーペットの床や固い表面にあるほこり、ペットの毛、その他のごみを正確に検知します。さらに、このプロセスは自動的に更新されるので、もし掃除の最中に新しいものが部屋に加わった場合、このロボット掃除機はその位置を突き止め記憶します。

Neat & Clean H23 の特別な機能には、ペットのふけ、花粉、イエダニなどのアレルゲンをキャッチでき、それゆえアレルギーを緩和できる **HEPA** メディアフィルターがあります。また、「コンボ・ブラシ・デュオ」と呼ばれる、回転する何種類かのブラシの組み合わせが、床の表面や、幅木やマットのふちにある、髪の毛やごみ、パン屑などの取りにくいものをキャッチします。この製品には、また、完全マニュアル、さらに、小さなごみ容器がついており、ボタン1つで簡単に取り外しが可能なので、ごみ捨てが容易にできます。

この製品について消費者が不満に感じるかもしれない欠点はその高い値段と騒音でしょう。他の競合モデルと比べると多少高価でうるさいものとなっています。しかしながら、全体的には、使いやすく、ほこりや花粉アレルギーをもつ人がいる家庭や、毛が多いペットがいる家庭には理想的です。

消費者の声——Neat & Clean H23
スーザン・パーキンソン（ロサンジェルス）

うちの家族は最近初めてロボット掃除機を購入し、その素晴らしい仕事ぶりにとても満足しています！私たちが数ある中からこのモデルを選んだのはペットの毛やアレルゲンを掃除するのに高い性能を発揮するからです。それを使い始めてから、うちの娘はぜんそくの発作がかなり少なくなりましたし、床にペットの犬の毛が落ちているのを見ることはほとんどなくなりました。また、この小さな円盤型の自動掃除機が見事に、マットの房や、電源コード、家具などの障害物をよける姿に感動しています。たまに家具にぶつかることもありますが、ぶつかり方はとても穏やかです。さらに気に入っているのはそのデザインです。わずか8ポンド少しの重さで、とても優雅でなめらかで近代的な仕上がりのデザインになっています。最後に、毎回掃除の後、自分で自動的に充電場所に戻っていくので、充電の手間がかなり省けます！でも、Neat & Clean H23の問題の1つは、生地の垂れ下がった飾りがついているソファーの下には行かないということです。ソファーと床の間には4インチの隙間があるので、ロボット掃除機が下を通れるはずなのですが、これまでのところソファーの下に向かおうとはしません。ですので、そこを掃除するには手動でロボットをコントロールしなければなりません。また、充電するのに多少時間が長くかかります。これらの欠点を除いては、このモデルは幅広い機能をもった、使いやすいロボット掃除機です。値札はかなり私たち家族にとってはかなり重たいものでしたが、疑いなく、長期的な投資として素晴らしいものです。

---

1. 正解 (B)

〈問1の訳〉
ロッコフさんによって述べられていない特徴は何ですか。
(A) 回転するブラシ
(B) オンラインでの手引書（マニュアル）
(C) 特別なフィルター
(D) レーザー・センサー

☞ 1つ目の文章、第2段落の6〜7行目に comes with a full manual とあるので online ではない。(A)、(C) については第2段落、(D) については第1段落に記載がある。 730

2. 正解 (A)

〈問 2 の訳〉

1つ目の批評の第2段落、3行目の "mitigate" に最も近い意味の語は

(A) 緩和する

(B) 阻止する

(C) 発展させる

(D) 癒す

☞ mitigate も alleviate も何かしら好ましくないものを「より重大（深刻）でないものにする」という意味。(D) の「健康な状態に戻す」や (B) の広がるのを「食い止める」という意味とは異なる。 **950**

3. 正解 (A)

〈問 3 の訳〉

パーキンソンさんが掃除機について抱えている問題は何ですか。

(A) ソファーの下を自動的には掃除しない。

(B) 大きな音を立てて、よく家具にぶつかる。

(C) ソファーの飾りの生地によくもつれる。

(D) 電池が長持ちしない。

☞ 2つ目の批評の中ほど However, one difficulty ～のところに問題が示されている。飾りの布がついたソファーの下に行かない（だから掃除しない）ということが問題である。(D) はひっかけであるが、充電するのに時間がかかることと電池の持ちが悪いのは別のこと。 **860**

4. 正解 (A)

〈問 4 の訳〉

2つ目の批評の第1段落、5行目の "fit" に最も近い意味の語は

(A) 突然の発作

(B) 応急処置

(C) 慢性的な病気

(D) 大試合

☞ fit は「発作」の意味なので、(A) が正解。(C) が distractor（ひっかけ）。慢性的な病気が頻繁に起こらなくなるというのはおかしい。 **860**

5. 正解 (B)
〈問 5 の訳〉
2 つ目の批評では述べられていて 1 つ目の批評で述べられていない利点は何ですか。
(A) 遠隔操作
(B) 床上の立ち回り
(C) 扱いやすいゴミ箱
(D) 掃除の性能

☞ CR 問題。(A) の記述はどちらにもない。(C) は 1 つ目の批評でのみ述べられている。(D) についてはどちらにも記述あり。(B) は 2 つ目の批評の the small disc-shaped automated vacuum cleaner can skillfully manage obstacles... のところが当てはまる。860

6. 正解 (A)
〈問 6 の訳〉
掃除機についてどちらの批評でも述べられていることは何ですか。
(A) 扱いやすい。
(B) 円盤の形をしている。
(C) うるさい。
(D) 安価である。

☞ これも CR 問題。(A) については、どちらの批評にも easy to use (1 つ目)、easy-to-use (2 つ目) とある。(B) は 2 つ目のみ、(C) は 1 つ目のみ、(D) はどちらでも高いと言われているので不正解。730

満点突破攻略法
- Review の文書では利点と欠点に注意を払う！
- Review の文書が複数ある時は意見の相違についても確認する。

パラフレーズ問題大特訓 5

下線部分に最も近い意味を下の選択肢から選びなさい。

1. If it were not for <u>generous</u> pay raise, he would have turned down the job transfer.
2. Royal Hotel offers their hotel guests a <u>complimentary</u> shuttle-bus service to the major shopping centers.
3. She was commended for the <u>consistent</u> support for the charity event.
4. Additional workload can <u>eventually</u> result in severe fatigue.
5. It is <u>seemingly</u> impossible to acquire the marketable skill in a short time.
6. The secretary deleted the important file of her colleague <u>deliberately</u>.
7. John is <u>undoubtedly</u> qualified to fill the opening position.
8. A <u>substantial</u> number of car accidents still happen despite the warning.
9. She managed to find a <u>practicable</u> solution to address the labor problem.
10. Time management is <u>notably</u> important in handling multiple tasks.

A. particularly, especially
B. considerable, large, great, significant
C. surely, certainly, definitely, without a doubt
D. apparently, outwardly, on the surface
E. free, courtesy, free of charge
F. unchanging, everlasting
G. practical, viable, workable, feasible
H. finally, ultimately, sooner or later
I. intentionally, on purpose, willfully
J. adequate, sufficient

解答と解説

1. (J)「もし十分な昇給が無かったら、彼は転勤を拒んでいただろう」
generous は「気前の良い、寛大な、(物などが) 豊富な」。generous benefactor（気前の良い後援者）、generous with his money（金離れが良い）

2. (E)「ロイヤルホテルは宿泊客に大ショッピングセンターへの無料シャトルバスのサービスを提供している」
complimentary は「無料の、招待の、お世辞の、賛辞の」。complimentary ticket（招待券）、complimentary remarks（賛辞）

3. (F)「彼女はそのチャリティーイベントへの変わらぬ支援で賞賛された」
consistent は「(言行、主義などが) 一貫した、矛盾しない」。consistent performance（安定した演技）、consistent belief（不動の信念）

4. (H)「さらなる作業負荷はやがては重度の疲労になり得る」
eventually は「結局は、ついに、やがて」。eventually become obsolete（最終的には古臭くなる）、eventually become reality（最終的には現実になる）

5. (D)「短期間で需要のある技術を習得するのはどうやら不可能だ」seemingly は「一見したところ、外見的には」。seemingly insoluble problems「一見解決出来そうにない問題」、seemingly healthy（外見は健康そうな）

6. (I)「その秘書は彼女の同僚の重要なファイルを故意に削除した」
deliberately は「故意に、意識 (計画) 的に、入念に、慎重に」。deliberately ignore the fact（事実を故意に無視する）、deliberately designed（意図的に設計された）

7. (C)「ジョンは確かにその欠員の職を務めるのに適任である」
undoubtedly は「明らかに、疑問の余地なく、確かに」。undoubtedly beneficial（明らかに有益な）、as you undoubtedly know（すでにご存じとは思いますが）

8. (B)「警告にもかかわらず、相当な数の車両事故がいまだに起きている」
substantial は「相当な、沢山の、物質の、実在する、実質的な、重大な」。substantial impact（相当な影響）、substantial changes（大きな変化）

9. (G)「彼女はなんとかしてその労働問題に対処する実行可能な解決策を見つけようとした」practicable は「(方法、提案などが) 実行可能な、実用的な」。practicable plan（実施可能な計画）、practicable policy（実行可能な政策）

10. (A)「時間管理は複数の作業をこなすためには特に重要である」
notably は「特に、著しく、明白に、目立って」。notably ineffective（明らかに無効な）、notably high（著しく高い）

Part 7 難問大特訓 6
トリプルパッセージ

（制限時間　8分）

Questions 1-8 refer to the following article, e-mail, and letter.

Play-One's new deal with Net Ltd
by Christopher Mitchell

　Following Play-One's previous announcement with reference to early stage negotiations with a gaming business, the company announced today that it has signed a contract with Net Global Limited (Net Ltd) to supply PSC gaming software within China.

　Play-One, one of the leaders in the gaming industry, based in Japan, had been posting substantial profits in the 1990's and the 2000's, with its worldwide hit products such as "Samurai Warriors," "Pakkun," and "Monster Dreams." However, since its domestic and Western markets for their game products were almost saturated in 2010, it has had a rather difficult time under keener competition from overseas companies.

　The new business deal is one of its strategies to increase its presence in Asia. Net Ltd is a relatively new, Hong Kong-based venture company specializing in creating new-type game software and helping businesses market their products in Asian countries as well as their own. In Shanghai, it is already a listed company, whose subsidiary has recently signed licensing agreements with an operating arm of the Asia Youth League (AYL). AYL is responsible for implementing China's 'Green Internet Policy' to ensure that duly licensed games are provided via Internet cafes situated throughout China.

　Net Ltd is currently undertaking a fund raising campaign for business expansion. Further details of its plans are therefore withheld at this stage. However, Play-One is expected to give a further update regarding their contract later this month.

This is the second contract that Play-One has signed to supply the Chinese market with its products in the past three months and the first nationwide contract of this nature.

David Rydell, Chief Executive Officer of Play-One, commented today: "Although Net Ltd is in the very early stages of its development, its potential is very exciting for Play-One, and we look forward to working closely with Net Ltd to develop this potential."

To: James Lloyds <j.lloyds@playone.com>
From: Richard Yamashita <r.yamashita@playone.co.jp>
Date: August 31
Subject: article on Play-One

Hi, James,

How are you? I hope everything is going well with you. Thank you very much for your kind hospitality when we visited your office in New York in June. We enjoyed every minute of it.

By the way, there is one thing I would like to call your attention to. It's about the article on our company released in the gaming trade journal this month. Have you read that? It seems that Jessica Anderson, who was previously in charge of writing articles about our company, has been replaced by a new writer. This person is probably not knowledgeable enough or has just failed to conduct adequate research on us.

There are two mistakes in his article. One is that the game "Pakkun" was not our hit product, but T&W Company's in the 1980's. The other mistake is that the contract with Net Ltd is the second one not in the past three months but in the past six months. We did make a deal with Lee Gaming Company last February. These are just minor details, but I think we should notify the writer and the editor of these errors and ask them to correct the information.

As the public relations manager in the U.S., could you write a letter to them asking for the corrections? In case you haven't read the article, I'll attach it in a PDF file.

Thank you very much in advance,

Richard Yamashita
Managing Director
Play-One

Play-One, USA office
681 Bergen Street
New York, NY 14850
www.play-one.com

September 1, 2016

Mr. Christopher Mitchell
Game Industrial Journal
88 Madison Drive
New York, NY 13789

Dear Mr. Mitchell

Thank you for writing about our company, Play-One. We really appreciate your industrial journal's interest in our firm and latest developments. We have been committed to creating exciting, quality game products for almost three decades for game enthusiasts, and as your article made it clear, we are striving to expand further in the Asian market.

However, there are a few inaccuracies that I would like you to correct. First of all, "Pakkun" is a game released not by us, but by our competitor, T&W Company. Also, our new partner has yet to go public. In fact, there was a rumor or a speculation sometime in early summer that it might be listed, but it hasn't been realized yet. Finally, our company signed a contract with Lee Gaming Company in late February this year, which means your information about our first contract is inaccurate.

We would like you to make corrections to these pieces of information on the next issue, if possible.

Yours sincerely,

James Lloyds
Manager, Public Relations
Play-One, U.S.A.

1. Why did Play-One sign a contract with Net Ltd?

   (A) Net Ltd has successfully developed a new gaming software.
   (B) Net Ltd has an established reputation.
   (C) Play-One is seeking to expand further into Asia.
   (D) Play-One is on the verge of bankruptcy.

2. What is true about the newly signed contract with Net Ltd?

   (A) It is still in the negotiating stage.
   (B) It is the first of its kind covering all of China.
   (C) It is part of the licensing agreements with AYL.
   (D) It will be formally announced later this month.

3. What is suggested about Christopher Mitchell?

   (A) He recently started writing about Net Ltd.
   (B) He is a newly assigned writer for Play-One.
   (C) He missed essential information about the deal.
   (D) He failed to do research on AYL's role in China.

4. Why did Mr. Yamashita write to Mr. Lloyds?

   (A) To point out some mistakes that he has made
   (B) To ask him to contact the relevant party about the errors
   (C) To inquire about the possibility of a meeting with the writer
   (D) To appreciate his hospitality toward him and his colleagues

5. What is NOT indicated about Play-One?

   (A) It is in the same industry as T&W Company.
   (B) It has been in business for a generation.
   (C) Ms. Anderson is a predecessor in public relations.
   (D) Its sales have been stagnant for several years.

6. What information is added by Mr. Lloyds in the letter?

    (A) That Net Limited has changed its status from a privately-held company to a publicly-held one
    (B) That Net Limited has been a private company
    (C) That Lee Gaming Company has been in partnership with his company for three months
    (D) That T&W Company first launched its hit product in the 1980's

7. In the article, the word "duly" in paragraph 3, line 8, is closest in meaning to

    (A) timely
    (B) exclusively
    (C) domestically
    (D) properly

8. In the letter, the word "speculation" in paragraph 2, line 4, is closest in meaning to

    (A) assumption
    (B) hypothesis
    (C) prospect
    (D) allegation

解答と解説

問題 1-8 は次の記事と E メールと手紙に関するものです。

プレイワンのネットリミティッドとの新しい取引
クリストファー・ミッチェル

ゲーム機会社との初期段階交渉に関するプレイワンの先の発表に続いて、プレイワンは PSC ゲームソフトウェアを中国国内で供給する契約をネットグローバルリミティッド（ネットリミティッド）との間で結んだことを今日発表した。

プレイワンは日本に拠点を置く、ゲーム産業をけん引する企業の 1 つであり、その世界的なヒット商品「サムライ戦士」「パックン」「モンスタードリームズ」などで 1990 年代と 2000 年代にかなりの利益を計上してきた。しかしながら、そのゲーム製品に対する国内市場と西洋の市場が 2010 年にほぼ飽和状態になってから、他の海外企業とのより厳しい競争に直面して、かなり苦しんでいる。

この新しい契約はアジアでの存在感を増そうという戦略の 1 つである。ネットリミティッドは比較的新しい、香港を拠点としたベンチャー企業で、新しいタイプのゲームソフトウェアの開発や自社の製品と同様他の企業の製品のアジアの国々での販売展開を助けている。上海では、すでに上場企業で、その系列会社は最近アジアユースリーグ（AYL）の作業部とのライセンス契約の調印をしたところだ。AYL は中国に広まっているインターネットカフェを通じて、正式に認可を受けたゲームが供給されることを確実にする、中国の「グリーンインターネットポリシー」を実行する責任を負っている。

ネットリミティッドは現在事業拡大のための資金集めに取り組んでいる。それゆえ同社のさらなる計画の詳細は現段階では公表を控えられている。しかしながら、プレイワンはこの契約に関する続報を今月中に伝えるだろうとされている。

これは過去 3 ヶ月でプレイワンが中国市場に自社製品を供給するために調印した 2 つ目の契約で、この種のものでは最初の全国的な契約となる。

プレイワンの最高経営責任者、ディビッド・ライデルは今日、次のように述べた。「ネットリミティッドはごく初期の発達段階にあるが、その潜在能力はプレイワンにとっては非常に刺激的で、この潜在能力を伸ばすためにネットリミティッドと緊密に協力していくことを楽しみにしている。」

プレイワンの記事について
ジェームズ

調子はどうかな？　元気にしているだろうとは思っていますが。6月には我々をニューヨークのオフィスでもてなしてくれてありがとう。私たちは十分に楽しい時間を過ごすことが出来た。

ところで、1つ、伝えたいことがある。今月のゲームの業界紙に載ったわが社に関する記事についてだ。それをもう読んだだろうか？どうもわが社の記事を担当していたジェシカ・アンダーソンは、新しい書き手にとって代わられたようだ。この人物はおそらくあまり知識がないか、少なくともわが社についての十分なリサーチをしていないみたいだ。

彼の記事には2つの間違いがある。1つは「パックン」はわが社のヒット商品ではなく、T&W会社のものだ、1980年代の。もう1つの間違いはネットリミティッドとの契約は過去3ヶ月においての2つ目の契約ではなく過去6ヶ月において2つ目であるということだ。わが社がリーゲーム会社と契約をしたのはこの2月だ。これらは単なるささいな詳細であるが、それでもこれらの間違いを書き手と編集長に連絡して情報を修正してもらうべきだろう。

アメリカでの広報部部長として、修正を依頼する手紙を書いてもらえないだろうか？記事を読んでいないかもしれないので、念のためPDFファイルで添付しておく。

よろしくお願いしたい。

プレイワン　マネージングディレクター
リチャード・ヤマシタ

ミッチェル様

我が社、プレイワンについて記事を書いていただきありがとうございます。貴社の業界紙が我が社や我が社の動きについていつも関心をもってくださっているのにはとても感謝しております。我々は、刺激的な質の高いゲーム製品をゲーム愛好者のためにほぼ30年専心して創作してきております。そしてあなたの書かれた記事が正しく述べているように、アジア市場にもさらに拡大しようと努力しています。

しかしながら、修正してもらいたいまちがいが2、3あります。まず、「パックン」は我が社が発売したものではなく、我々のライバル企業、T&W会社が発売したものです。また、我が社の新しいパートナーはまだ株式公開していません。確かに夏の初めころに、上場されるかもという噂…というか憶測が流れていましたが、まだ実現していません。最後に、我が社はリーゲーム会社と今年の2月の終わりに契約を交わしています、ということで、我が社の最初の契約についてあなたの情報はまちがっていることになります。

もし可能であれば、これらの情報を次号で修正していただきたいと思っています。

敬具

プレイワン（アメリカ）　広報部部長
ジェームズ・ロイズ

1. 正解 (C)

〈問1の訳〉

プレイワンがネットリミティッドと契約を結んだのはなぜですか。

(A) ネットリミティッドが新しいゲームソフトを開発するのに成功した。
(B) ネットリミティッドは定評がある。
(C) プレイワンはさらにアジアに進出しようとしている。
(D) プレイワンは倒産寸前である。

☞ 記事の第3段落の最初に「アジアでの存在感を高めるため」とある。 860

2. 正解 (B)

〈問2の訳〉

ネットリミティッドと新たに調印した契約について正しいものはどれですか。

(A) まだ協議段階である。
(B) この種のものでは中国全体をカバーする最初のものである。
(C) AYLとのライセンス協定の一部である。
(D) 今月中に正式に発表されるであろう。

☞ 記事の第5段落最後に the first nationwide contract of this nature（この種のものでは最初の全国的な契約）とあるので (B)。 860

3. 正解 (B)

〈問3の訳〉

クリストファー・ミッチェルさんについて示されていることは何ですか。

(A) 最近、ネットリミティッドについて書き始めた。
(B) 最近プレイワン担当の書き手として任命された。
(C) 契約についての重要な情報を落としている。
(D) 中国でのAYLの役割について調べていない。

☞ 記事とEメールを両方照合する必要があるCR（クロスリファレンス）問題。Eメールで「最近担当の記者が新しくなったようだ」という内容と記事の書き手を照らし合わせる。(A)はネットリミティッドではなくプレイワン、(C)Eメールでも just minor details「単なるささいな詳細」とあるように記事の根幹に関わる重要な情報については間違っていない。(D)AYLの役割についても記事に書かれている。 950

4. 正解 (B)

〈問 4 の訳〉

なぜヤマシタさんはロイズさんに E メールを書いたのでしょうか。

(A) 彼がした間違いを指摘するため
(B) 当事者に間違いについて連絡するよう彼に依頼するため
(C) 書き手と会う可能性について問い合わせるため
(D) 彼と彼の同僚に対するもてなしを感謝するため

☞ 説明が長く、手紙の最後に依頼が何かわかる。最近はこういう問題もあるので注意。書き手が間違いを修正するよう業界紙に手紙を書いてほしいと依頼しているので正解は (B)。もてなしに対する礼が主旨ではない。 860

5. 正解 (C)

〈問 5 の訳〉

プレイワンについて示されていないことは何ですか？

(A) T&W カンパニーと同じ業界にいる。
(B) 30 年ビジネスをしている。
(C) アンダーソン氏が広報部の前任者である。
(D) その売り上げは何年も停滞している。

☞ 情報があちこちに散乱しているので全体的に読まないといけないが、(C) が示されていないことは、手紙でわかる。アンダーソン氏はミッチェル氏の前任者である。(A) については E メールと手紙で述べられている。(B) は手紙の for almost three decades「ほぼ 30 年間」と対応する。a generation は世代が変わる年月を言うので一般的に約 30 年。(D) については記事の第 2 段落最後に記述がある。 860

6. 正解 (B)

〈問 6 の訳〉

どの情報を手紙でロイズさんは付け足していますか。

(A) ネットリミティッドが非上場企業から上場企業へと変わったこと
(B) ネットリミティッドがずっと非上場企業であること
(C) リーゲーム会社が彼の会社と 3 ヶ月の間パートナーであること
(D) T&W 会社が 1980 年代に最初にそのヒット商品を発売したこと

☞ E メールと手紙を照らし合わせる必要がある CR 問題。E メールで書かれていなくて手紙で書かれていることを見つける。それはネットリミティッドの会社としてのステイタスである。手紙では実はまだ上場していないと

いう事実に触れている。 950

7. 正解 (D)

〈問 7 の訳〉

記事の第 3 段落、8 行目の "duly" に最も近い意味の語は

(A) 時宜にかなって

(B) 排他的に

(C) 国内で

(D) 適切に

☞ duly は「適切に正しいやり方で間違いなく」という意味なので (D) が正解。 950

8. 正解 (A)

〈問 8 の訳〉

手紙の第 2 段落、4 行目の "speculation" に最も近い意味の語は

(A) （証拠のない）前提・思い込み

(B) 仮説

(C) 見込み

(D) （十分な証拠のない）申し立て

☞ speculation は「全ての情報を知ることなく起こるだろうと予想を立てること」、assumption は「証拠なしに何かが起こりそうだと思ったり感じたりすること」、hypothesis は「分かっている事実に基づく考えだが正しいと証明されていないもの」、prospect は「何かが起こりそうな前向きな見通し」、allegation は「証拠なく公に誰かを責めること」。よって近いのは assumption。 860

満点突破攻略法

- トリプルパッセージでは３つの文書間の関連性を素早くつかむ。
- 通信文（手紙、Ｅメールなど）で、必ずしも用件が最初に述べられているとは限らないことに注意する！

パラフレーズ問題大特訓 6

下線部分に最も近い意味を下の選択肢から選びなさい。

1. It is reported that many economists see China as the most resilient market in the world.
2. The housing loan carries 4.7% interest.
3. Executives from both companies make regular visits on a reciprocal basis.
4. Your premium membership expires at the end of August.
5. The electric appliances firm has taken a drastic measure to handle a chronic shortage of skilled engineers.
6. She is scheduled to report to the head office this afternoon.
7. Ms. Downton couldn't give a conclusive evidence of the link between her eyestrain and overwork.
8. He cited one example of the effective sales promotion in India.
9. Everyone was surprised that Mr. Bond tendered his resignation today.
10. Mary called in sick this morning due to her acute back pain.

A. give, show, present, offer
B. end, terminate, run out, become invalid
C. go, show up at, appear at
D. give, offer, provide, include
E. hand in, submit, put forward
F. difficult to get rid of, long-lasting, persistent
G. mutual, exchanged, give-and-take
H. authentic, convincing
I. strong, tough, robust, quickly-recovering
J. severe, strong, serious

（動詞はすべて原形にしています）

解答と解説

1. (I)「多くの経済学者達が中国を世界で最も回復力のある市場とみなしていると報告されている」resilient は「(不運、困難な状態からの) 回復 (復元) 力のある、弾力的な」。resilient recovery (たくましい復興)、resilient materials (弾力材)
2. (D)「その住宅ローンは 4.7% の利率である」carry は「持ち運ぶ、輸送する、前進 (発展) させる、~を伝達する、掲載する、~を伴う」。carry a genetic risk (遺伝的リスクを伴う)、carry a meaning (意味を持つ)
3. (G)「両社の重役達は相互にお互いの会社に定期的訪問をした」reciprocal は「相互の、互恵的な、対等の、返礼の、仕返しの」。reciprocal agreement (相互協定)、reciprocal relationship (互恵関係)、reciprocal obligation (相互義務)
4. (B)「あなたの特別会員権は 8 月末に満期になる」expire は「有効期限が切れる、満期になる、息を吐き出す」。expire date (失効日、有効期限)、expired card (期限切れカード)、expire carbon dioxide (二酸化炭素を排出する)
5. (F)「その電機会社は技術者達の慢性的不足に対処するために画期的方策を取った」chronic は「慢性の、(悪い事態が) 長期に渡る」。chronic alcoholic (慢性アル中)、chronic smoker (喫煙常習者)、chronic abuse (慢性的乱用)
6. (C)「彼女は今日の午後、本社に出向く予定だ」report は「報告する、報道する、出頭する、出向く、顔を見せる、人に直属している」。report on the incident (その事件を取材する)、report to the police (警察へ届ける)
7. (H)「ダウントンさんは自分の眼精疲労と過労との関係の決定的な証拠があげられなかった」conclusive は「(事実、証拠などが) 決定的な、確実な、最終的な」。conclusive evidence (確証)、conclusive answer (最終的な返事)
8. (A)「彼はインドでの効果的な販売促進活動の一例をあげた」cite は「引用 (例証) する、~を (~の容疑で) 召喚する」。cite a report (報告書を引用する)、be cited for speeding (スピード違反で出頭を命じられる)
9. (E)「本日ボンド氏が辞表を提出したことに誰もが驚いた」tender は「(辞表などを) 提出する、(礼などを) 述べる」。tender her thanks[apologies] (感謝 [謝罪] の言葉を述べる)、tender bids (入札する)
10. (J)「メアリーは今朝深刻な背中の痛みのため病欠の電話をした」acute は「(病気、痛みなどが) 一時的に激しい、急性の、深刻な、先の尖った、(感覚が) 鋭い」。acute angle (鋭角)、acute hearing (優れた聴力)

Part 7 難問大特訓 7

トリプルパッセージ

（制限時間 7分）

Questions 1-7 refer to the following advertisement and e-mails.

Going Home Sales—Textbooks

To Prospective Freshmen and Sophomores in the Department of Chiropractic in Palmer University,

Do you want to save some money on your pricey textbooks on chiropractic medicine? I have quite a few secondhand books to offer at lower prices. Actually, some of them are in almost pristine condition. I completed my first year in the Department of Chiropractic, but circumstances forced me to change my course of career, and therefore, I want to sell the books I no longer use to anybody who needs them. Here are some of the titles of the books that are available.

Clinical Chiropractic: A biomechanical approach ($ 45)
This book documents the techniques that chiropractors use on a day-to-day basis. It covers chiropractic management of spinal fractures and dislocations, descriptions of biomechanically sound techniques, and plenty of three-dimensional illustrations to aid visualizing spatial orientation. This book is used for a pre-course reading assignment for *Clinical Chiropractic* offered in the second year.

Principles and Practices of Chiropractic ($80)
This comprehensive, extensively illustrated book focuses on chiropractic principles, diagnosis, and treatment. It covers such fields as neurology, orthopedics, and such topics as manipulative techniques, Rehabilitation, and more. This is required reading for anyone who needs credits for the course titled *Introduction to Chiropractic Medicine*.

Atlas of Human Anatomy ($50)

This book provides unsurpassed depictions of the human body in clear detail with hundreds of exquisite, hand-painted illustrations created by an eminent medical illustrator. It is especially helpful in understanding its complex structures with visual region-by-region diagrams. It is also a good reference for would-be-medical practitioners as well as chiropractors in any stage of their training and career.

Physiology Review ($75)

The book covers thorough reviews of all major body systems with pictures and illustrations, and more than 1, 000 questions and answers on physiology that allow you to test your knowledge of the essential concepts. It definitely helps you prepare for class exams in *Basic Physiology*, which is a required subject in the Department of Medicine, the Department of Nursing, and the Department of Chiropractic.

More titles are also available. If you are interested, contact Ian at IanRoberts@freemail.com by July 10th, then I will send a list of all the books I have.

To: Ian <IanRoberts@freemail.com>
From: Kathryn Tomase <K.Tomase1@doodle.com>
Date: July 25
Subject: secondhand textbooks

Hi, Ian,

I am writing in response to your advertisement for used textbooks posted in the cafeteria. I was supposed to finish my first year in the Department of Sports Science here at Palmer University, but in the middle of the course, I decided to transfer to the Department of Chiropractic. This means I will have to buy all the textbooks again, so it would really help me financially if you could sell me some essential textbooks. Especially, I am interested in the books that are actually required in the courses offered by the department.

I will stay in Chicago throughout the next month, though I'm going home in September. If you are around here, too, we could meet in person.

Looking forward to your reply.

Kathryn Tomase

To: Kathryn Tomase <K.Tomase1@doodle.com>
From: Ian Roberts <IanRoberts@freemail.com>
Date: August 1
Subject: Re: secondhand textbooks

Hello, Kathryn,

I'm sorry that I didn't get back to you earlier. I've left Chicago already, and I was travelling to a small island in Thailand for one week, where there was no Internet connection. Just today, I am in Bangkok, checking my e-mail account at an Internet cafe.

Unfortunately, I've sold most of the books already. But luckily, I still have two books that were on the advertisement. If I can remember correctly, one should be the book with hand-written visual images by a renowned illustrator, and the other is the one that explains methods of identifying illnesses.

The books are with my friend, Tony, so you can contact him at Tonymob@soho-online.net. Alternatively, we could meet sometime in the first week of next month, as I will be back there at that time just to collect my luggage before going back to my hometown, Philadelphia.

Best wishes,

Ian

1. What is common among the four books in the advertisement?

    (A) They include many illustrations.
    (B) They are part of the assignments for Chiropractic courses.
    (C) They are available through Mr. Roberts's friend.
    (D) They are exclusively targeted at students majoring in chiropractic.

2. In the advertisement, the word "pristine" in paragraph 1, line 3, is closest in meaning to

    (A) normal
    (B) average
    (C) flawless
    (D) mint

3. What is NOT true of Ms. Tomase and Mr. Roberts?

    (A) They both attended the same university.
    (B) They both decided to change the direction of their life.
    (C) They are both going home in September.
    (D) They both come from Chicago.

4. Which secondhand book does Ms. Tomase probably not want to purchase?

    (A) *Clinical Chiropractic*
    (B) *Principles and Practices of Chiropractic*
    (C) *Atlas of Human Anatomy*
    (D) *Physiology Review*

5. Which book will Ms. Tomase probably buy?

    (A) *Clinical Chiropractic*
    (B) *Principles and Practices of Chiropractic*
    (C) *Atlas of Human Anatomy*
    (D) *Physiology Review*

6. What will most likely happen?

   (A) Ms. Tomase will send an e-mail to Mr. Roberts' friend.
   (B) Mr. Roberts and Ms. Tomase will meet in Chicago.
   (C) Ms. Tomase will purchase some books online.
   (D) Mr. Roberts will contact Ms. Tomase.

7. What can be inferred about Palmer University?

   (A) There are several different departments related to health and medicine.
   (B) It was originally located in Philadelphia, but was moved to Chicago.
   (C) It encourages students to transfer to another department rather than drop out.
   (D) It gives extensive financial support to its students including scholarship.

解答と解説

問題 1-7 は次の広告と E メールに関するものです。

家に帰るので売ります——教科書

パーマー大学のカイロプラクティック学部で 1 年生または 2 年生となる予定の皆さんへ

カイロプラクティックの高額なテキストにかかるお金を節約したくはないですか？より安い価格で提供できる中古の本がかなりあります。実際、新品同様の本もあります。私はカイロプラクティック学部で 1 年を終えましたが、状況によりキャリアの方向を変えなければならなくなりました。それゆえ、もう使わないテキストを必要な誰かに売りたいと思っています。以下は販売可能なテキストのうちのいくらかです。

『臨床カイロプラクティック：生体力学的アプローチ』（45 ドル）この本はカイロプラクターが日常的に使用するテクニックについて述べています。本には脊椎骨折や脱臼の扱い方、生体力学的に安全なテクニックの説明、空間的な位置の視覚化を助ける多くの 3 次元的イラストが載っています。これは 2 年時に提供される「臨床カイロプラクティック」のコース前に読んでおく宿題に使用されます。

『カイロプラクティックの原理と実践』（80 ドル）
この包括的な、そしてイラストが多いこの本はカイロプラクティックの原理、診断、治療に焦点を当てています。神経学や整形外科といった分野や手のテクニック、リハビリなどのトピックを扱っています。これは『カイロプラクティック入門』の単位が必要な人には必須のリーディングです。

『人体構造地図』（50 ドル）
この本は著名な医療イラストレーターの手書きによる、美しい何百ものイラストで、他に勝るもののないレベルまで詳細に人体を描写している本です。視覚的に人体の領域ごとにカバーした図があり難解な構造を理解するのに特に役立ちます。また、カイロプラクターだけでなくこれから医師になる人にもその研修やキャリアのあらゆる場面でよい参考図書となります。

『生理学復習』（75ドル）
この本は写真やイラストを用いた全部の体の主要なシステムの徹底的な復習、そして生理学に関する1,000を超える問題と答えが載っていて、自分で重要な概念についての知識をテストする事ができます。これはきっと『基礎生理学』のテストに備える助けとなります。この『基礎生理学』は、医学部、看護学部、カイロプラクティック学部で必須のコースです。

他にもまだ本はあります。もし興味があるならIan (IanRoberts@freemail.com) に7月10日までに連絡ください。私が持っている全ての本のリストをお送りします。

イアン

食堂に貼っていたあなたの中古テキストの広告を見て、これを書いています。私はここパーマー大学のスポーツサイエンス学部で1年生を終えるはずでしたが、コースの途中で、カイロプラクティック学部に転部することに決めました。つまり、また全部テキストを買わないといけなくなるので、もしあなたが何冊か重要なテキストを売ってくれるのなら財政的にとても助かります。特に学部のコースで実際に必要となる本を欲しいと思っています。

9月は実家に帰りますが、来月中はずっとシカゴにいます。もしあなたもこちらにいるのであれば、直接会うこともできると思います。
返事をお待ちしています。

キャサリン・トマセ

キャサリンへ

もっと早くにお返事できなくてごめんなさい。僕はシカゴを既に出ていて1週間インターネットの接続のないタイの小さな島を旅していました。やっと今日、バンコクのインターネットカフェでメールをチェックしています。

残念ながら、もうほとんどの本を売ってしまいました。でも幸い広告に載せていた本のうち2つはまだ残っています。記憶が正しければ、1つは著名なイラストレーターによる手書きの視覚的イメージが載っているもので、もう1つは病気を特定する方法について述べている本です。

本は友達、Tonyのところにあるので、Tony（Tonymob@soho-online.net）に連絡してくれてもいいし、または、来月の1週目に直接会うことも可能です。ちょうどそのころ、故郷のフィラデルフィアに帰る前に、荷物を取りにそっちに寄るので。

敬具

イアン

---

1. 正解 (A)

〈問1の訳〉

広告に載っていた4冊の本について共通していることは何ですか。

(A) 多くのイラストを含んでいる。

(B) カイロプラクティックのコースの宿題の一部である。

(C) ロバーツさんの友達を通して手に入る。

(D) カイロプラクティックを専攻している学生のみを対象にしている。

☞ どの本にも illustration（イラスト・図・表）の記述があるのでこれが正解。他は一部の本には当てはまるが全部には当てはまらない。(A)(B)(D) は、広告だけでわかるが、(C) については2つ目のEメールを参照する必要がある。 **860**

2. 正解 (D)

〈問2の訳〉

広告の第1段落、3行目の"pristine"に最も近い意味の語は

(A) 通常の

(B) 平均的な

(C) 欠点・傷のない

(D) 新品の

☞ in pristine condition も in mint condition も「新品同様の」という意味なので (D) が正解。860

3. 正解 (D)
〈問 3 の訳〉
トマセさんとロバーツさんに当てはまらないことは何ですか。
(A) 2 人とも同じ大学に通った。
(B) 2 人とも人生の進む道を変えることに決めた。
(C) 2 人とも 9 月に実家に帰る。
(D) 2 人ともシカゴ出身である。
☞ 文書を一通り読まなければ解けない。(A) と (B) は広告と 1 つ目の E メールから、(C) は 1 つ目と 2 つ目の E メールから分かる。シカゴは大学のあるところである。730

4. 正解 (C)
〈問 4 の訳〉
トマセさんが購入したいと思わないであろう中古テキストはどれですか。
(A)『臨床カイロプラクティック』
(B)『カイロプラクティックの原理と実践』
(C)『人体構造地図』
(D)『生理学復習』
☞ 広告と 1 つ目の E メールを両方照合する必要がある CR（クロスリファレンス）問題。E メールでコースで実際に使う本が欲しいと言っているので、広告でそれについての言及がなく、参考書として使えるとだけ述べられている (C) が正解。950

5. 正解 (B)
〈問 5 の訳〉
トマセさんはおそらくどの本を買いますか。
(A)『臨床カイロプラクティック』
(B)『カイロプラクティックの原理と実践』
(C)『人体構造地図』
(D)『生理学復習』
☞ 広告と 1 つ目、2 つ目の E メールを照合する必要がある CR（クロスリファレンス）問題。2 つめの E メール、第 2 段落にある、hand-written visual

images by a renowned illustrator があるのは『人体構造地図』で、the one that explains methods of identifying illnesses は diagnosis（診断）の言い換え。前者は問題 4 にもあるようにトマセさんがおそらく必要としていないものである。広告で diagnosis という言葉が含まれている (B) が正解。 860

6. 正解 (A)
〈問 6 の訳〉
最も起こりそうなことは何ですか。
(A) トマセさんがロバーツさんの友達に E メールを送る。
(B) ロバーツさんとトマセさんはシカゴで会う。
(C) トマセさんはオンラインで本を何冊か購入する。
(D) ロバーツさんがトマセさんに連絡する。

☞ 2 つのメールを相互参照すると、お互いの予定から 9 月はシカゴで会うのは無理そうである。そうすれば、おそらくトマセさんは『カイロプラクティックの原理と実践』の本が欲しいだろうから、友達の Tony に連絡するだろう。実際問題、(C) や (D) がないとは言い切れないが、あくまでも文章から推測されることは何かと考えれば、(A) が答え。 730

7. 正解 (A)
〈問 7 の訳〉
パーマー大学について推測できることは何ですか。
(A) 健康と医学に関連した異なる学部がいくつかある。
(B) もともとフィラデルフィアにあったがシカゴに移った。
(C) 学生には学校をやめてしまうよりも別の学部に転部することを勧めている。
(D) 奨学金など学生に幅広い財政支援を行っている。

☞ 最後に簡単な問題。ここまで問題を解いて来れば、もう一度本文を読み直すことなく解けるはず。(D) を推測できる根拠はない。(C) について、トマセさんは転部を決めているが、大学が方針として学生に勧めているかどうかは不明。(B) のフィラデルフィアはロバーツ氏の故郷として出てくるだけ。(A) に関しては、トマセさんがスポーツサイエンス学部に在籍していたことや、本の広告で、医学部や看護学部に触れていることからも推測できる。 860

満点突破攻略法
面倒くさがらずに複数の文書を相互参照して、必要な情報を導き出す！

　お疲れさまでした！　英語力だけでなく処理する能力、処理スピードが求められるということがお分かりいただけたでしょうか？　満点を目指す人は負荷の高い練習問題（TOEICでなくても可）を、時間を意識して解くようにして、正答率を上げていってください。Good Luck!

TOEICセクション別スコア予測

Part 7

本章の全44問で		
35問以上取れる人	→	何回受けてもPart 7で満点が取れる実力の持ち主です！
31問取れる人	→	Part 7で満点が取れる可能性のある実力の持ち主です！
26問取れる人	→	Part 7で9割が取れる実力の持ち主です！
22問取れる人	→	Part 7で8割が取れる実力の持ち主です！
18問取れる人	→	まだ大きな伸びしろがあります！　Part 7の特訓に励みましょう！

アクエアリーズ

日本唯一の英語最高資格8冠突破＆英語教育書ライター養成校

英検1級合格者1860名・資格3冠（英検1級・通訳案内士・TOEIC980点）突破者を300名以上・工業英検1級合格・国連英検特A合格・英米一流大学院奨学金取得者すべて全国第1位！

【アクエアリーズ通学・通信講座】

TOEIC 900～990点突破講座
新形式のTOEIC900～990点を突破するための短期集中講座！

英検1級突破講座
英検1級指導研究33年の実績！最強のカリキュラム教材＆講師陣で優秀合格者全国No.1！

通訳案内士試験突破講座
通訳案内士試験に余裕合格でき、日本のことを英語で何でも表現できるスキルを身につける講座

工業英検1級突破講座
日英翻訳やビジネス文書・サイエンス論文などの英文ライティングスキルを最も効果的に習得するための講座

TOEFL iBT & IELTS集中講座
少人数制の個別添削方式で一流大学に必要なスコアを最短距離でGET！

英検準1級突破講座
最短距離で準1級＆TOEIC860点をGETし、英語の発信力＆キャリアワンランクUP！

【アクエアリーズの主なe-learning講座】

英検1級語彙力UP講座
英検1級・TOEIC990点・TOEFL iBT110点・IELTS8.5点・GRE700点を突破できる1万5千語水準ボキャビルディング

英検準1級語彙力UP講座
英検準1級・TOEIC 860点・iBT90点・IELTS7点・超難関大学入試を突破できる7千語水準ボキャビルディング

工業英検1級突破＆プロ翻訳士養成講座
最短距離で工業英検1級に合格するための攻略法を伝授！

☆詳しくはホームページをご覧下さい。
http://www.aquaries-school.com/　e-mail: info@aquaries-school.com

お問い合わせ、お申し込みはフリーダイヤル 0120 – 858 – 994
（えいごは　ここよ）

Ichay Ueda 学長（アクエアリーズ）　Aquaries School of Communication
東京・横浜・名古屋・大阪・京都・神戸・奈良・姫路　受付中

■編著者紹介
植田　一三（うえだ　いちぞう　Ichay Ueda）
英語の最高峰資格8冠突破＆英語教育書ライター養成校アクエアリーズ学長。英語の百科事典を読破し、辞書数十冊を制覇し、洋画100本以上の全せりふをディクテーションするという英悟の超人（amortal philosophartist）。ノースウェスタン大学院コミュニケーション学部修了後、テキサス大学博士課程に留学し、同大学で異文化間コミュニケーションを1年間指導。Let's enjoy the process！（陽は必ず昇る）をモットーに、33年間の指導歴において、英検1級合格者を1860人以上、資格3冠（英検1級・通訳案内士・TOEIC® TEST 980点）突破者を300名以上、英米一流大学院奨学金付（1000万～3000万円）合格者を多数育てる。28年以上の著述歴で出版した英語学習図書60冊以上（総計150万部突破［海外翻訳含む］）、うち10冊以上はアジア数か国で翻訳されている。

■著者紹介
上田　敏子（うえだ　としこ）
アクエアリーズ英検1級・TOEIC® TEST満点講座・工業英検1級・通訳案内士講座講師。英検1級、TOEIC® TEST満点、工業英検1級（文部科学大臣賞）、国連英検特A（優秀賞）、ミシガン英検1級、通訳案内士国家資格取得。主な著書に『TOEFL iBT® TEST スピーキング＋ライティング完全攻略』（明日香出版社）、『英語で経済・政治・社会を討論する技術と表現』（ベレ出版）、『英検1級・準1級・2級面接大特訓』シリーズ（Jリサーチ）、『英語で説明する日本の文化・必須表現グループ100・日本の観光名所100選』シリーズ（語研）などがある。英国バーミンガム大学院修士課程（翻訳学・優秀賞）修了。

田岡　千明（たおか　ちあき）
神戸女学院大学共通英語教育研究センター専任講師。英国マンチェスター大学にて M.A., Ph.D（共に言語学）を取得。主な著書は『Pros and Cons 賛否両論の社会問題を考える』（CENGAGE Learning）、『TOEFL iBT® TEST スピーキング＋ライティング完全攻略』（明日香出版社）、『10日間集中 TOEFL iBT® テストスコア・アップ大特訓』（アスク出版）。英検1級、TOEIC® SPEAKING TEST 200点、TOEIC® WRITING TEST 200点、TOEFL iBT® TEST 116点、TOEFL ITP® TEST 677点満点、IELTS 8.5、国連英検特A級取得。TOEIC® LISTENING AND READING TEST は新形式3回を含め10回以上連続満点。

本書の内容に関するお問い合わせは弊社HPからお願いいたします。

TOEIC® LISTENING AND READING TEST　990点突破ガイド

2016年 10月 27日	初版発行	編著者	植田　一三
2020年 4月 30日	第8刷発行	著者	上田　敏子
			田岡　千明
		発行者	石野　栄一

〒112-0005 東京都文京区文京区水道2-11-5
電話 (03) 5395-7650（代表）
(03) 5395-7654（FAX）
郵便振替 00150-6-183481
http://www.asuka-g.co.jp

明日香出版社

■スタッフ■　編集　小林勝／久松圭祐／古川創一／藤田知子／田中裕也
　　　　　　営業　渡辺久夫／奥本達哉／横尾一樹／関山美保子／藤本さやか
　　　　　　財務　早川朋子

印刷・製本　株式会社フクイン
ISBN 978-4-7569-1862-8 C2082

本書のコピー、スキャン、デジタル化等の無断複製は著作権法上で禁じられています。
乱丁本・落丁本はお取り替え致します。
©Ichizo Ueda, Toshiko Ueda & Chiaki Taoka
2016 Printed in Japan

CD BOOK　TOEFL iBT (R) TEST スピーキング＋ライティング完全攻略

植田 一三：編著　　上田 敏子／田岡 千明／小谷 延良：著

アクエアリーズ代表の植田先生による、TOEFL iBT® の中でも特に日本人が苦手なスピーキング＆ライティングに特化した対策本。
本書さえあれば海外大学・大学院進学も夢じゃない！

本体価格 2400 円＋税　　Ａ５並製　　416 ページ
ISBN978-4-7569-1756-0　2015/02 発行

MP3CD-ROM 付き
世界で戦う　伝わるビジネス英語

浅見 ベートーベン

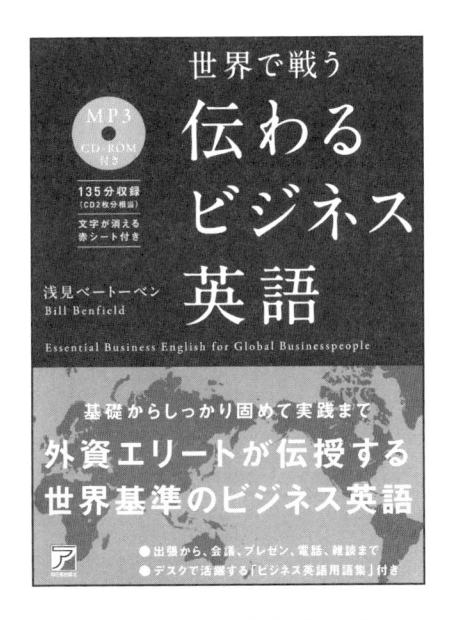

出張、メール、電話、プレゼン、会議など、ビジネスで英語を使わなくてはいけなくなった方へ。
あらゆるビジネスシーンを想定して会話例やボキャブラリーをまとめています！
英語を使うビジネスパーソン必携の１冊！

本体価格 2200 円＋税　Ａ５並製　308 ページ
ISBN978-4-7569-1719-5　2013/08 発行

絵でわかる　似ている英単語の使い方

石井 隆之

日本語の「見る」は英語で see, look, watch、また「話す、言う」は talk, speak, say, tell などがあります。
日本人が間違えやすい単語のそれぞれのニュアンスの違いをまずイラストで説明し、イメージをつかめるようにします。
そして例文を紹介しながら、正しい使い方を解説します。英語を話す・書く力をつけたい人に役立つ一冊。

本体価格 1500 円＋税　Ａ５並製　256 ページ
ISBN978-4-7569-1833-8　2016/09 発行

取り外して使える！

別冊

９９０点をGet！
最重要 語彙集

フレーズで最重要一般語彙を一気にマスター！…1
前置詞のコンセプトと必須表現完全マスター！…11

TOEIC® LISTENING
AND READING TEST
990点突破ガイド

フレーズで最重要一般語彙を一気にマスター！

TOEIC 最重要一般語彙 Part 1 （必須動詞コロケーション）

- **arrange** a meeting （会合の準備をする）
- **attribute** my success to good luck （私の成功は幸運のお陰による）
- **brief** her on the plan （彼女に計画の概要を伝える）
- **chair** a meeting （会合の司会をする）
- **declare** bankruptcy （破産を宣告する）
- **develop** a film （フィルムを現像する）
- **enclose** a copy of the invoice （請求書のコピーを同封する）
- **misplace** a key （鍵を置き忘れる）
- **acknowledge** a letter （手紙の到着を送り主に知らせる）
- **refer** her to a specialist （彼女に専門家を紹介する）
- **place** an order （注文する）、**place** a call （電話する）
- **process** loan application （ローン申し込みの処理をする）
- **replace** him as manager （部長として彼の後を引き継ぐ）
- **review** a project （計画を再吟味する）、**review** a book （書評をする）
- **settle** a bill （勘定を支払う）、**settle** a dispute （紛争を解決する）
- **adjourn** the meeting （会議を休会する）
- **cite** an example （一例を挙げる）
- **compile** a report （報告書をまとめる）
- **contract** with him （彼と契約を結ぶ）
  contract AIDS （エイズにかかる）
- **defer** the repayments on my loan （ローンの返済を延ばす）
- **forward** a letter （手紙を転送する）
- **honor** a contract （契約を守る）、**honor** a check （手形を受け取る）
- **manipulate** stock prices （株価を不正操作する）

1

- **mediate** a conflict（紛争を調停する）
- **land** a job（仕事にありつく）
- **pilot** new products（新商品を試験的に用いる）
- **produce** a ticket（切符を出して見せる）
- **screen** job applicants（求職者を選考する）
- **pledge** my house for a loan（家を借金の抵当に入れる）
- **project** next year's expenses（来年の経費を見積もる）
- **remit** a commission（手数料を送金する）
- **tender** my letter of resignation（辞表を提出する）
- **adapt** the novel for the screen（小説を映画化する）
- **dispose** of stock（在庫を処分する）
- **fulfill** the requirement（要件を満たす）
- **host** a conference（会議を主催する）
  host a show（番組の司会をする）
- **engage** workers' attention（社員の注意を引きつける）
- **register** for the seminar（そのセミナーに登録する）
- **issue** a permit（許可証を発行する）
- **neglect** his duty（職務を怠る）
- **pose** a risk（危険性をもたらす）、**pose** a threat（脅威を与える）
- **practice** medicine（医者を開業している）
- **accommodate** a loan（融資する）
- **admit** a patient（患者を入院させる）
- **appraise** property（財産を査定する）
- **deal with** the problem（問題に取り組む）
- **cancel** bad loans（不良債権を帳消しにする）
- **cater to** their demand（彼らの要求に応じる）
- **command** high prices（高い値で売れる）
- **compromise** her credit（信用を落とす）
- **credit** $50 to her account（50ドルを彼女の口座に入金する）

- [ ] **disrupt** public transportation（公共交通機関を混乱させる）
- [ ] **enforce** the law（法律を施行する）
  enforce obedience（服従を強要する）
- [ ] **envision** a bright future（明るい未来を心に描く）
- [ ] **expire** at the end of this month（今月末に期限切れとなる）
- [ ] **hamper** the progress（発展を妨げる）
- [ ] **jeopardize** his life（命を危険にさらす）
- [ ] **launch** a new product（新製品を発売する）

TOEIC 最重要一般語彙 Part 2（必須動詞コロケーション）

- [ ] **answer** the description（人相書きに一致する）
- [ ] **stake** a claim（権利を主張する）
- [ ] **mingle** with the guests（客と歓談する）
- [ ] **offset** a loss（損失を埋め合わせる）
- [ ] **penetrate** overseas markets（海外市場に浸透する）
- [ ] **redeem** a coupon（商品券を商品と引き換える）
- [ ] **retrieve** data（データを検索する）
- [ ] **solicit** donations（寄付金を集める）
- [ ] **waive** the charges（料金を無料にする）
- [ ] **enlarge** a photo（写真を引き伸ばす）
- [ ] **exploit** workers（労働者を搾取する）
- [ ] **flood** the domestic market（国内市場を溢れさせる）
- [ ] **freeze** foreign assets（外国資産を凍結する）
- [ ] **hook up** a digital camera（デジタルカメラを接続する）
- [ ] **implement** cost reduction（経費削減を行う）
- [ ] **incorporate** new features（新しい特徴を組み込む）
- [ ] **prepare** a document（書類を作る）
- [ ] **date** a letter（手紙に日付をつける）

- ☐ **deliver** a lecture（講義をする）
- ☐ **reject** inferior products（不良品をはねる）
- ☐ **survive** the recession（不況を切り抜ける）
- ☐ **transfer** money to banks（銀行に振り込む）
  transfer a phone call（電話を回す）
- ☐ **update** the files（ファイルを更新する）
- ☐ **address** important issues（重要な問題に取り組む）
- ☐ **affiliate** with an American firm（米国の商社と提携する）
- ☐ **assume** responsibility（責任を負う）
  assume control（支配権を握る）
- ☐ **challenge** his statement（彼の意見に異議を唱える）
- ☐ **curb** price increases（物価上昇を抑える）
- ☐ **delegate** responsibility to a subordinate（責任を部下に委譲する）
- ☐ **disseminate** information（情報を広める）
- ☐ **endorse** a check（小切手に裏書きする）、**endorse** the plan（計画を支持する）、**endorse** a product（製品を宣伝する）
- ☐ **feature** local artists on the program（番組で地元の芸術家を特集する）
- ☐ **coin** a phrase（新しい表現を作る）
- ☐ **corner** the market（市場を独占する）
- ☐ **house** radioactive waste（放射性廃棄物を保管する）
- ☐ **net** a large sum（大きな純益を上げる）
- ☐ **quote** a price for the product（製品に値を付ける）
- ☐ **report to** the head office（本社に出向く）
- ☐ **mature** in 10 years（10年で満期になる）
- ☐ **observe** the rule（規則を守る）
  observe an anniversary（記念日を祝う）
- ☐ **pitch** a product（商品を売り込む）
- ☐ **post** high earnings（大幅な収益をあげる）
- ☐ **procrastinate** doing his homework（宿題を後回しにする）

- ☐ **renovate** a room（部屋を改装する）
- ☐ **revamp** the management system（管理体制を見直す）
- ☐ **streamline** management（経営を合理化する）
- ☐ **withhold** his tax（税金を天引きする）
- ☐ **convert** dollars to yen（ドルを円に換える）
- ☐ **dissolve** the company（会社を解散する）
- ☐ **employ** a strategy（策略を用いる）
- ☐ **grant** a request（要求に応じる）、**grant** permission（許可を与える）
- ☐ **introduce** a new policy（新たな方針を導入する）
- ☐ **consult** a reference book（参考書で調べる）
  consult a physician（医師の診療を受ける）
- ☐ **exercise** caution（用心する）
- ☐ **withdraw** savings（貯金をおろす）

TOEIC 最重要一般語彙 Part 3（必須動詞コロケーション）

- ☐ **suspend** an order（注文を見合わす）
  suspend a license（免許を一時停止する）
- ☐ **sustain** a fatal injury（致命傷を負う）
- ☐ **tailor** our services to client's needs
  （客の要望に応じてサービスを提供する）
- ☐ **doctor** evidence（証拠を改ざんする）
- ☐ **negotiate** a loan（貸付を取り決める）
  negotiate a check（小切手を現金に換える、譲渡する）
- ☐ **print** my name（活字体で名前を書く）
- ☐ **spot** an error（誤りを見つけ出す）
- ☐ **administer** medicines（薬を投与する）
- ☐ **circulate** a memo（メモを回覧する）
- ☐ **collate** the figures（数字を照合する）

- ☐ **contain** inflation（インフレを抑える）
- ☐ **deduct** income tax from his wages（給料から所得税を天引きする）
- ☐ **embezzle** public funds（公金を横領する）
- ☐ **execute** a command（命令を実行する）
- ☐ **file** a document（書類を提出する）
  file for bankruptcy（破産申請する）
  file a lawsuit（訴訟を起こす）
- ☐ **jam** a machine（機械を動かなくする）
- ☐ **load** the film（フィルムを入れる）
- ☐ **overhaul** the budget（予算を見直す）
- ☐ **procure** capital（資金を調達する）
- ☐ **revitalize** the economy（経済を活性化させる）
- ☐ **speculate in** shares（株に投機する）
- ☐ **stagger** the commuting hours（時差通勤する）
- ☐ **terminate** a contract（契約を終了させる）
- ☐ **unveil** a new product（新商品を発表する）

TOEIC 最重要一般語彙 Part 1（形容詞コロケーション）

- ☐ **bold** face[type]（太字、ボールド体）
- ☐ **happy** hours（特別割引時間）
- ☐ **optional** extra（任意の付属品）、**optional** subject（選択科目）
- ☐ **senior** citizen（高齢者）、**senior** executive director（専務取締役）
- ☐ **competitive** price（他社に負けない価格）
- ☐ **Fragile!**（壊れ物注意）
- ☐ **scenic** spots（景勝地）、**scenic** zone（風致地区）
- ☐ **striking** difference[similarity]（顕著な相違［類似］点）
- ☐ **vital** statistics（人口統計）、**vital** capacity（肺活量）
- ☐ **mutually** exclusive relationships（排他的関係）

- [ ] **adverse** effect（悪影響）、**adverse** condition（悪条件）
- [ ] **anonymous** letter（匿名の手紙）
    anonymous call（匿名の電話）
- [ ] **brisk** business（活況）
- [ ] **clerical** work（事務）、**clerical** error（誤記）
- [ ] **coherent** explanation [account]（つじつまのあった説明）
- [ ] **complimentary** beverages（無料の飲物）
    complimentary ticket（招待券）
- [ ] **consistent** ability（安定した能力）
- [ ] **courteous** staff（礼儀正しいスタッフ）
- [ ] **crucial** moment（決定的瞬間）
- [ ] **demanding** job（きつい仕事）
    demanding customer（要求の多い客）
- [ ] **domestic** mail（国内郵便）、**domestic** products（国産品）
- [ ] **explicit** instructions（明確な指示）
- [ ] **consecutive** numbers（続き番号）
- [ ] **prestigious** college（一流大学）、**prestigious** hotel（高級ホテル）
- [ ] **authentic** designer clothing（本物のデザイナーズブランドの服）
- [ ] legally **binding** contract（法的に拘束力のある契約）
- [ ] **coarse** grind of coffee（粗引きコーヒー）
- [ ] **delinquent** taxpayer（税金滞納者）
- [ ] **edible** oil（食用油）、**edible** fungus（食用キノコ）
- [ ] economically **feasible** plan（採算が合ったプラン）
- [ ] **sloppy** management（ずさんな管理）
- [ ] **fast** lane（追い越し車線、出世街道）
- [ ] **alternative** medicine（代替医療）
- [ ] **effective** date（発効日）、**effective** as of today（本日から有効な）
- [ ] **durable** goods（耐久消費財）、**durable** press（耐久プレス加工）
- [ ] **exclusive** restaurant（高級レストラン）
    exclusive contract（独占契約）

- **extensive** damage（莫大な損害）、**extensive** business（手広い事業）
- **adjacent** building（近辺の建物）、**adjacent** countries（近隣諸国）
- **firsthand** experience（直接体験）、**firsthand** account（直接報告）
- **formidable** danger（恐るべき危険）
  formidable task（手強い仕事）
- **prudent** investment（慎重な投資）
- **resourceful** staff（問題解決能力のあるスタッフ）
- **serial** number（製造番号）
- **sophisticated** machine（精巧な機械）
- **stagnant** economy（景気低迷）
- **substantial** markdown（大幅値下げ）
- **unanimous** agreement（満場一致の合意）
- **vicious** circle（悪循環）、**vicious** crime（悪質な犯罪）
- **due** date（締切日、支払期日）、**due** north（真北に）
- **forthcoming** book（近刊書）、**forthcoming** holidays（今度の休暇）
- **reciprocal** arrangement（相互協定）
- **resilient** market（回復力の早い市場）
- **robust** economy（好景気）
- **rudimentary** knowledge（基本的知識）
- **sluggish** economy（不況）、**sluggish** exports（輸出の伸び悩み）
- **subsequent** year（次年度）、**subsequent** events（以後の出来事）
- **tentative** agreement（仮の合意）、**tentative** report（中間報告）
- **unprecedented** success（空前の成功）

TOEIC 最重要一般語彙 Part 2（形容詞コロケーション）

- **viable** alternative（実行可能な代案）
- **ambitious** goal（大掛かりな目標）
- **delicate** issue（細心の注意を要する問題）

- ☐ **chronic** unemployment（長びく失業）
- ☐ **confidential** information（機密情報）、**Confidential**（親展）
- ☐ **independent** store（自営店）
  independent research（独自の調査）
- ☐ **obscure** writer（無名の作家）
- ☐ **outstanding** debt（未払いの負債）
  outstanding issue（未解決の問題）
- ☐ **prompt** payment（即時払い）
- ☐ **apparent** advantage（見掛け上の利点）
  for no **apparent** reason（はっきりした理由もなく）
- ☐ **handy** gadget（便利な道具）、come in **handy**（重宝する）
- ☐ **marginal** improvement（わずかな改善）
- ☐ **specific** purpose（具体的目的）、**specific** treatment（特殊療法）
- ☐ **affordable** prices（手頃な価格）
- ☐ **challenging** problem（困難な課題）
- ☐ **conventional** wisdom（世間一般の通念）
- ☐ **primary** concern（一番の心配事）、**primary** education（初等教育）
- ☐ **promising** player（有望な選手）
- ☐ **decent** standard of living（かなりの生活水準）
  decent clothes（きちんとした服装）
- ☐ **moderate** demand（控えめな要求）
  moderate income（まずまずの収入、わずかな収入）
- ☐ **potential** risk（潜在的危険性）、**potential** market（潜在市場）
- ☐ **relevant** question（関連質問）、**relevant** data（関連データ）
- ☐ **grim** picture（暗い見通し）、**grim** reality（厳しい現実）
- ☐ **hazardous** chemicals（有害化学薬品）
- ☐ two **identical** houses（2軒のそっくりの家）
- ☐ **inherent** quality（先天的特性）、**inherent** risk（備え持つ危険性）
- ☐ **intricate** plot（複雑な筋書）、**intricate** pattern（複雑な模様）
- ☐ **marketable** skills（需要のある技能）

- ☐ **massive** layoffs（大量の一時解雇）
- ☐ **mediocre** cook（二流の料理人）
  mediocre school record（並の成績）
- ☐ **net** profit[income]（純利益［実収入］）、**net** price（正価）
- ☐ **prospective** customer（見込み客）
  prospective employee（内定者）
- ☐ **frequent** flyer（頻繁に飛行機を利用する人）
- ☐ **impromptu** speech（即興スピーチ）
- ☐ **incoming** call（電話の着信）、**incoming** flight（到着便）
- ☐ **insolvent** debtor（破産者）、**insolvent** corporation（支払不能会社）
- ☐ **integral** part of my life（人生で欠かせないもの）
- ☐ **intrinsic** value（本来の価値）、**intrinsic** interest（本質的な興味）
- ☐ **miscellaneous** expenses（雑費）、**miscellaneous** goods（雑貨）
- ☐ **overdue** bill（支払期日を過ぎた請求書）、**overdue** book（延滞図書）
- ☐ **overnight** delivery（翌日配達）、**overnight** duty（夜勤）
- ☐ **pertinent** information（関連情報）
- ☐ **plausible** excuse（もっともらしい口実）
- ☐ **preceding** year（その前年）、**preceding** chapter（その前の章）
- ☐ **premature** decision（早まった決定）
- ☐ **sparse** audience（まばらな観客）
- ☐ **readily** available（容易に手に入る）
- ☐ **temporarily** out of stock（一時的に在庫切れ）
- ☐ **otherwise** known as ～（別名～として知られている）
- ☐ **periodically** updated information（定期的に更新されている情報）
- ☐ **seemingly** insoluble problems（一見解決できそうにない問題）
- ☐ increase **exponentially**（急激に増加する）
- ☐ **inadvertently** delete a file（うっかりとファイルを削除する）

前置詞のコンセプトと必須表現完全マスター！

前置詞 with のコンセプトと必須表現を完全マスター！

　with のコンセプトは「共に、関係」で、そこから「～に雇われて、～と同意見で、～を持っている、～を身につけて、～に預けて、～の状態で、～に対して、～に関して」などの意味が生まれてきます。

・with を含む動詞表現

□ do away with old rules（古い規則を廃止する）□ go with this dress（このドレスに似合う）□ come down with a flu（インフルエンザにやられる）□ coincide with his opinion（彼の意見と一致する）□ familiarize employees with the Internet（従業員をインターネットに精通させる）□ load the truck with furniture（トラックに家具を積む）□ come out with a new model（新モデルを売り出す）□ check with a lawyer（弁護士に相談する）□ merge with the company（その会社と合併する）□ rest with the supervisor（上司に委ねる）□ bargain with employers（雇用側と交渉する）□ integrate text with graphics（文字と画像を組み合わせる）

・with を含む形容詞・副詞表現

□ be content with my current salary（現在の給料に満足している）□ be credited with the success（その成功の功績を認められる）□ be flooded with documents（文書であふれている）□ be fed up with his job（仕事にうんざりしている）□ be consistent with the facts（事実と一致している）□ be commensurate with your experience（経験に応じた）□ be incompatible with the facts（事実と矛盾している）□ be infected with tuberculosis（結核に感染している）□ with care（注意して）□ with ease（容易に）

前置詞 under のコンセプトと必須表現を完全マスター！

　under のコンセプトは「広がりがあるもののすぐ下に位置する」で、そこから「覆われて、隠れて、下方に、未満で」など意味が生じ、また「上

から押さえつけられている状態」から「〜を背負って、〜を受けて、〜の下で」等の意味が派生しています。

・under を含む動詞表現
☐ go **under**（沈む、倒産する）☐ file a letter **under** X（X という分類のもとに手紙をファイルする）☐ study **under** him（彼のもとで学ぶ）

・under を含む形容詞・副詞表現
☐ **under** arrest（逮捕されて）☐ **under** development（開発中で）☐ **under** way（進行中で）☐ **under** no circumstances（いかなる状況でも〜しない）☐ **under** consideration（検討中で）☐ **under** my control（私の管理下に）☐ **under** scrutiny（監視されて）☐ **under** obligation（責任を負って）☐ **under** surveillance（監視されて）

・under を含む群前置詞
☐ **under** the name of X（X という名前で）☐ **under** pretense of ignorance（無知を装って）

前置詞 over のコンセプトと必須表現を完全マスター！

over のコンセプトは「オールオーバー」で、そこから「〜を覆って、〜を超えて、〜を支配して、〜に優先して、〜しながら、〜をめぐって、繰り返して」等の意味が派生してきます。

・over を含む動詞表現
☐ go **over** the problem（その問題をよく考える）☐ take **over** the position（その職を引き継ぐ）☐ prevail **over** the enemy（敵に勝つ）☐ resign **over** the scandal（スキャンダルをめぐって辞職する）☐ win him **over** to our side（彼を我々の側につける）☐ make **over** the dress（ドレスを仕立て直す）☐ pass him **over** for a promotion（彼の昇進を見送る）☐ pull **over** a car（車を止める）☐ carry **over** the balance（残高を繰り越す）☐ hand **over** a document to him（彼に書類を手渡す）

・over を含む名詞表現
☐ bridge **over** a river（川の上の橋）☐ controversy **over** the matter（その問題に関する論争）☐ advantage **over** other applicants（他の応募者に対する優位）☐ authority **over** his subordinates（部下に対する権威）

前置詞 into のコンセプトと必須表現を完全マスター！

・into を含む動詞表現
　□ burst **into** laughter（突然笑い出す）□ run **into** the tree（木に衝突する）□ break **into** the room（その部屋に押し入る）□ classify whales **into**[as] mammals（鯨を哺乳類に分類する）□ bump **into** him（彼に偶然出会う）□ inquire[look] **into** the cause（原因を調査する）

・be + into 表現
　□ He is **into** the peace movement.（彼は平和運動に熱中している。）
　□ It was well **into** the week when he called.（彼が電話してきたのはその週も半ばになってからだった。）

前置詞 down のコンセプトと必須表現を完全マスター！

　down のコンセプトは「ずーっと下へ」で、そこから「**下がって、意気消沈、南へ、至るまで、書き留めて、予定されて、頭金として、不足して、押さえつけて、減じて、完全に**」等の意味が生まれます。

・down を含む動詞表現
　□ shut[close] **down** the plant（工場を閉鎖する）□ The typhoon died **down**.（台風がおさまった。）□ hand **down** the story（その話を伝える）□ cut **down** on cigarettes（タバコの本数を減らす）□ go **down** well with the audience（聴衆の好評を博す）

前置詞 from のコンセプトと必須表現を完全マスター！

　from のコンセプトは、「起（因・点）」で、そこから「**変化・材料**」「**原因**」「**区別**」「**分離**」などの意味が生まれてきます。

・from を含む動詞表現
　□ ban people **from** owning guns（人々が拳銃を所持するのを禁止する）□ discourage him **from** doing it（彼にそれをすることを思いとどまらせる）□ die **from** starvation（餓死する）□ tell right **from** wrong（善悪を区別する）□ forbid him **from** speaking（彼に話すことを禁じる）□ subtract 5 **from** 10（10 から 5 を引く）□ exempt the company

from paying income tax（その会社に所得税の支払いを免除する）

・from を含む形容詞・副詞表現
☐ be far **from** over（決して終わらない）☐ start **from** scratch（ゼロから出発する）

・from を含む群前置詞
☐ aside[apart] **from** jokes（冗談はさておき）☐ live across **from** the bank（銀行の向かい側に住む）

・from を含む名詞表現
☐ orders **from** the head office（本社からの命令）☐ permit **from** the authorities（当局の許可）☐ petition **from** the people（国民からの請願書）☐ proceeds **from** the bazaar（バザーの売上金）

前置詞 about のコンセプトと必須表現を完全マスター！

about は「〜について」以外に「〜のまわりに」「約」「〜しようとする」などが重要です。

・about を含む動詞表現
☐ inquire **about** prices（価格について尋ねる）☐ set **about** clearing the table（テーブルの後片付けを始める）

・be+ 形容詞＋ about
☐ be nervous **about** the result（結果を心配している）☐ be cautious **about**[of] using words（言葉遣いが慎重である）☐ be optimistic **about** the future（将来について楽観的である）☐ be skeptical **about**[of] the credibility（信憑性を疑っている）☐ be enthusiastic **about** tennis（テニスに熱中している）

・about を含む名詞表現
☐ advice **about** wine（ワインのアドバイス）☐ announcement **about** flight departures and arrivals（飛行機の発着のアナウンス）☐ care **about** fires（火災についての用心）☐ decision **about**[on] planning（企画に関する決定事項）☐ apprehension **about** the future（将来についての不安）

前置詞 at のコンセプトと必須表現を完全マスター！

atのコンセプトは「地点・起点」です。

・at を含む動詞表現

□ aim a gun **at** a target（銃を標的に向ける）□ What are you driving **at**?（何が言いたいの？）

・at を含む形容詞・副詞表現

□ be close **at** hand（すぐそこまでせまっている）□ feel **at** ease（安心する）□ **at** work（仕事中で）□ **at** all times（いつも）□ **at** a time（一度に）□ **at** your earliest convenience（ご都合つき次第）□ **at** any price（どんな犠牲を払っても）□ **at** a risk（危険にさらされて）□ be still **at** large（まだ捕まらない）□ be **at** stake（危険に瀕して）□ for two days **at** a stretch（2日間連続して）□ be **at**[behind] the wheel（車を運転して）

・at を含む群前置詞

at the expense of your health（健康を犠牲にして）

・at を含む名詞表現

□ attendance **at** the conference（その会議への参加）□ danger **at** sea（海上での危険）□ mortgage **at** 15%（15%の利子の住宅ローン）□ the business **at** hand（手元の仕事［件］）□ tax deduction **at** source（源泉での税徴収）□ the populace **at** large（一般庶民）

前置詞 by のコンセプトと必須表現を完全マスター！

byのコンセプトは「経由・関所とその周辺」で、そこから「～に従って、～に関しては、～の差で、～単位で、～を通って、～を使って、～までに、～の間に」などの意味が派生してきます。

□ work **by** the rules（規則に従って働く）□ increase **by** 10%（10%増加する）□ drop **by** his house（彼の家に立ち寄る）□ abide **by** the law（法律に従う）□ **by** mistake（誤って）□ **by** no means satisfactory（決して満足のいくものではない）□ **by** way of Japan（日本を経由して）
□ admission **by** invitation only（招待者のみの入場可）□ application

by telephone（電話での申し込み）☐ approval **by** two thirds（3分の2の承認）☐ advertisement **by** word of mouth（口こみ宣伝）
☐ coverage **by** foreign journalists（外国のジャーナリストによる報道）
☐ conveyance **by** land（陸上輸送）☐ payment **by** results（出来高払い）
☐ remittance **by** check（小切手による送金）☐ selling **by** tender（入札による販売）

その他の重要前置詞を完全マスター！

1）against
☐ **against** all expectations（全ての予想に反して）☐ insure my house **against**[to] fire（家に火災保険をかける）☐ weigh A **against** B（AとBを比較する）

2）as
☐ **as** of July 1（7月1日より［現在］）☐ **as** per your request（あなたの要求に従い）☐ **as** a token of our appreciation（感謝の印として）

3）between/among
☐ divide a cake **between [among]** the three children（ケーキを3人の子どもに分ける）

4）分詞形から派生した前置詞
☐ **concerning[regarding]** the issue（その問題に関して）
☐ **including** my opinion（私の意見を含めて）☐ **following** the meeting（その会議に引き続いて）☐ **barring[excluding]** the figures（その数字は除外して）☐ **pending**[till, until] his return（彼が帰って来るまで）

5）beyond
☐ **beyond** repair（修理できない）☐ **beyond** all expectations（予想を超える）☐ **beyond** me（理解できない）

6）through
☐ from 1995 **through**[to, till, until] 1997（1995年から1997年まで）
☞ through の場合は 1997 年を含むが、[to, till, until] は 1997 年を含むかどうかは曖昧である。☐ come **through**（切り抜ける）☐ see **through** the lie（その嘘を見抜く）☐ fall **through**（失敗する）☐ put me

through to your boss（あなたの上司に私の電話をつなぐ）

7) off

☐ The meeting is **off**.（会議は延期になった。）☐ pay **off** the debt（借金を全部払う）☐ **off** guard（油断して）☐ take 20% **off** the usual price（平常価格から20％割り引く）☐ go **off** the air（放送が終わる）☐ go **off**（鳴る）☐ set **off** the fireworks（花火に点火する）☐ write **off** the debt（負債を帳簿から消去する）

TOEIC and TOEFL iBT are registered trademarks of
Educational Testing Service (ETS).
This publication is not endorsed or approved by ETS.